May Me スタイル

縫いながら覚えられる

# ホームソーイングの基礎BOOK

伊藤みちよ

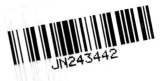

## ⚓ Contents

HOT LINE
ホットライン

この本に関するご質問は、お電話またはwebで

書名／May Me スタイル 縫いながら覚えられる
ホームソーイングの基礎BOOK
本のコード／NV70316　担当／浦崎
Tel／03-5261-5197(平日13:00～17:00受付)
webサイト／「日本ヴォーグ社の本」 http://book.nihonvogue.co.jp/
※サイト内(お問い合わせ)からお入りください。(終日受付)
(注)webでのお問い合わせはパソコン専用となります。

# ⚓ INDEX

# 基本的なソーイングの流れ

道具や型紙の準備、布の下準備など、ソーイングは縫う前の工程が
意外とたくさんあります。でも準備が終われば全行程の半分が終わったのも同然！
準備をていねいにすることで、作品のクオリティもぐんとあがります。
さぁ、楽しみながら準備をしましょう。

STEP 1

## 道具の準備

まずは必要な道具を確認。必要最低限の道具があれば、ソーイングをはじめることができます。道具は少しずつ揃えても大丈夫です。

→P.8〜

STEP 2

## 布選び

布の特長を知って、より作りやすく、着やすい作品に仕上げましょう。布地に合った針と糸もチェック。

→P.12〜

STEP 3

## 型紙の作り方

本などの実物大付録を写し、縫い代つきの型紙を作ります。間違わないよう確認しながら、ていねいに作業を進めましょう。

→P.18〜

STEP 4

## 布の準備

お店で購入したばかりの布は、水通しや布目を整えたりといった下準備が必要です。よりきれいに作品を仕上げるために、どんな作業が必要か確認しましょう。

→P.22〜

STEP 5

## 裁断

いよいよ布に型紙を配置し、裁断をします。ここまで終われば、もう半分できたも同然です。作品づくりに必要な印なども忘れずにつけましょう。

→P.26〜

STEP 6

## ミシンのこと

作り方の手順に従って作品を縫っていきます。基本的なミシンの操作方法と縫い方、ロックミシンについても簡単にご紹介しています。

→P.30〜

## サイズ選び

### まず自分のサイズを知りましょう

自分の体のサイズを知り、着心地の良い服を仕立てましょう。この本では、下記のサイズを基準に実物大型紙を作成しています。各作品のできあがり寸法とあわせて、自分のサイズを確認しましょう。より自分サイズに型紙を補正する方法はP.21で紹介していますので、参考にしてください。

**この本の参考寸法**

（cm）

| | S | M | L | LL |
|---|---|---|---|---|
| バスト | 79 | 83 | 89 | 95 |
| ウエスト | 63 | 67 | 73 | 79 |
| ヒップ | 86 | 90 | 96 | 102 |
| 身長 | 155〜160 | | 160〜167 | |

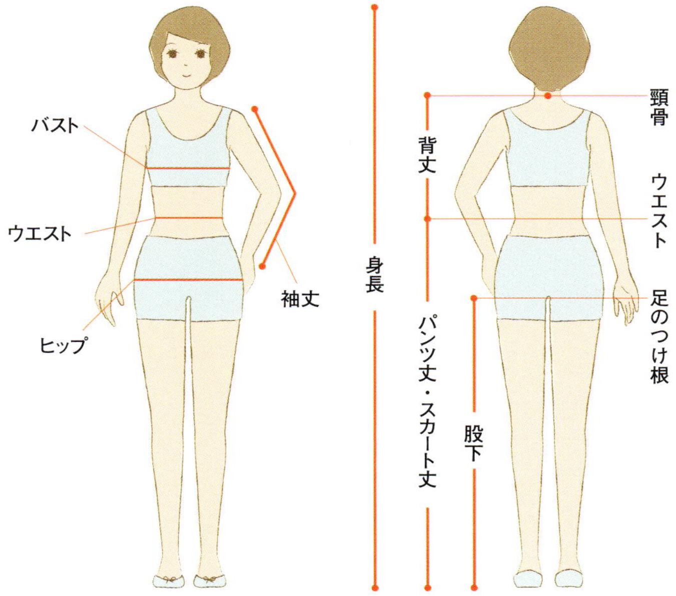


## 洋服の部分名称

**《ブラウス》**

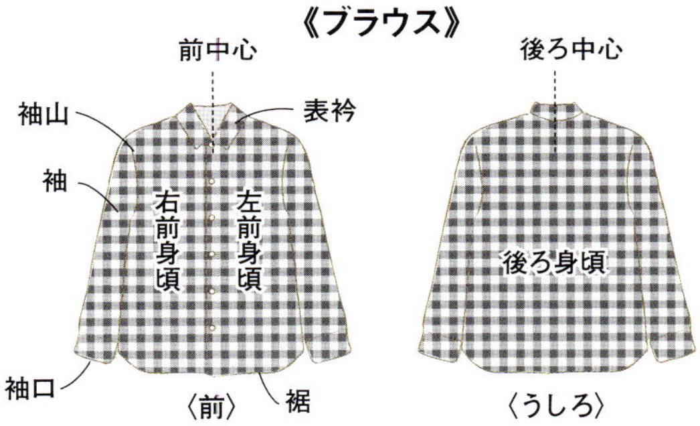


**《スカート》**

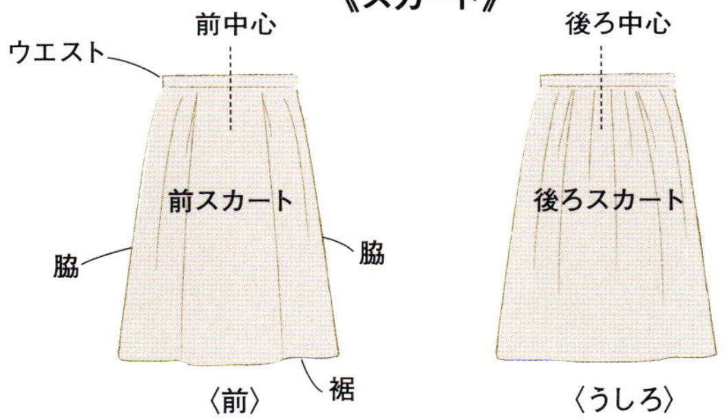


**《ワンピース》**

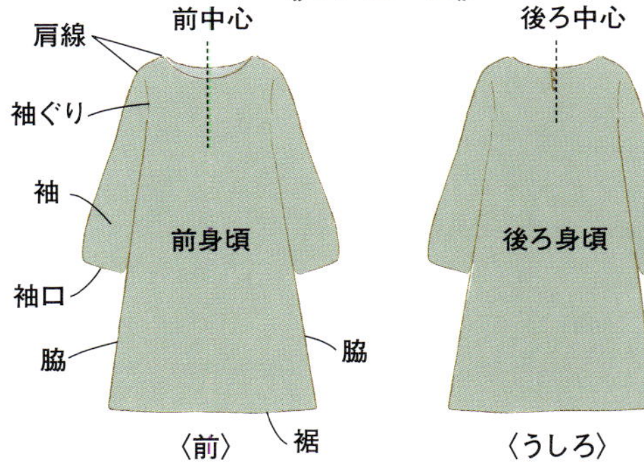


**《パンツ》**

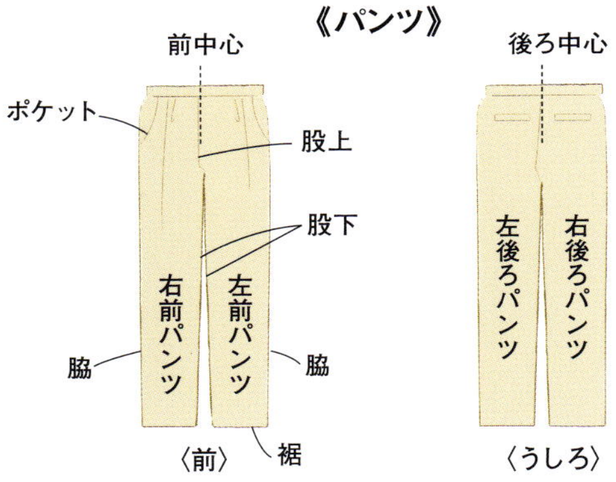

STEP 1

# 道具の準備

ソーイングをはじめるのに揃えておきたい道具を確認しましょう。
最初から気合いを入れて、高価な道具を揃える必要はありません。
手持ちの道具を上手に使って、まずははじめてみましょう。

用具協力／★＝クロバー（株）

## 揃えておきたい基本の道具

**50cm定規★**

下が透けて見えるよう、透明の物を選びましょう。方眼の目盛りが入ったものは縫い代をつける時に非常に便利です。

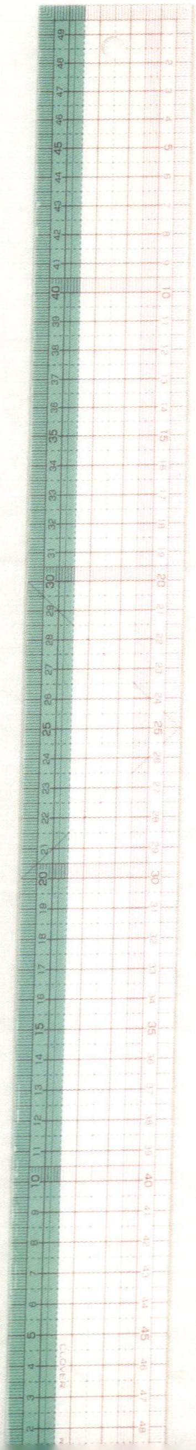

**ハトロン紙**

実物大型紙を写したり、製図をする時に使用します。薄地を縫う時などにも使用します。

**蛍光ペン**

**シャープペン**

蛍光ペンは、実物大型紙に目印をつける時に使用します。消せるタイプもおすすめです。シャープペンは実物大型紙を写す時に使用します。

**チャコペン**

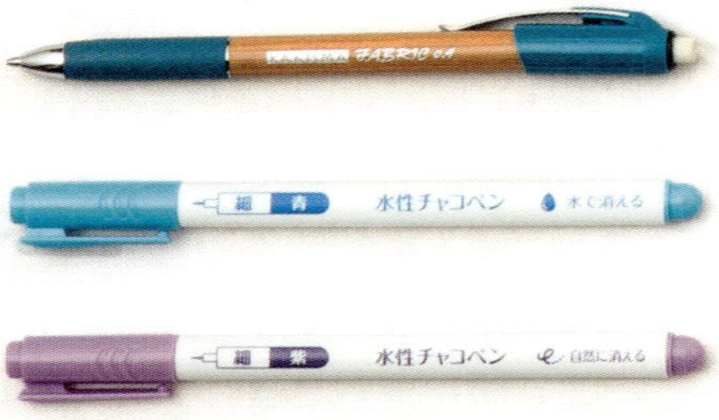


布に型紙の線や印を写す時に使用します。時間で消えるタイプや、水で消えるタイプなどさまざまなタイプがあるので、用途によって選びましょう。

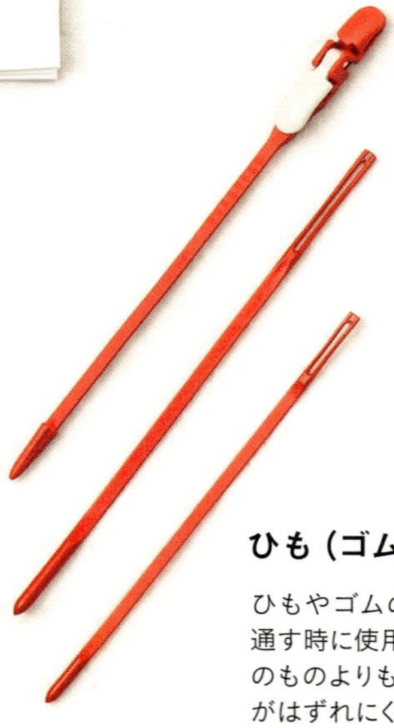

**ひも（ゴム）通し★**

ひもやゴムの端をはさんで通す時に使用します。金属製のものよりもクリップ式の方がはずれにくくおすすめです。

## 裁ちばさみ★

布地専用のものを用意します。切れ味が落ちるので、紙を切ってはいけません。大きさや重さで使いやすさも変わるので、自分に合ったものを選びましょう。初心者さんにはステンレス刃のものが扱いやすく、おすすめです。

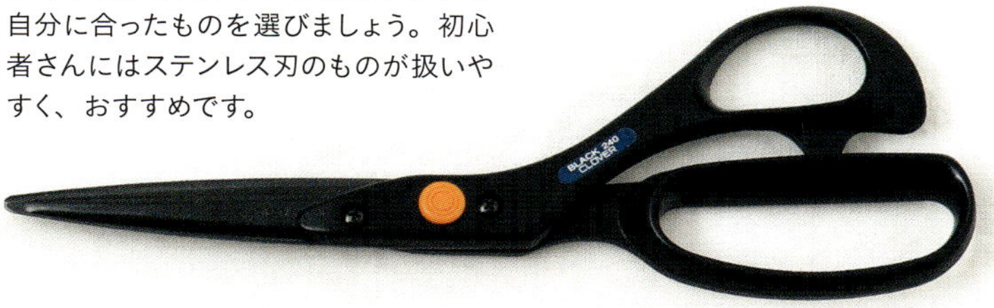


## リッパー★

## 目打ち★

リッパーは縫い糸をほどく時や、ボタンホールを作るために使用します。目打ちはミシンで縫う時に布を送ったり、角を出したり、印つけにも使用します。写真は先端の丸いなめらかタイプ。

## 糸切りばさみ

糸や、細かい部分を切るのに使用します。

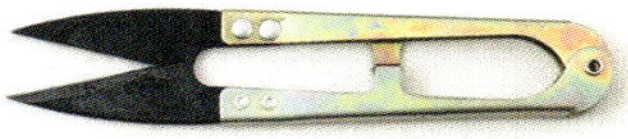

## カットワークばさみ★

印つけや、縫い代を切る時などの細かいカットワークに最適です。

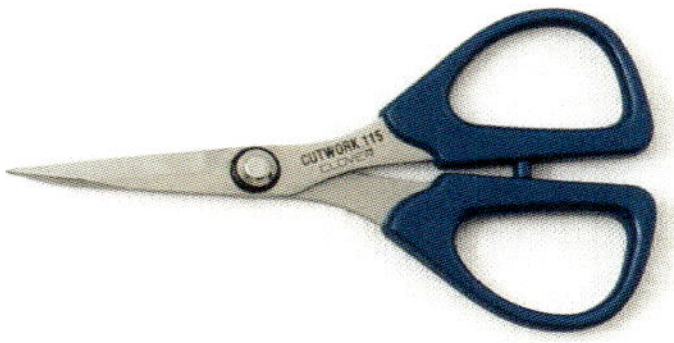

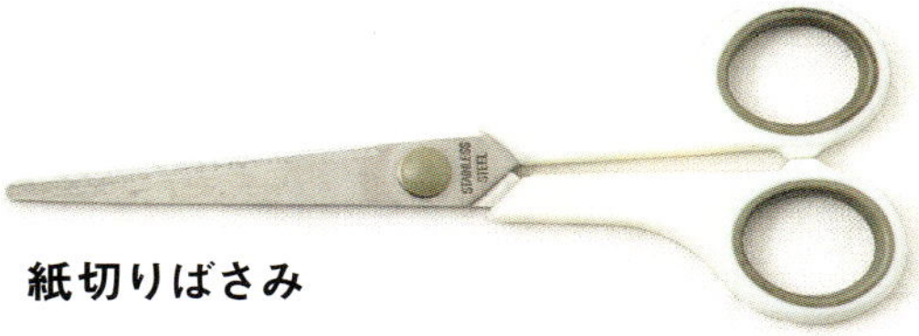

## しつけ糸

しつけをかける時に使用します。保存の仕方はP.43参照。

## 紙切りばさみ

ハトロン紙などの紙を切るのに使用します。長い直線には、カッターを使用するのもおすすめです。

## 手縫い針★

## 糸

## マチ針、ピンクッション

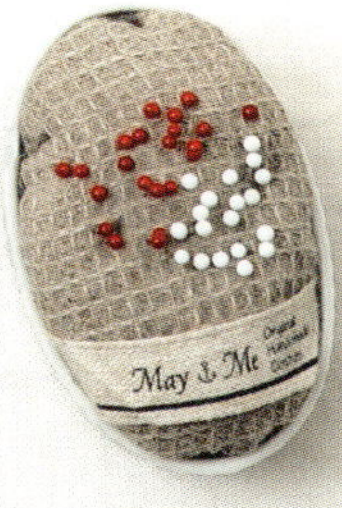


手縫い用の針と糸。まつり縫いや、ボタンつけなどに使用します。マチ針は布同士の仮どめの時に使用します。頭がガラス製だとアイロンを当てても溶けないので安心。長さは35〜40mm程度のものが使いやすいでしょう。ピンクッションは、作業中に針が散らばらないようにマチ針や縫い針を刺しておきます。

## アイロン

形を整えたり、縫い代を割ったり……と、最初から最後まで、ソーイングの工程には欠かせないアイテムです。

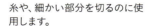

## あると便利な道具

ソーイングに慣れてきたら、作業効率をアップしてくれる便利な道具も買い足しましょう。

### ウエイト

型紙を写す時に紙を固定します。ある程度重みのあるものなら代用可能です。

### 布用スティックのり

縫い代や小さなパーツの仮どめにとても便利。針通りも良く、ミシン針につきません。

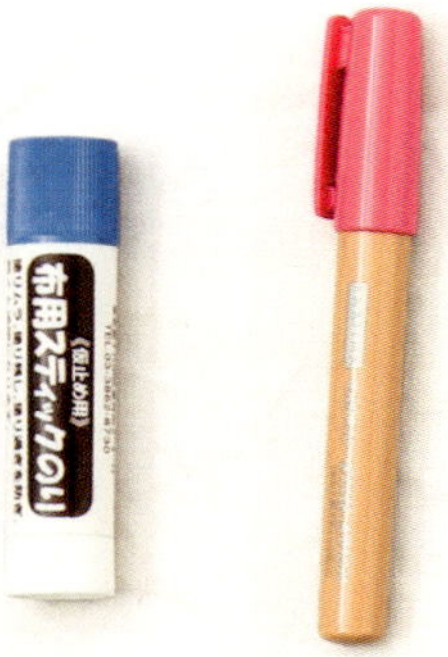


### 曲線定規

型紙の衿ぐりや袖ぐりを写す時、曲線がきれいに引けます。

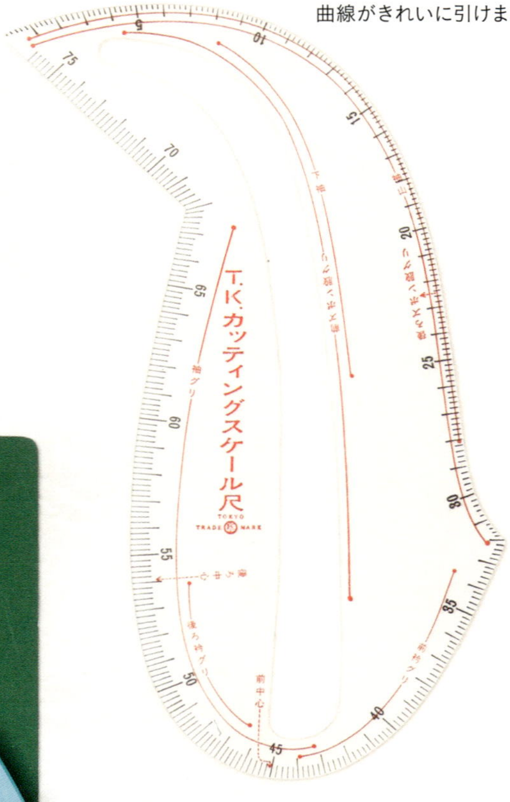


### ほつれ止め液

裁ち端や、ボタンホールのほつれどめに使用します。

### ロータリーカッターとカッティングマット

ロータリーカッターは切りズレしないので、ニット地や、長細いパーツの裁断に使用すると便利。必ずカッティングマットを敷いて使用します。サイズは大判が使いやすい。

**アイロン定規★**

耐熱性の素材でできている目盛り入りの定規。縫い代の幅を測りながらアイロンをかけられる便利なアイテムです。写真はフレアスカートなどの曲線にも対応できるタイプ。

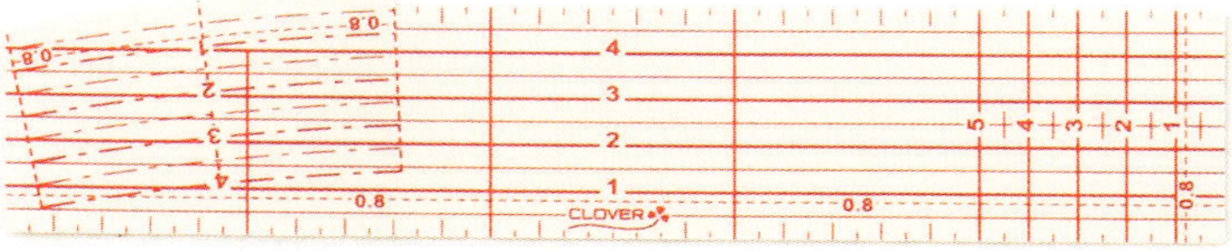

**カーブ目打ち★**

カーブ部分の布送りや、カーブ出しに便利。縫い目をほどく時にも使用できます。

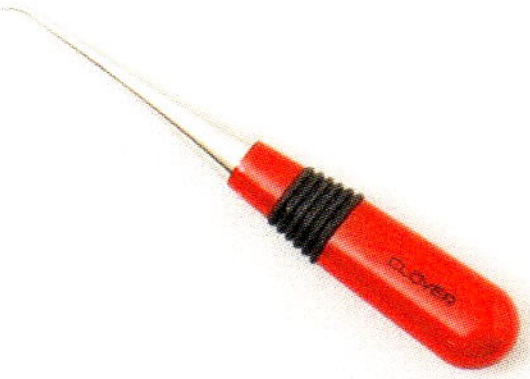

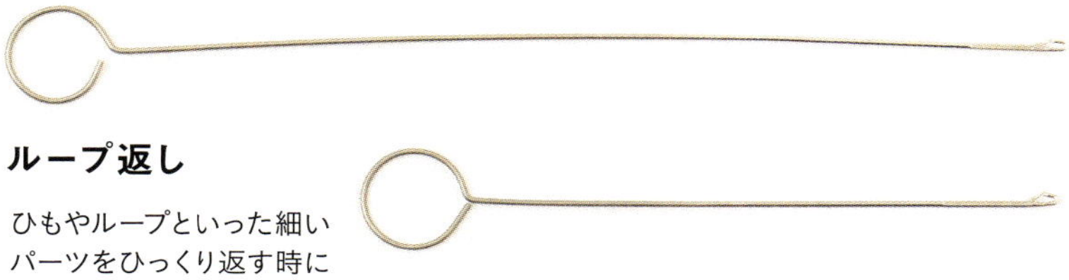

**ループ返し**

ひもやループといった細いパーツをひっくり返す時に使用します。

**テープメーカー★**

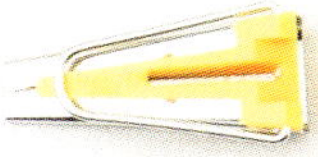

簡単・きれいに両折れバイアステープを作れる道具です。幅は6・12・18・25・50mmがあります（写真は12mm）。使い方はP.45参照。

**仮止めクリップ★**

マチ針を打てない布地や伸びやすいニット地にはもちろん、普段のソーイングにも。下側がフラットなのでミシンがかけやすく、はずし忘れもありません。

**メジャー**

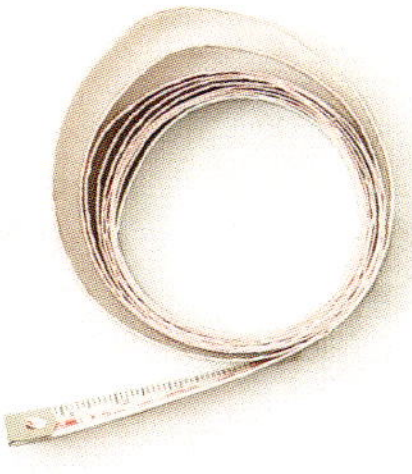

採寸の時や、型紙のカーブの実寸を測る時に。

**熱接着両面テープ★**

アイロンで簡単に接着できる両面テープ。ファスナーつけや、長い距離の仮どめに便利。ずれることなく、きれいに縫うことができます。

**ルレット★**

布用転写紙を使う際に使用します。写真は丸歯タイプ。チャコペンを使えない布の印つけにも。

**布用転写紙★**

印つけの時に使用します。両面・片面タイプのものがあります。

STEP 2

# 布選び

趣味で楽しむソーイングに、「絶対にこれでなくてはだめ!」はありません。
好きな色、柄、質感……思い切り布選びを楽しんでください。
より完成イメージに近づけるため、向いている布や布の特長を知っておくと良いでしょう。

## 基本的な布の種類

### 伸縮性のない布→布はく

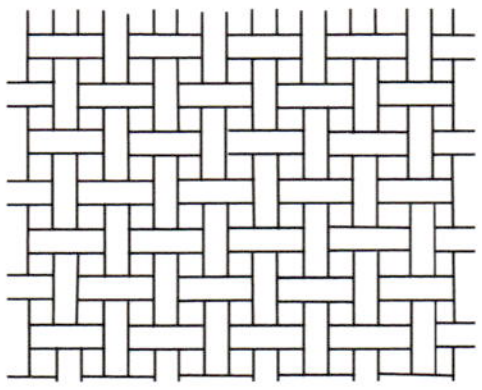

いわゆる布地。たて糸とよこ糸を織ったもので、ほとんど伸びがありません。

**平織り** たて糸とよこ糸が交互に規則的に交差した織り方。張りがあり、丈夫。基本的に表裏がない。

**綾織り** たて糸とよこ糸が一度交差したあと、一本飛ばしに編み込まれており、織り目が斜めになっている。ドレープ性が高く、しわになりにくい。

### 伸縮性のある布→ニット地

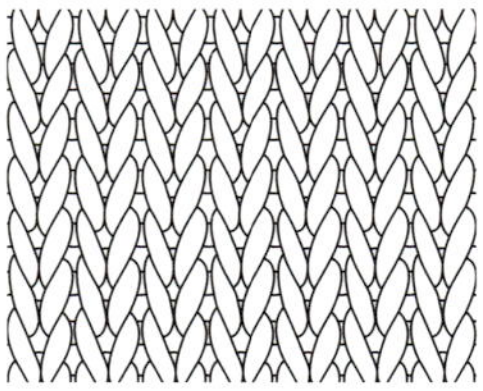

トレーナーやカットソーなどに使用されている布地。糸を編んで作ってあり、ループの連なりで構成されています。伸縮性に富んでいます。

## 布と針と糸の関係

| | 糸 | 針 |
|---|---|---|
| **薄地**<br>ローン、ボイル、ガーゼなど | 90番  | 9号   |
| **普通地**<br>ブロード、シーチング、リネンなど | 60番  | 11号   |
| **厚地**<br>ツイル、デニム、コーデュロイなど | 30番  | 14号   |
| **ニット地**<br>天竺、フライス、裏毛など | レジロン  | ニット専用針   |

## 布と糸の色合わせ

基本的に、糸は布と同じ色を選びます。手芸店では糸売場の近くにカラーサンプルが置いてあるので、実際に使う布を当てて近い色の糸を選ぶと良いでしょう。糸選びにも「絶対」はありません。あえて目立つ色の糸を選んで、作品のポイントにしても素敵。

**薄い色の布**

ぴったりの色がない時は、明るい色の糸を選ぶと、縫い目が目立ちません。

**濃い色の布**

ぴったりの色がない時は、暗い色の糸を選ぶと、縫い目が目立ちません。

**柄布**

柄に一番多く使われている色を選ぶと、縫い目が目立ちにくくなります。

## 一般的な布幅

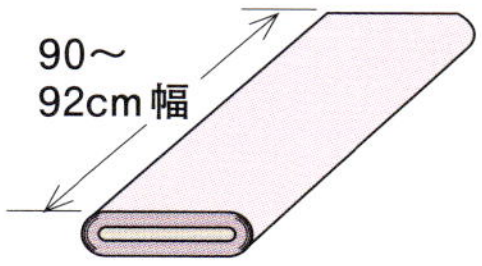


**シングル幅**

シルクやレース素材などに多い。

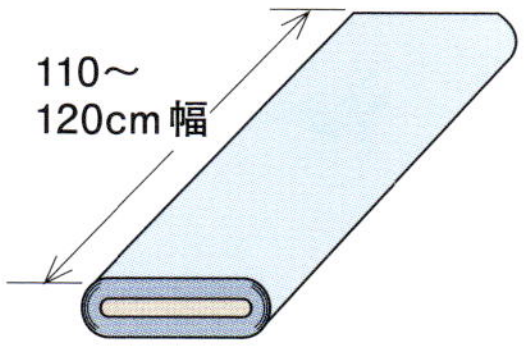


**普通幅**

綿や麻、化繊など
一般的に最も多い布地幅。

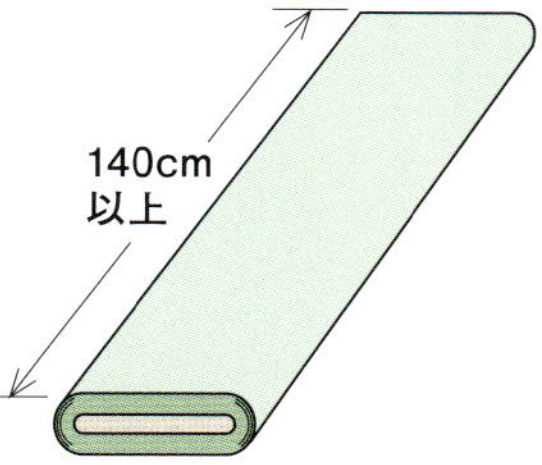


**ダブル幅**

ウールや混紡、リネン地に多い。
半分に折ってあることも。

## 簡単な用尺の考え方

※おおよその目安

### 《ブラウス》

**◯ 110cm幅の場合**

(着丈+10cm)×2+(袖丈+5cm)

〈例〉着丈 60cm、袖丈 55cm
(60+10)×2+(55+5)=**200cm**

**◯ 140cm幅の場合**

(着丈+10cm)+(袖丈+5cm)+衿

〈例〉着丈60cm、袖丈55cm、衿の幅10cm
(60+10)+(55+5)+10=**140cm**

### 《スカート》

**◯ 110cm幅の場合** ポケット分含まず

(スカート丈+10cm)×2

〈例〉スカート丈 80cm
(80+10)×2=**180cm**

**◯ 140cm幅の場合** ポケット分含まず

スカート丈+10cm

※縫い代を含めた裾周りの長さが 140cm以下の場合、(スカート丈+10cm)×2になります。

〈例〉スカート丈 80cm
80+10=**90cm**

### 《ワンピース チュニック》

**◯ 110cm幅の場合**

(着丈+10cm)×2+(袖丈+5cm)

〈例〉着丈 100cm、袖丈 55cm
(100+10)×2+ (55+5)=**280cm**

**◯ 140cm幅の場合**

(着丈+10cm)+(袖丈+5cm)

〈例〉着丈 100cm、袖丈 55cm
(100+10)+ (55+5)=**170cm**

### 《パンツ》

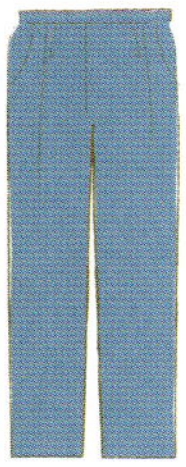

**◯ 110cm幅の場合** ポケット分含まず

(パンツ丈+10cm)×2

〈例〉パンツ丈 95cmの場合
(95+10)×2=**210cm**

**◯ 140cm幅の場合** ポケット分含まず

パンツ丈+10cm

〈例〉パンツ丈 95cmの場合
95+10=**105cm**

### こんな方法もあります

使いたい布地の幅が本と違う…。そんな時は、この方法で大体の用尺を決めましょう。
柄合わせなどが必要な場合は少し多めに必要なので、注意が必要です。

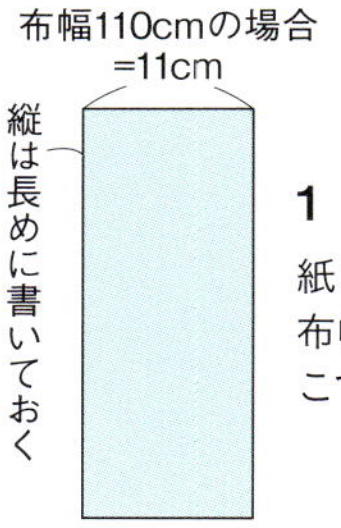


**1**
紙に 1/10のサイズの布幅の四角を描く(ここでは 11cm)。

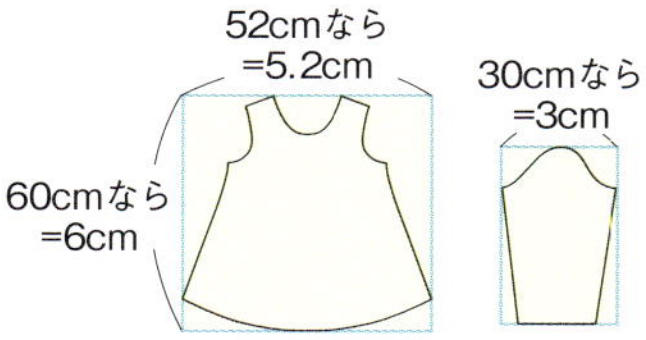


**2** 使用する型紙の縦・横の一番長い部分を測り、1/10サイズの四角を描く。

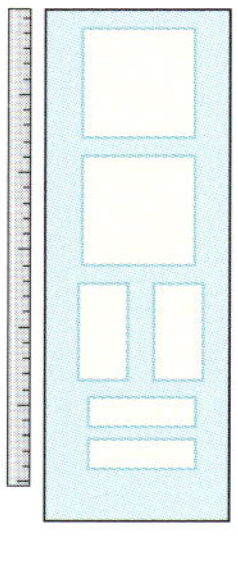

**3**
**2**の四角を、**1**の布幅の中に必要枚数並べる(縫い代分の隙間をあける)。定規で縦の長さを測り、10倍した値が、必要尺になる。

## アイテムにあった布選び

気に入った布地を使って、自由に作品づくりをできるのがホームソーイングの醍醐味。
ただ、できあがりのイメージに合わせた布選びは重要です。布の種類や特長を学び、よりイメージに近い作品を仕上げましょう。

### ワンピース、チュニック

比較的どんな布を使っても、素敵に仕上がります。あまり厚手の布を使うと、着づらくなってしまこともあるので注意しましょう。

・シーチング
・リネン
・ローン　…など

### ブラウス、プルオーバー

ブラウスは縫う工程が多めなので、縫いやすい布地を選ぶのがおすすめ。プルオーバーは比較的どんな布でも向いています。

・シーチング
・シャンブレー
・リネン
・ローン　…など

### スカート

ギャザースカートはできあがりの広がりをイメージして選ぶと良いでしょう。一枚で着たい場合は、布地が透けてしまわないかも選ぶポイント。

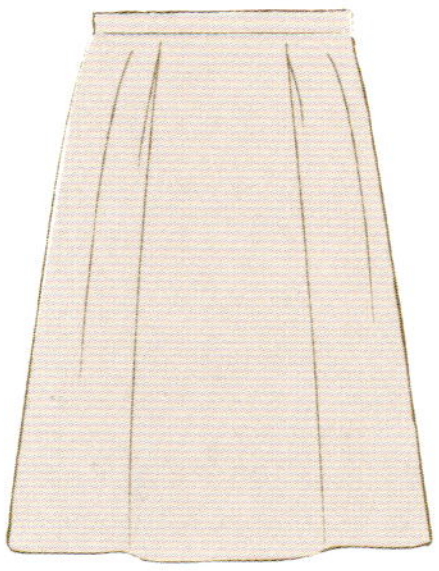

・シーチング
・リネン
・デニム　…など

### パンツ

比較的厚手で、ハリのある布地がおすすめ。暑い時期には風通しの良い布地を使うのも良いでしょう。

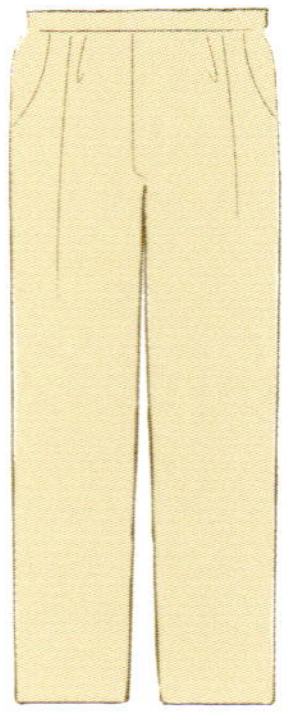

・デニム
・リネン
・カツラギ　…など

### コート・アウター

保温性に着目して選びましょう。ただ、あまり厚手の布地を使うと縫いづらく、きれいに仕上がらないので注意しましょう。

・カツラギ
・コーデュロイ
・フランネル
・キルティング　…など

### 小物

バッグやポーチは比較的布地を選ばず作品づくりを楽しむことができます。

・リネン
・帆布
・ビニールコーティング　…など

## シーチング

粗く織った平織りの布。無地やプリント地など種類も豊富。洋服の仮縫いに使用されることも。

| | | | | | |
|---|---|---|---|---|---|
| 針の太さ | 11号 | 糸の太さ | 60番 | アイロン | 高 |

## ブロード

手触りが柔らかく、光沢があります。無地だけでなく、プリント地や先染めのストライプ柄などがあります。

| | | | | | |
|---|---|---|---|---|---|
| 針の太さ | 11号 | 糸の太さ | 60番 | アイロン | 高 |

## ローン

絹のようにしなやかでツヤのある、薄手の平織りの布。リバティプリントのタナローンが有名です。

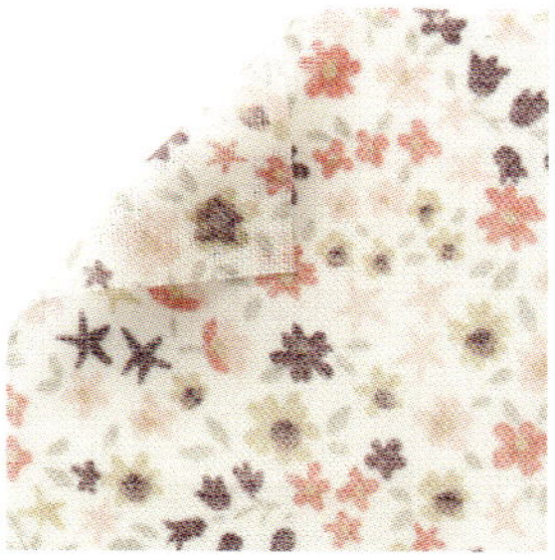

| | | | | | |
|---|---|---|---|---|---|
| 針の太さ | 9号 | 糸の太さ | 90番 | アイロン | 高 |

## リネン

亜麻の繊維を原料に織られた布。強度があり、風合いはソフトでしなやか。吸水性に優れていて、速乾なのも魅力です。

| | | | | | |
|---|---|---|---|---|---|
| 針の太さ | 11号 | 糸の太さ | 60番 | アイロン | 高 |

## シャンブレー

たて糸とよこ糸の色を変えて織った霜降りのような色合いの布です。写真の布はたて糸に白、よこ糸に水色を使っています。

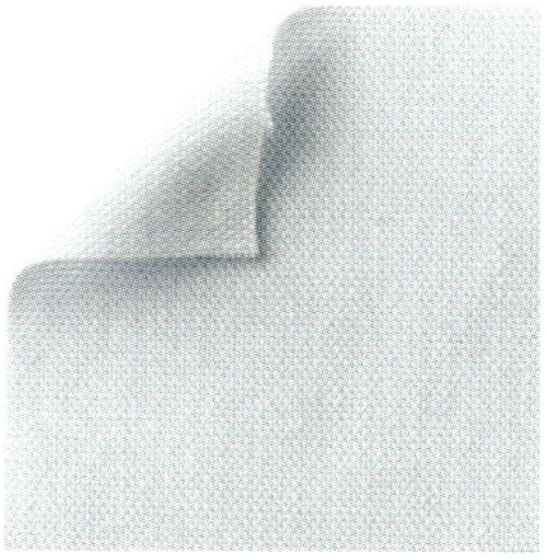

| | | | | | |
|---|---|---|---|---|---|
| 針の太さ | 11号 | 糸の太さ | 60番 | アイロン | 高 |

## ダンガリー

たて糸にさらし糸、よこ糸に色糸を使った布。風合いがデニムに似ていますが、デニムより薄手なので、家庭用ミシンでも簡単に縫えます。

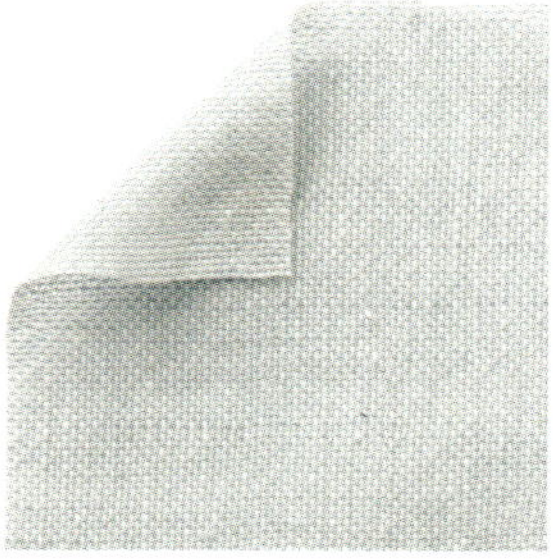

| | | | | | |
|---|---|---|---|---|---|
| 針の太さ | 11号 | 糸の太さ | 60番 | アイロン | 高 |

## カツラギ

太い糸で織られた厚みのある丈夫な布。綾織りの布なので、斜めに畝が入っています。

| | | | | | |
|---|---|---|---|---|---|
| 針の太さ | 11号<br>14号 | 糸の太さ | 60番<br>30番 | アイロン | 高 |

## 綿ネル

フランネルという布の一種で、綿素材の布。柔らかな手触りで、表面にけば(起毛)があります。ふんわりとあたたかい印象で、比較的秋冬向け。

| | | | | | |
|---|---|---|---|---|---|
| 針の太さ | 11号 | 糸の太さ | 60番 | アイロン | 高 |

## シアサッカー

サッカー地、しじら織りとも。表面に縦方向のたるみ(しじら)のある布。さらりとした爽やかな肌触りで、比較的夏向け。

| | | | | | |
|---|---|---|---|---|---|
| 針の太さ | 11号 | 糸の太さ | 60番 | アイロン | 高 |

## ボイル

強く撚った糸で織られた布。薄手で軽く、さらっとした風合いです。通気性が良く、涼しげな印象。

| | | | | | |
|---|---|---|---|---|---|
| 針の太さ | 9号 | 糸の太さ | 90番 | アイロン | 高 |

## ダブルガーゼ

ガーゼを２枚合わせた布。肌触りが良く、ふんわりと柔らか。ベビー服や小物にもよく使用されます。

| | | | | | |
|---|---|---|---|---|---|
| 針の太さ | 11号 | 糸の太さ | 60番 | アイロン | 高 |

## キルティング

２枚の布の間に綿をはさみ、縫いとめた布。クッション性、保温性に優れています。

| | | | | | |
|---|---|---|---|---|---|
| 針の太さ | 11号<br>14号 | 糸の太さ | 60番<br>30番 | アイロン | 低 |

## デニム

インディゴ（藍）染めしたたて糸と、さらし糸のよこ糸を使用した、目の詰まった丈夫な布。厚さにさまざまな種類があり、薄手のものなら家庭用ミシンでも縫えます。

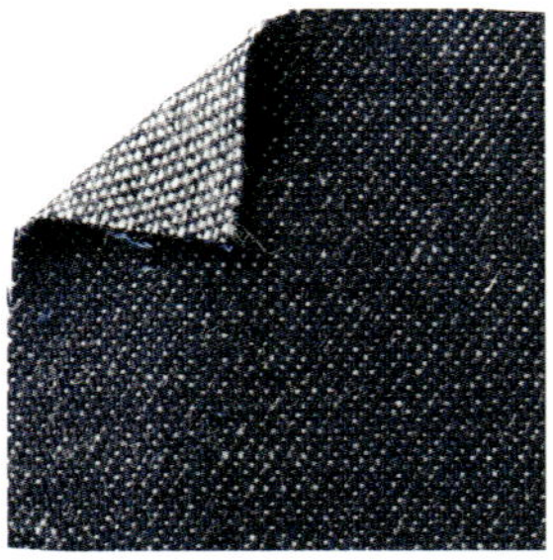

| | | | | | |
|---|---|---|---|---|---|
| 針の太さ | 11号<br>14号 | 糸の太さ | 60番<br>30番 | アイロン | 低 |

## ツイード

太めの羊毛糸でざっくりと織られた、素朴な風合いの布。織る前に糸をさまざまな色に染め細かい色彩の模様を入れているのが特徴。柄としてはヘリンボーンやチェック系が代表的。

| | | | | | |
|---|---|---|---|---|---|
| 針の太さ | 11号 | 糸の太さ | 60番 | アイロン | 中 |

## コーデュロイ

表面をけば立たせた、縦方向に畝のある織物。「コール天」とも呼ばれます。ほとんどが綿素材ですが、まれに合成繊維も。

| | | | | |
|---|---|---|---|---|
| 針の太さ | 11号 | 糸の太さ | 60番 | アイロン<br>綿… 中<br>レーヨン… 低・中 |

## フラノ

フランネルの一種で、毛や毛混紡糸で織られた布。片面、または両面にけばがあります。冬向けの布地。

| | | | | | |
|---|---|---|---|---|---|
| 針の太さ | 11号 | 糸の太さ | 60番 | アイロン | 毛… 中<br>綿… 高 |

## ニット地について

ニット地がどれくらい伸縮するかを「テンション」という言葉で表します。テンションが高い布ほどよく伸び、低いほど伸びません。初心者さんは、テンションが低めで、少し厚手のニット地を選ぶのがおすすめです。

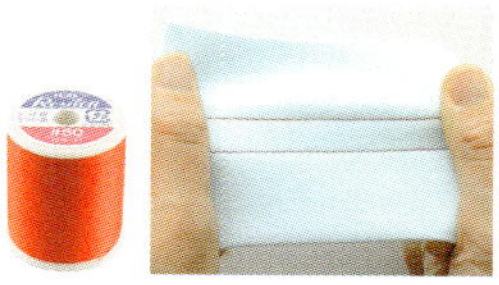

### ニット地用ミシン糸

伸縮のある糸を使用しないと、布の伸びに糸がついていかず、糸切れを起こします。必ずニット地用の糸を使用しましょう。

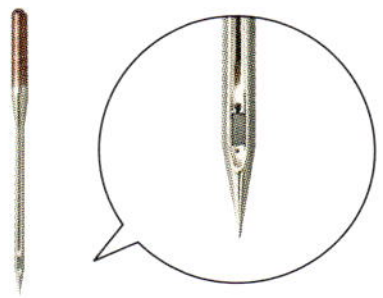

### ニット地用ミシン針

針先に丸みがあり、布の編み糸を傷つけません。布はく用のミシン針だと、鋭い針先で編み糸を切ってしまう場合があります。

## 天竺

手編みのメリヤス編みと同じ方法で編まれた代表的なニット地。編み糸の太さによって布の厚みが異なります。糸番手の数字が大きくなるほど薄地になります。

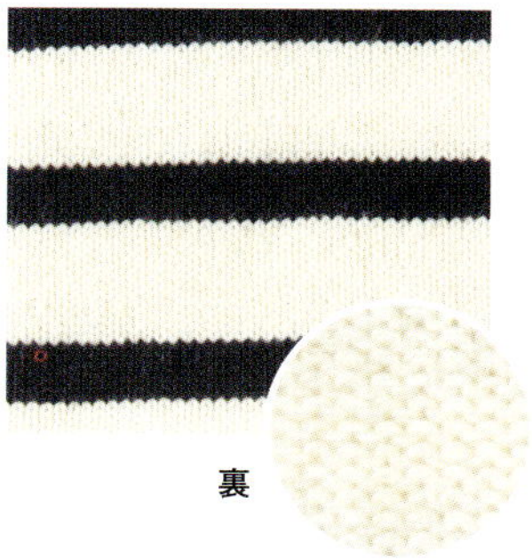

裏

## ダンボールニット

厚みがあって伸びにくく、布端も丸まりにくいのでとても縫いやすいニット地。ダンボールのような二重構造になっていて、保温性に優れています。

裏

## 裏毛

表は天竺と同じ、裏はタオル地のようなパイル状になっているのが特徴。「スウェット」や「トレーナー地」とも呼ばれている、ポピュラーなニット地です。

裏

## ミニ裏毛

「裏毛」と比べてパイル地のループが小さく、糸も細いのですっきりとした印象。裏毛に比べて伸びも良い。「ミニ裏毛」は春夏、「裏毛」は秋冬向け。

裏

## フライス

表目と裏目を交互に編んだ「1目ゴム編み」のニット地。肌触りが良く、端も丸まりにくいので、初心者でも比較的縫いやすいニット地です。

裏

## スパンフライス

ゴム（スパン）が編み込まれた、非常に伸縮性に優れたニット地。フライスよりも伸びが良く、戻りも良いので、フライス作品の衿ぐりや袖口に使用しても。

裏

## スパンリブ

スパンフライス同様、ゴム（スパン）が編み込まれたニット地。厚手で畝も太く、しっかりしているので、裏毛などの厚手のニット地作品の衿ぐりや袖口におすすめ。

裏

STEP 3

# 型紙の作り方

本についている実物大型紙を使用して、型紙を作ります。
記号の意味や、写し方の手順を確認しましょう。

## 型紙の記号と意味

### 前身頃

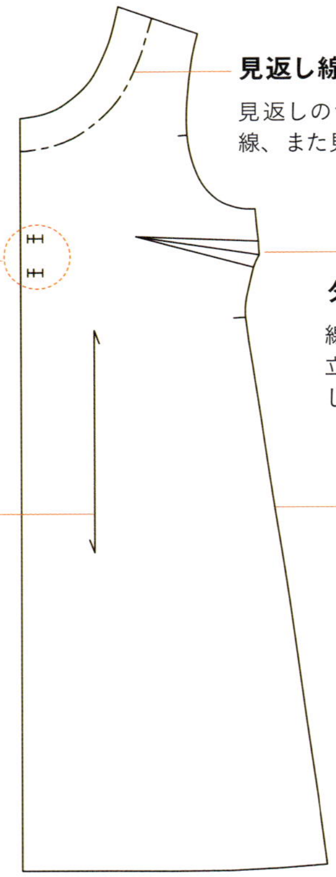

**見返し線**
見返しのつく位置の線、また見返し

**ボタンホール、ボタンつけ位置**
ボタンホールをあける位置、ボタンをつける位置（詳しくはP.46参照）

**ダーツ**
線と線を合わせて、立体的に仕立てる（詳しくはP.40参照）

**布目線**
布のたて地の方向を示している

**できあがり線**
作品のできあがりの通りにかかれた線

### 後ろ身頃

**ギャザー**
粗目のミシンをかけ、糸を引いて縮める（詳しくはP.39参照）

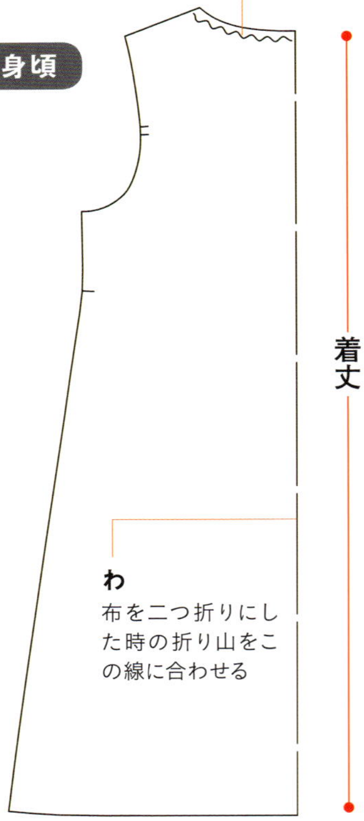


**わ**
布を二つ折りにした時の折り山をこの線に合わせる

### 袖

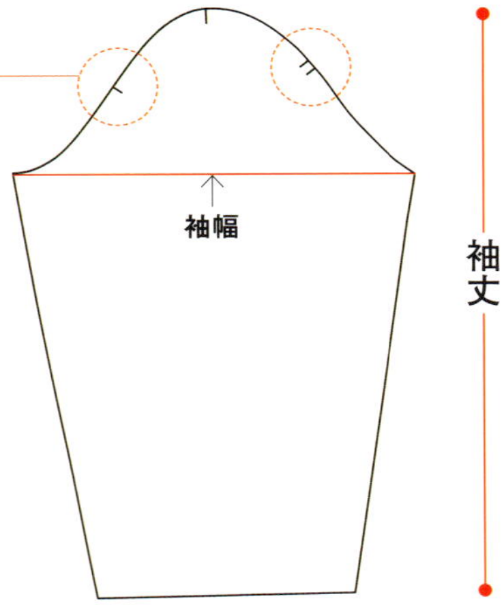


**合印**
別々のパーツ同士を合わせるための印。袖の場合は前が1本、後ろが2本にして、前後の区別をする。

### タック

斜線の高い方から低い方に向かって布をつまんで倒す（詳しくはP.41参照）

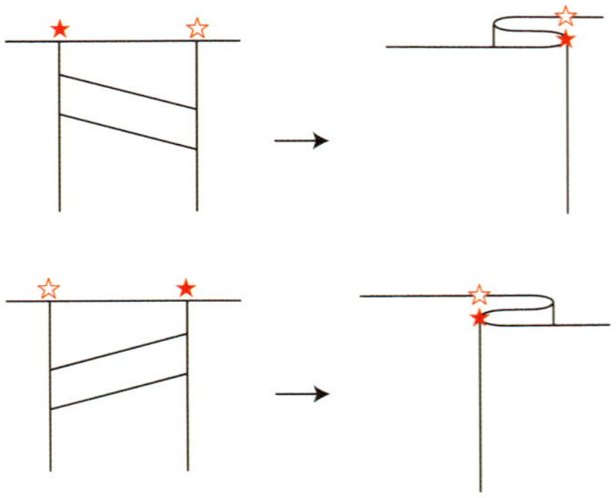

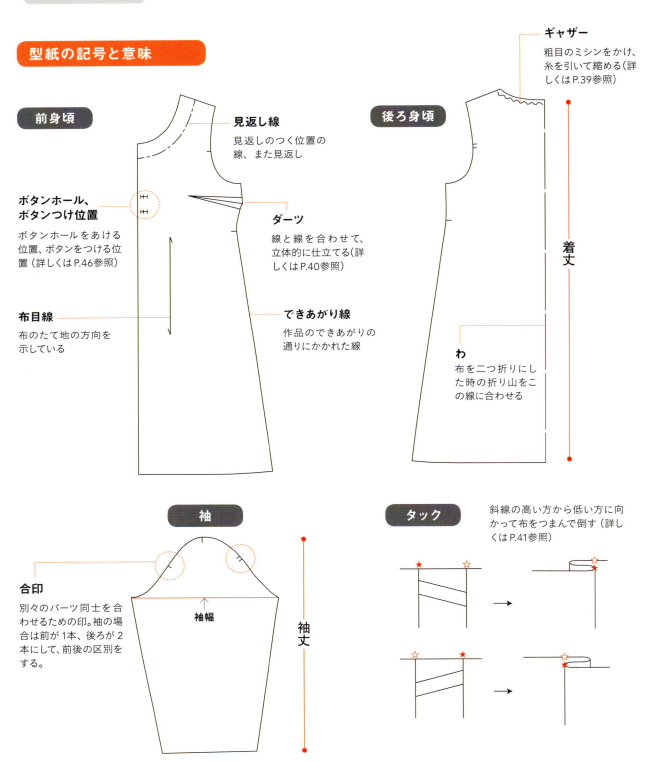

## 型紙の写し方

**1**

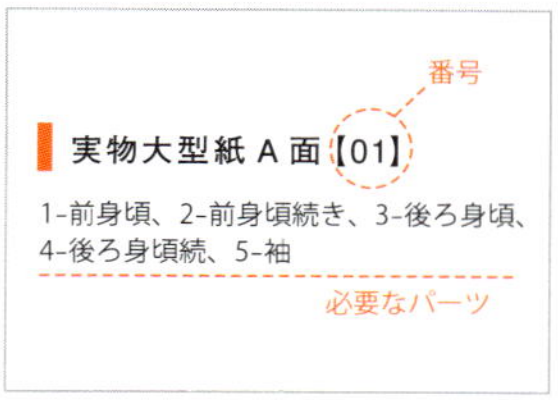

作りたい作品に必要なパーツを確認します。本誌の場合は、作品ごとに型紙の番号と、使用するパーツの番号が記載されているので、確認してください。

**2**

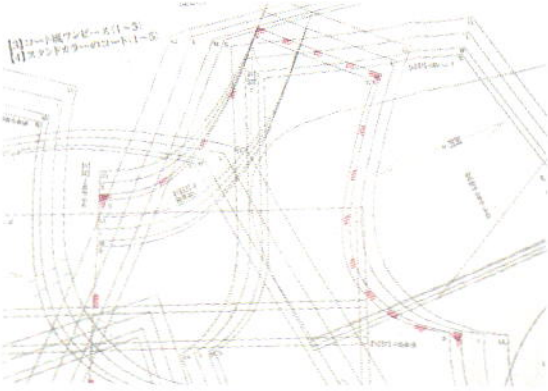

使用するパーツに印をつけます。必要なパーツの線の内側に、マーカーで印をつけてパーツの形を把握できるようにすると、作業がスムーズ。消えるマーカーを使うと便利です。

**3**

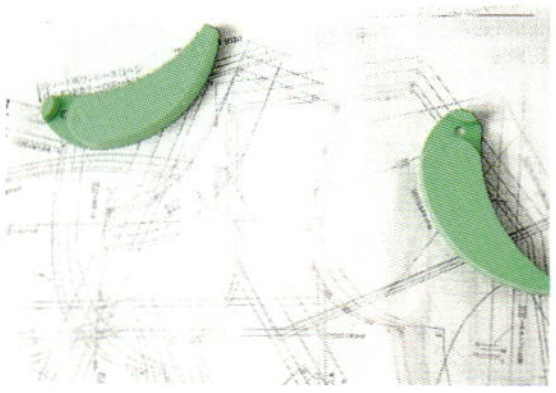

実物大型紙の上にハトロン紙を置きます。ずれないようにウエイトなどで固定します。後で縫い代をつけるので、周囲に余白をつけて置きましょう。

**4**

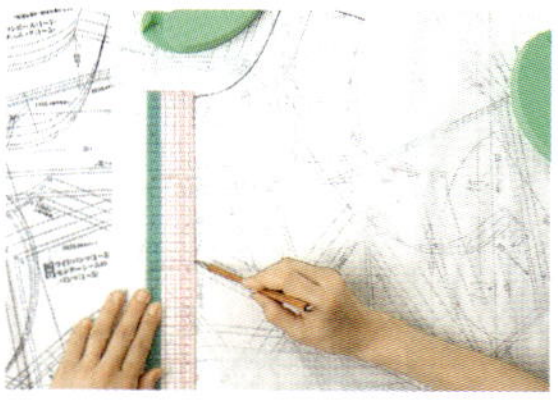

定規を使い、線を写します。

**5**

曲線を写す時は、少しずつ定規の角度を変えながら滑らかになるように写します。

**6**

布目線、合印、パーツ名なども写します。

### 型紙に複数のパーツが含まれている場合

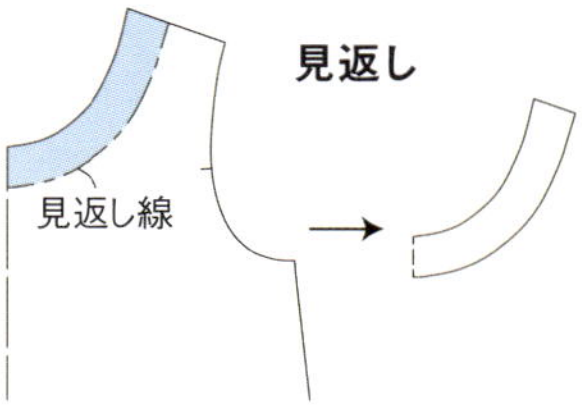


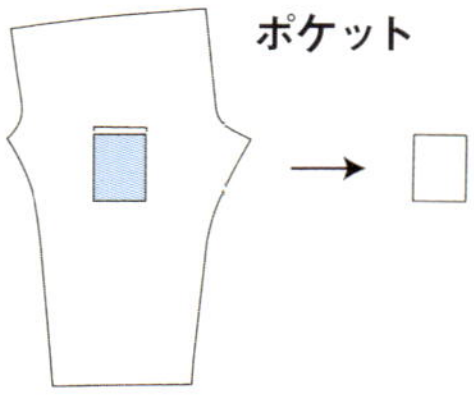


見返しやポケットのパーツは、つけ位置と合わせて身頃などの中に一緒に記載されている場合があります。忘れずに抜き出して型紙を作りましょう。

### 型紙に1つ以上のデザインが含まれている場合

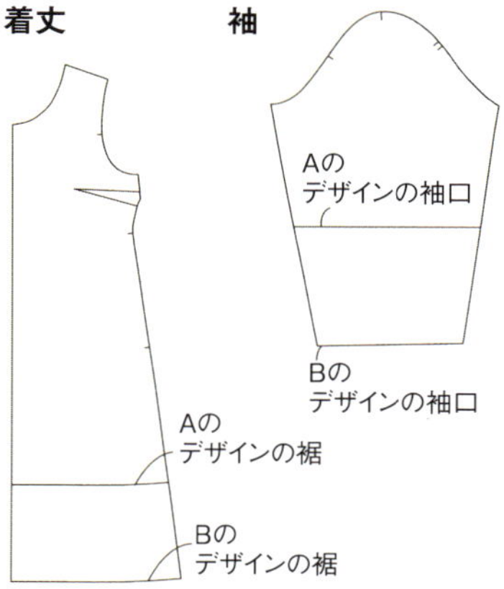


1つの型紙で着丈や袖丈のアレンジがある場合、裾や袖口の線を間違えないように注意しましょう。

### 型紙をつなぐ場合

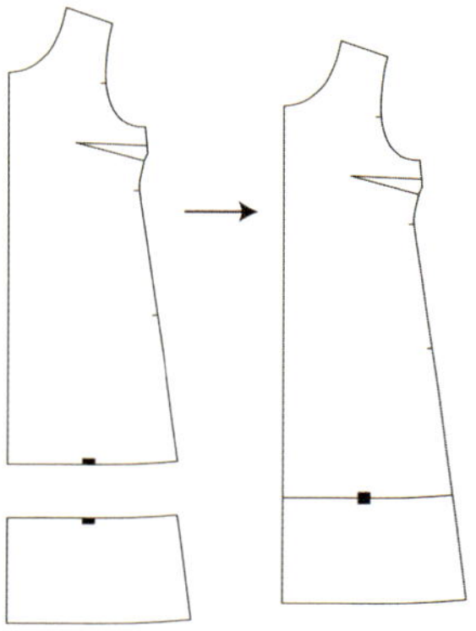

丈の長い作品の場合、型紙が途中で分割されている場合があります。同じ印同士をつなげて型紙を作ります。

## 型紙に縫い代をつける

### 裁ち方図を必ず確認しましょう

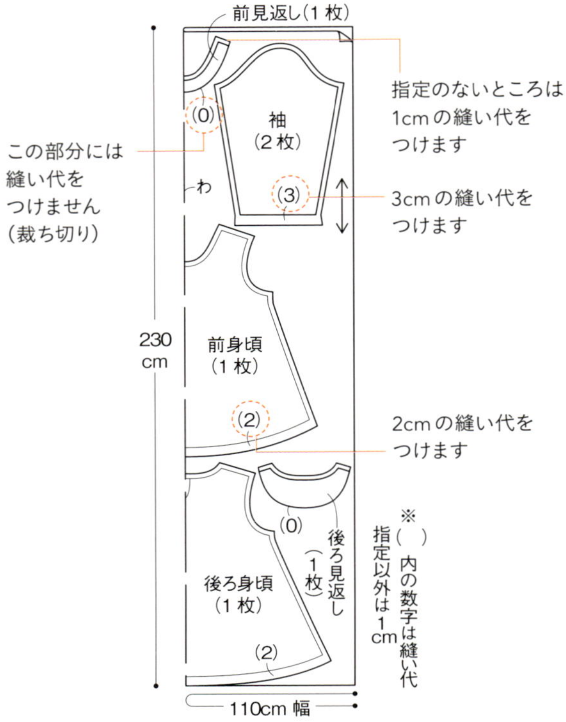


**1**

できあがり線の外側に、指定の寸法で縫い代の線を書きます。方眼定規を使うと便利。

**2**

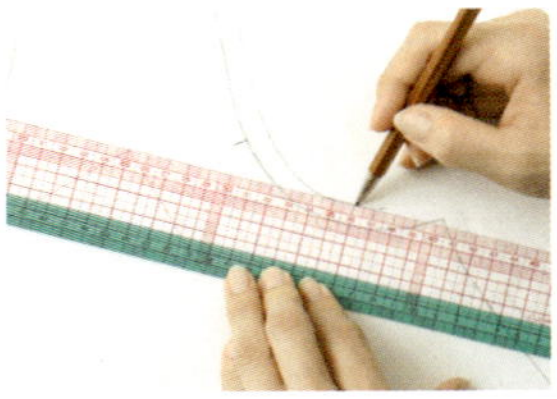

曲線部分は少しずつ測りながら滑らかになるよう縫い代を書きます。

**3**

指定の縫い代をつけたら縫い代の線でカットし、縫い代つき型紙の完成です。この他、型紙に縫い代をつけずにカットし、裁断の時布地に書く方法もあります。

### 袖口の縫い代のつけ方

両脇の袖口の縫い代が足りなくならないように縫い代をつけます。

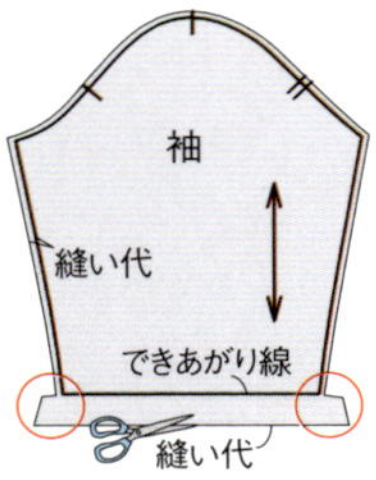


**1**

角以外の縫い代をつけ終わったら、袖口の角の周囲を多めに残して型紙をカットする。

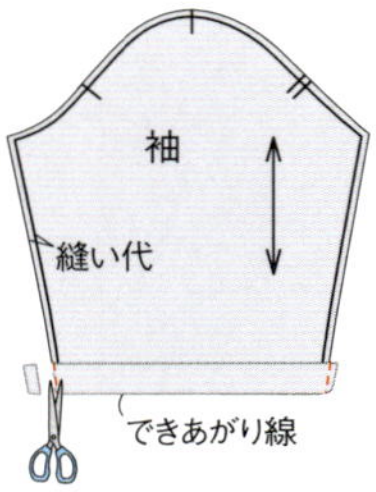


**2**

袖口をできあがり線で折り上げ(三つ折り始末の時は三つ折り)、袖下の縫い代の線に沿って余分をカットする。

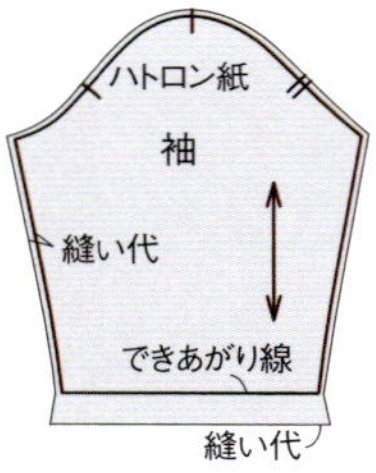


**3**

角に余分がつき、きれいに折れる縫い代がつく。

### 裾(鋭角)の縫い代のつけ方

裾の両脇の縫い代が余らないように縫い代をつけます。

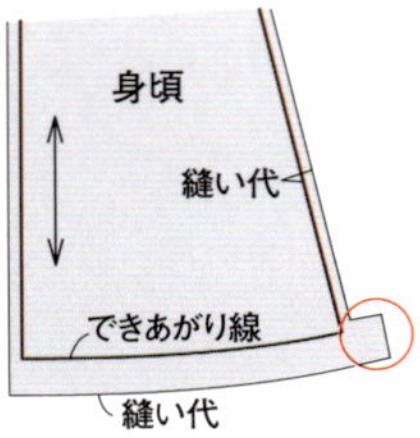


**1**

角以外の縫い代をつけ終わったら、裾の角の周囲を多めに残して型紙をカットする。

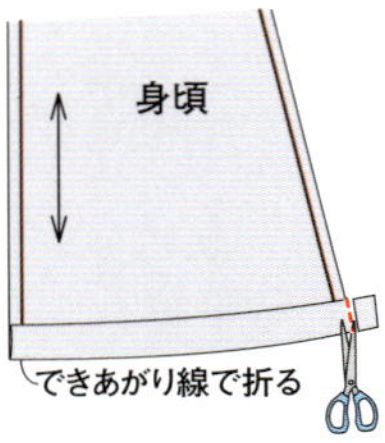


**2**

裾をできあがり線で折り上げ(三つ折り始末の時は三つ折り)、脇の縫い代の線に沿って余分をカットする。

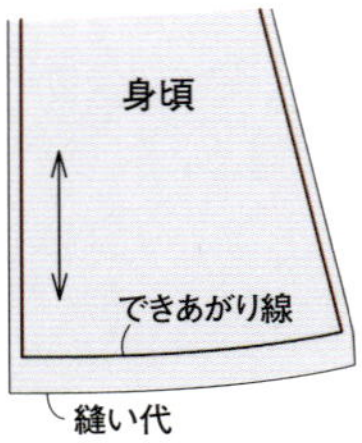


**3**

角に余分が出ないきれいな縫い代がつく。

## 簡単な補正

### バストの大きさを変える

#### 大きくする

①大きくしたい寸法の 1/4ずつ、前身頃と後ろ身頃の身幅線を延長する。
②袖ぐりと脇線を自然につなげる。
③袖の両端も大きくしたい寸法の 1/4ずつ袖幅を延長して、袖下の線を自然につなげる。
④袖山と袖ぐりの寸法があっているか確認する。

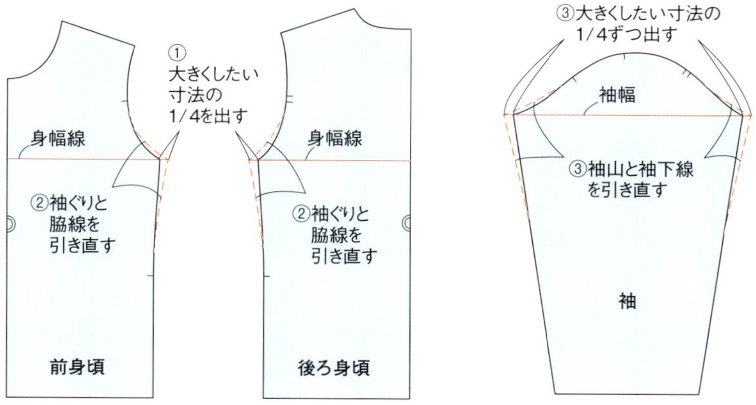


#### 小さくする

①小さくしたい寸法の 1/4ずつ、前身頃と後ろ身頃の身幅線をカットする。
②袖ぐりと脇線を自然につなげる。
③袖の両端も小さくしたい寸法の 1/4ずつ袖幅をカットして、袖下の線を自然につなげる。
④袖山と袖ぐりの寸法があっているか確認する。

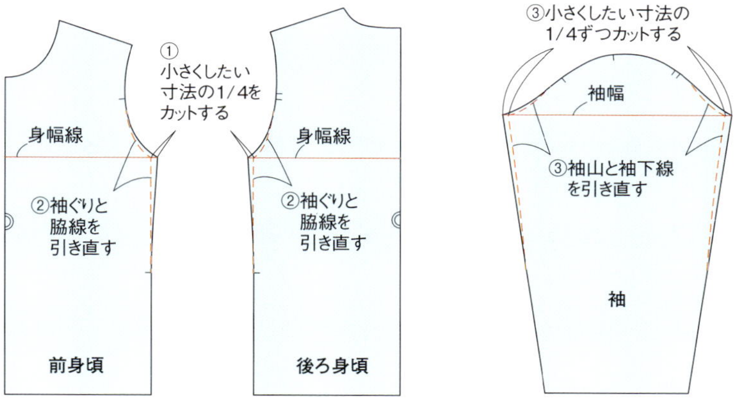


### 長袖の丈を変える

①袖下をつなぎ、袖幅線を引く。
②袖幅線に対して垂直になるよう袖山から袖口に線を引く。
③この 2本の線の交点から、袖下を二等分する。

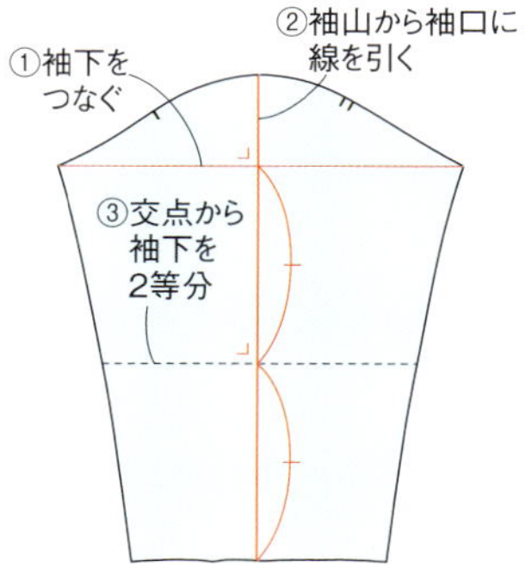


#### 長くする

①二等分した地点から、長くしたい寸法分を平行に開く。
②袖下を自然につなげる。

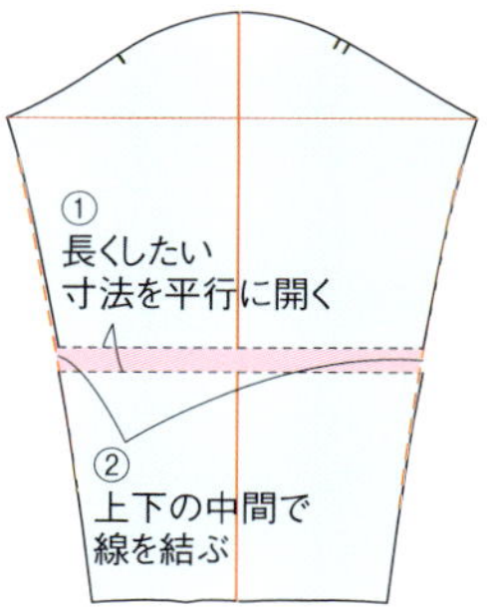


#### 短くする

①二等分した地点から、短くしたい寸法分をたたむ。
②袖下を自然につなげる。
※ただし袖口が細くなるデザインの場合、手が入らなくなってしまう可能性があるので注意する。

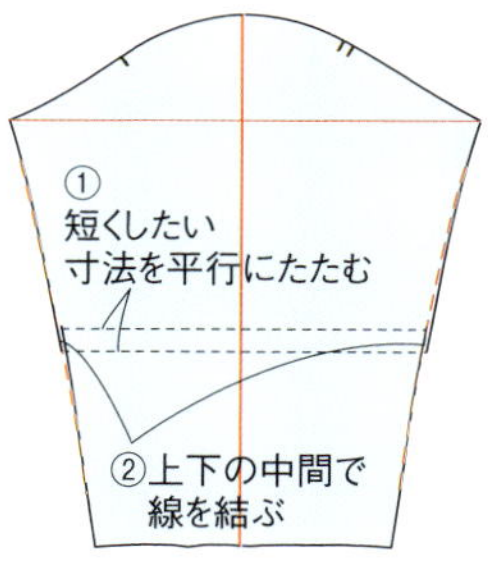

STEP 4

# 布の準備

「早く作りはじめたい……！」そんなはやる気持ちもわかりますが、何事も準備が大切。
布にあった準備をして、作品を美しく仕立てましょう。

## 布地の名称

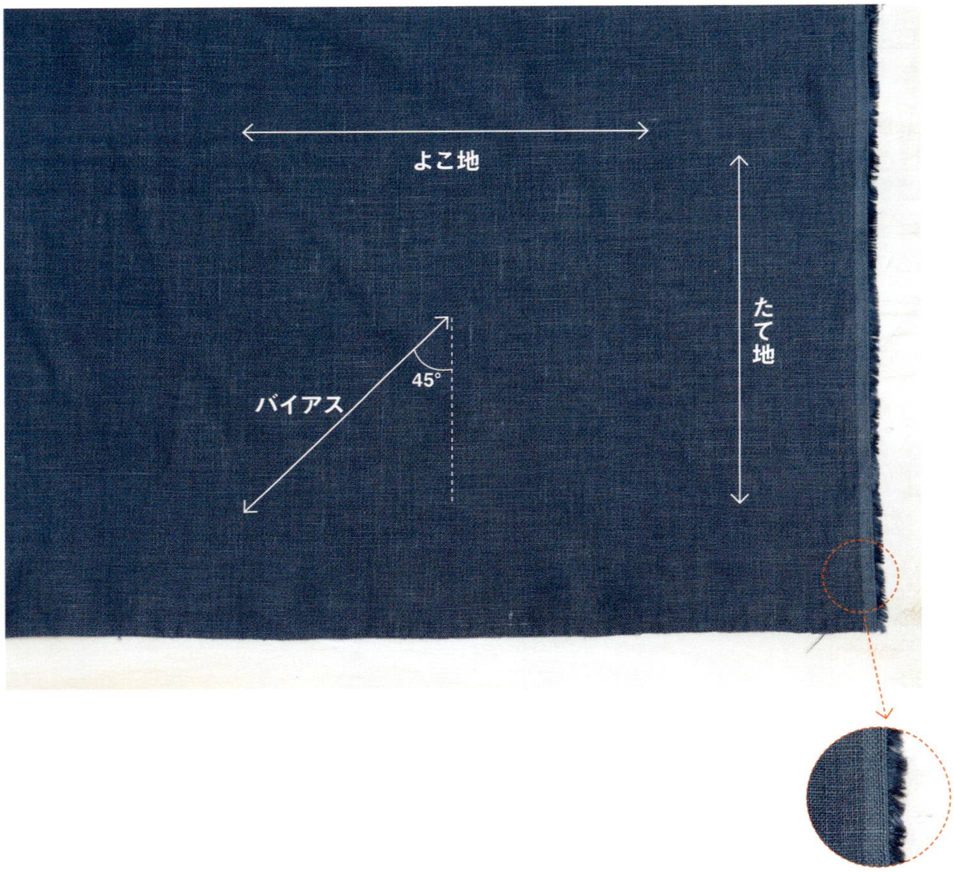


### たて地

織物のたて糸の方向のことをいいます。実物大型紙や製図に書かれている矢印のことを「布目線」といい、これは布のたて糸の方向とこの矢印を合わせる、という意味です。

### よこ地

織物のよこ糸の方向のことをいいます。比較的たて糸方向より伸びやすい性質があります。

### バイアス

布のたて地に対して45度の角度を「正バイアス」と呼びます。もっとも布地が伸びる方向で、バイアステープを作る時などに使用します。

### 布幅

耳から耳までの幅のこと。よこ地の端から端までが布幅となります。

### 耳

布の両端のかたい部分のことです。この耳に平行な方向がたて地になります。

### まずは水通し、地直しが必要か確認しましょう

1 作品に使用したい布を 10×10cm 程度カットします。

2 水に浸けたあと、軽くしぼってアイロンをかけます。

3 10×10cm 程度の正方形の紙などの上に置き、確認します。歪みや縮みがある場合は、水通しと地直しをしましょう。

## 水通し

「洗濯をしたあとに縮んでしまった」、「色落ちをしてしまった」、そんなことにならないよう、水通しをしましょう。

**1** 布を蛇腹にたたんで、たっぷりの水に一晩つけます。

**2**
手で軽くしぼります。布地をひねってしまうと、布目を歪ませてしまう場合があるので、プレスするように水気をきりましょう。布地が大きい場合は洗濯機で軽く脱水しても良いでしょう。

**3** 布目が直角になるよう軽く整えて、陰干しします。

**4** 生乾き程度に乾いたら、たて地とよこ地を整えて、布地に適した温度でドライアイロンをかけます。

### 水通しの必要がない布

ポリエステルや絹などは水通しを行いません。また、メーカーによってはすでに水通しをしたあとの布地を販売しているところもあるので、購入店で確認すると安心です。

### ニット地の水通し

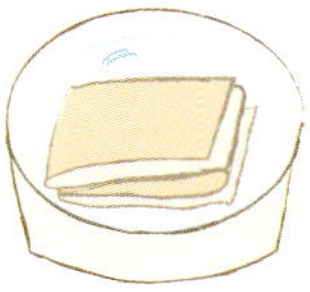

**1**

布を蛇腹にたたみ、一晩程度水につけたあと、しぼらずに優しく水をきります。

**2**

平置きにして、生乾き程度まで乾かしたあと、スチームアイロンを当てて、布目を整えます。吊るして干すと、水の重さで布が伸びてしまうので注意しましょう。

### ウール地の水通し

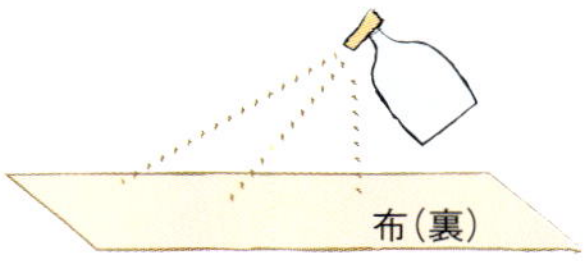


**1**

裏側からまんべんなく霧吹きなどで水を吹きかけます。

**2**

水が蒸発しないよう、ビニール袋に入れて一時間ほどおき、裏からアイロンを当てて布目を整えます。表からかけるとテカリが出てしまう場合があるので注意しましょう。

## 地直し

市販の布地は流通の過程で布目が歪んでいる場合があります。
布目を整えると、それだけで作品の仕上がりもぐっと美しくなります。

### 布目の通し方

**1** 布地の耳の部分に少し切れ目を入れます。

**2** 布端からよこ糸を一本引き出します。

**3** 切れてしまわないように加減しながら、引き出した糸をひっぱります。

**4** よこ糸を抜き終ったところ。この線が、耳に対して垂直になっています。

**5** 線に沿って端をカットします。

**6** 机の角などに布の角を合わせ、机の一辺に耳を平行になるように合わせて、歪みをチェックします。

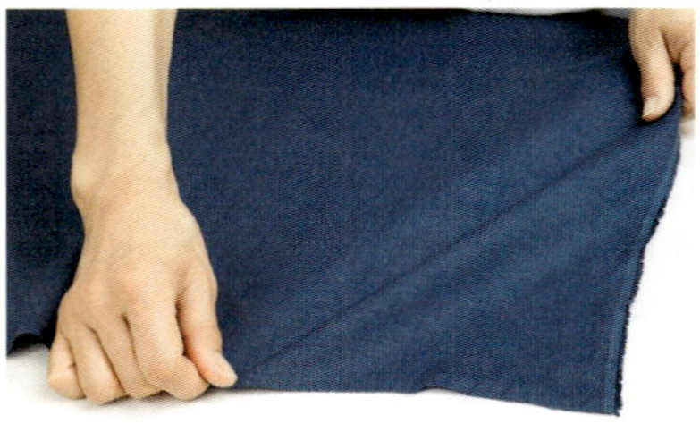

**7** 布地を軽く斜めにひっぱり、布目を整えます。

**8** たて糸に対して、よこ糸が直角になるよう意識しながらアイロンをかけて布目を整えます。

**9** 布目が整いました。

## 接着芯のこと

材料を確認し、接着芯を貼る指示がある場合は、指定の場所に貼って準備しましょう。貼る意味を考えると、自然と必要な場所がわかるようになります。

### 接着芯って必要?

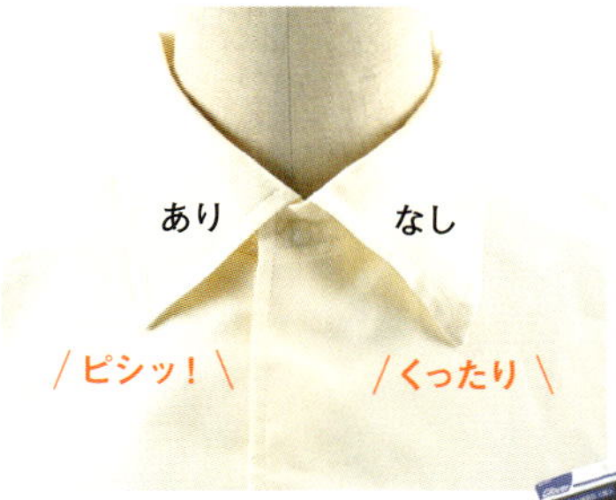

接着芯を貼った衿と貼ってない衿

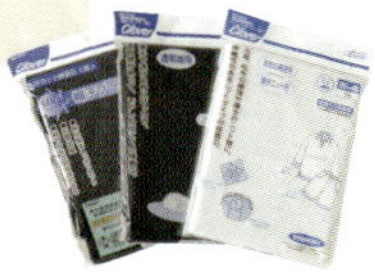

接着芯を貼る場所は、大きく二つに分けられます。一つは「力のかかる場所」。ポケット口やボタンホールの裏など、着た時に力がかかる場所に、補強の意味で使用します。もう一つは「ハリを出したい場所」。衿やベルトなど、布がよれていると見栄えの悪い場所に、ハリを出させるために使用します。

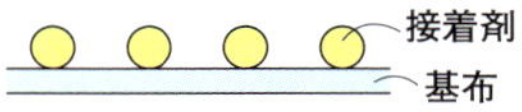


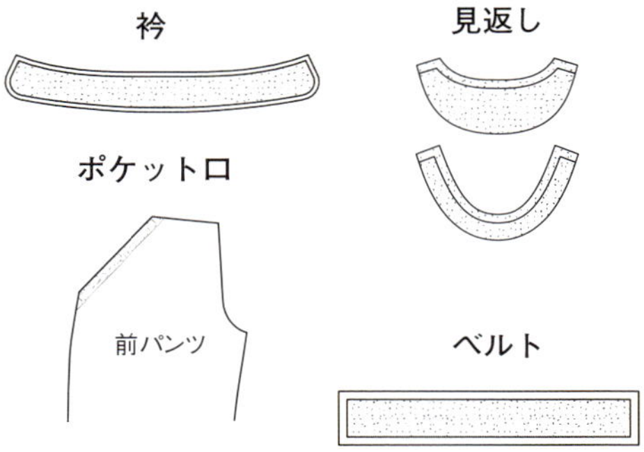


### 接着芯の種類

接着芯にはさまざまな種類があります。用途によって、使いやすいものを選びましょう。

**ニットタイプ**

- 伸縮性がある
- 縮みやすい布にも使用できる
- 洋服づくりにぴったり

**織りタイプ**

- 布はく向き
- 表地になじみやすい
- 伸びにくい

**不織布タイプ**

- バッグなどの小物向き
- しわがつきにくい
- 型崩れしにくい

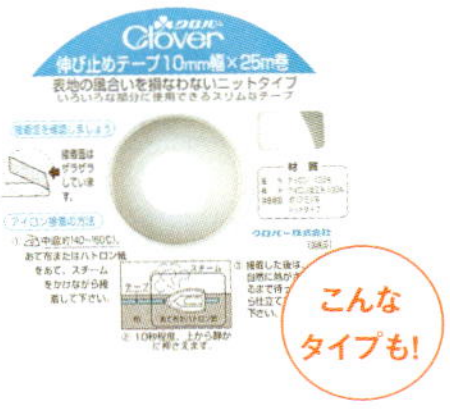


**伸び止めテープ**

あらかじめテープ状になった接着芯。肩やポケット口などの縫い代に使用する時に便利。幅も色々あります。

### 接着芯の貼り方

**1**

貼りたいパーツよりひとまわり大きめに布地と接着芯をカットします。布地の裏側に、接着芯の接着剤がついた面（ざらざらしている面）を合わせます。

**2**

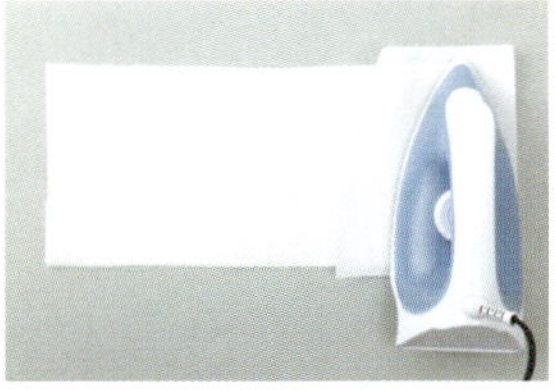

接着芯の上にオーブンシートや当て布をし、アイロンを上から押さえるようにしてしっかり熱を加えます。一か所につき、10～15秒程度おさえましょう。

**3**

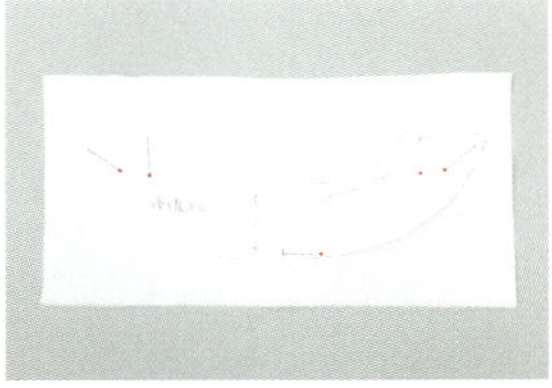

冷めるまではがれやすいので、動かさずに冷まします。完全に冷めたら、型紙を置いて、裁断しましょう（P.27参照）。

**アイロンは隙間なく！**

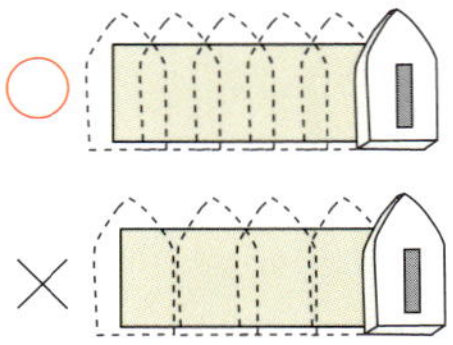

熱を加える部分に隙間があると、接着がうまくできず、その部分から接着芯がはがれてしまいます。少しずつアイロンを動かし、隙間なく熱を加えましょう。

STEP 5

# 裁断

いよいよ裁断です。きちんと裁断ができれば、作品は半分が完成したも同然です。
裁ち方図を良く確認し、慎重に裁断をしましょう。

## 型紙の配置

### 裁ち方図を確認しましょう

裁ち方図を確認し、大きなパーツから配置して裁断をしていきます。布目線と、布のたて地が合うように型紙を配置します。広いスペースがない場合は、パーツごとに粗裁ちしてから本裁断をすると良いでしょう。

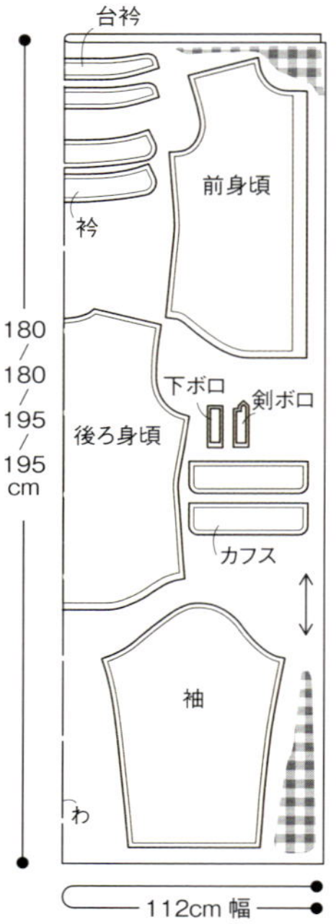


**実際に必要なパーツ**

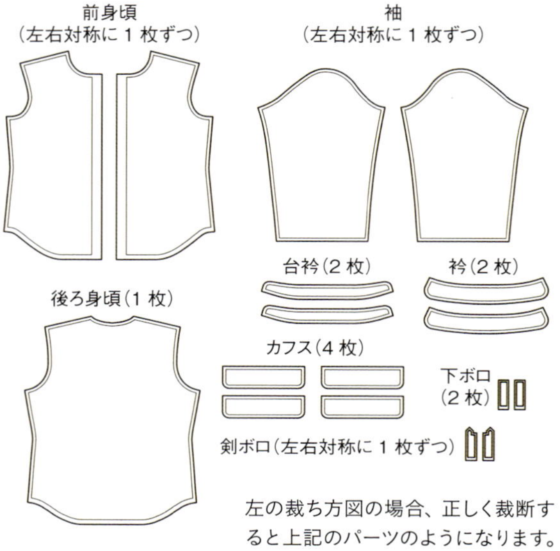


左の裁ち方図の場合、正しく裁断すると上記のパーツのようになります。布地は切ってしまうと元に戻せないので、よく確認してから裁断をしましょう。

**中表**

布地の表同士を合わせます。

**外表**

布地の裏同士を合わせます。

＊この本の作り方では、基本的に布地は外表に合わせて裁断をしています。

**失敗例**

### わや枚数に注意しましょう

初心者の人がやってしまいがちなのが、わの指示を見落としてしまうこと。「縫い合わせればいいじゃない」と思ってしまいますが、実際は縫い代分をつけていないので小さくなってしまい、他のパーツと寸法が合わなくなってしまいます。また、枚数も見落としてしまうと、「布地が足りず、あとから裁てなかった」なんてことにもなりかねないので注意しましょう。

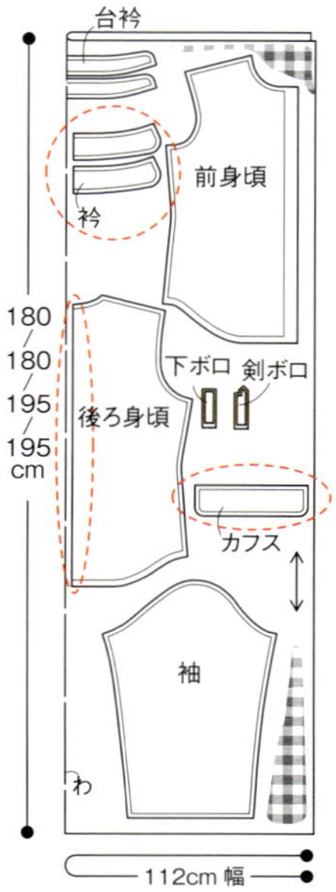


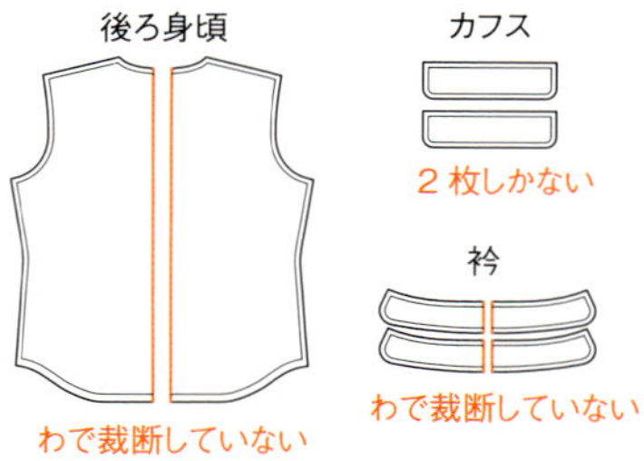

## 裁断をする

1　定規で布目が垂直なことを確認して、型紙を配置します。マチ針は布がずれないよう少しだけすくってとめましょう。

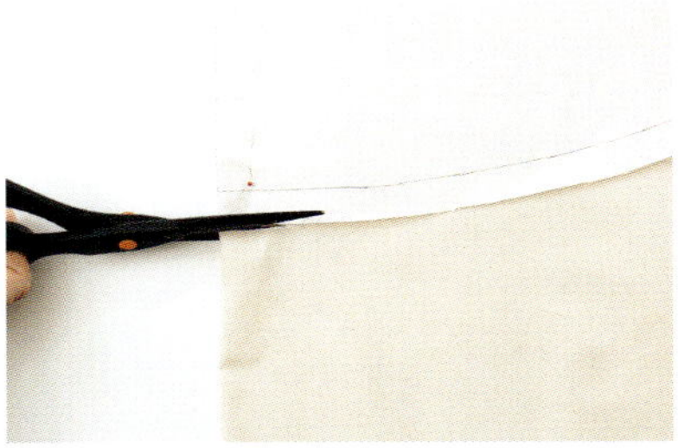

2　型紙に沿って布を裁断していきます。

3　裁断中に布を動かすと、ズレの原因になります。切りやすい位置に自分が移動しましょう。

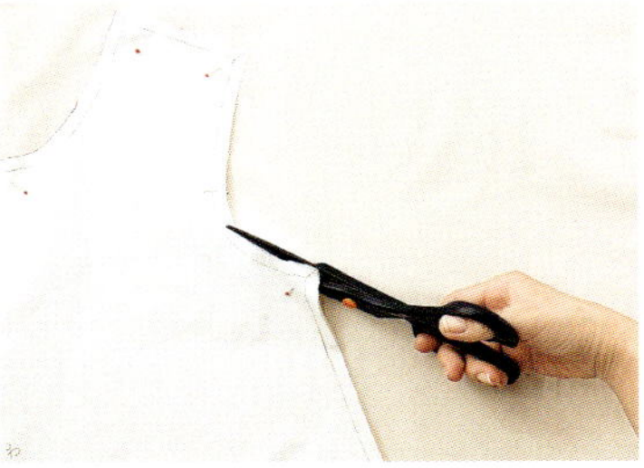

4　カーブは一気に切らず、少しずつはさみを進めていきます。

裁断ができました

### こんな方法も

1　型紙を配置したら、布に型紙の線を写します。

2　写した線に沿って裁断します。袖や脇の印つけはノッチ（→P.29）でつけましょう。

布地を持ち上げてしまうとズレの原因になります。必ず置いた状態で裁断するようにしましょう。

### 無駄のない配置

布地の無駄を減らすために、パーツを上下関係なく配置することを「差し込み」といいます。ただし、柄に上下がある場合や、毛並みの方向がある場合はこの方法は使えません。

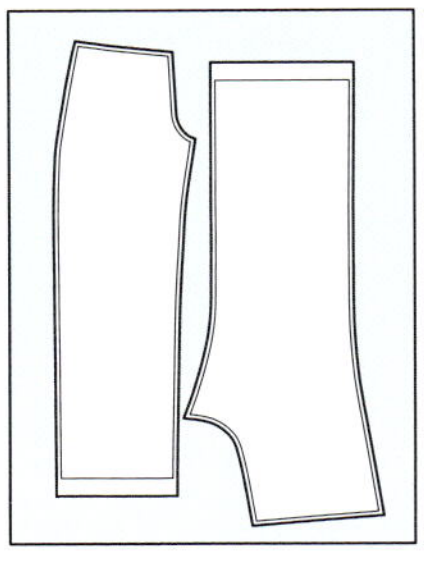

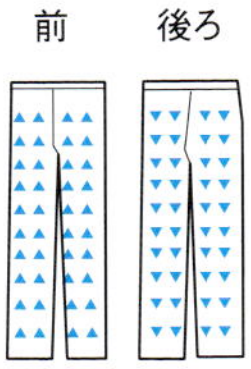


前パンツと後ろパンツで、柄の上下が逆になってしまう。

### 布目の向き

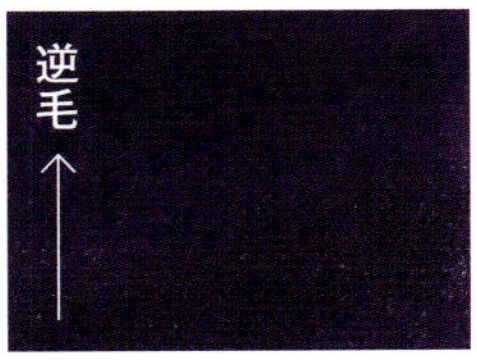

起毛素材には毛の流れる方向があります。濃く見える方向と、白っぽく見える方向があるので、裁断の時にすべて同じ向きになるよう注意しましょう。毛足の短い素材は、色がきれいに見える逆毛で裁つのがおすすめです。

## 柄合わせ

連続性のある柄布を使用する場合、裁断の時に柄合わせを行います。
柄合わせは、着た時に左右対称に見えることが大切。
ここではよく使う柄をご紹介しています。

### トップス

ボーダーの場合、前身頃と後ろ身頃のバストラインを柄の同じライン上に配置します。袖は、袖口がボーダーと平行になるように配置すると、袖下で柄がつながります。

前身頃と後ろ身頃の脇の部分でボーダー柄がつながります。

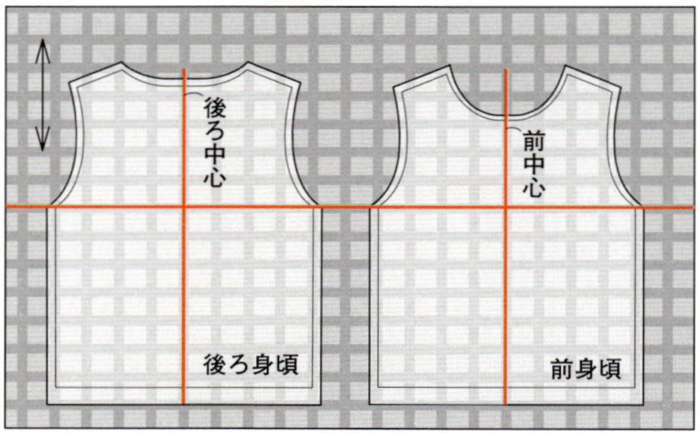


チェック柄の場合、前中心線と後ろ中心線をチェック柄の中心に合わせます。前身頃と後ろ身頃の脇も柄の同じライン上に配置します。チェック柄に限らず、大柄の場合は身頃の中心と柄の中心を意識して、柄の出方を見ながら裁ち方を決めましょう。

前身頃と後ろ身頃の脇でチェック柄がつながっています。

### スカート

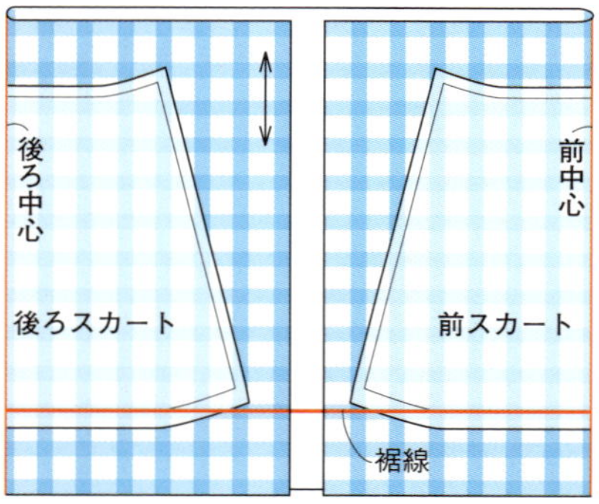


前中心、後ろ中心が同じ柄にくるようにし、裾も同じ柄がくるよう配置します。

### パンツ

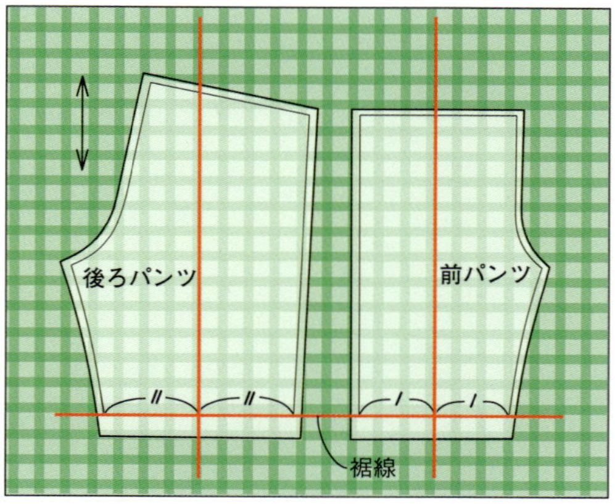


裾に同じ柄がくるように配置し、裾線を垂直に二等分したたて線に同じ柄がくるようにします。

## 印つけ

### 印をつける場所

裁断を終えたら、縫い合わせる時の目印として合わせる場所や、パーツ、ボタンのつけ位置につけます。

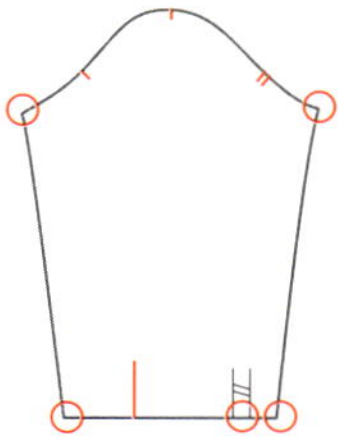

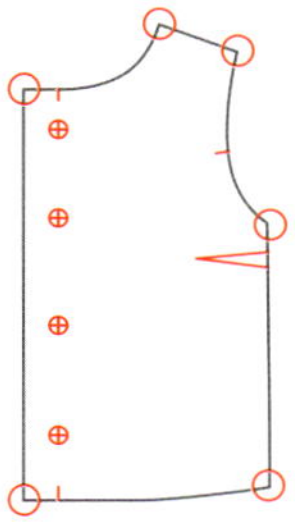

- 角
- 中心
- 合印
- ボタンつけ位置
- あきどまり
- ダーツ
- タック　…など

**できあがり線はつける?**

初心者さんは、できあがり線もつけておくのがおすすめ。全部でなくても、衿ぐりや裾、角など、印があった方が縫いずれがなく、スムーズに作業をすすめることができます。慣れてきたら、ミシンの針板についている縫い代幅の目盛りに布端を合わせて縫いましょう。大抵の場合は印をつけなくても縫うことができます。

### 印のつけ方

**ノッチ**　縫い代にわずかな切り込みを入れる方法です。布端の印に使用します。ポケットやダーツは下の方法で印をつけます。

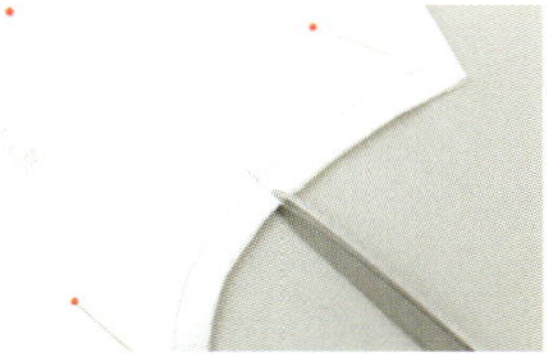

**1** 合印の部分の縫い代に、0.3cm程度切り込みを入れます。切り過ぎないよう注意しましょう。

**2** わの部分は折り山にむかって斜めにはさみを入れます。中心などを合わせる時に便利です。

**チャコペンシル**　布を中表に合わせている場合、チャコペンシルや、チャコペンで印をつけると良いでしょう。

**1** 型紙を布から外して、印をつけたい位置に目打ちで穴をあけます。

**2** 中表に合わせた布地に型紙を再度重ねます。

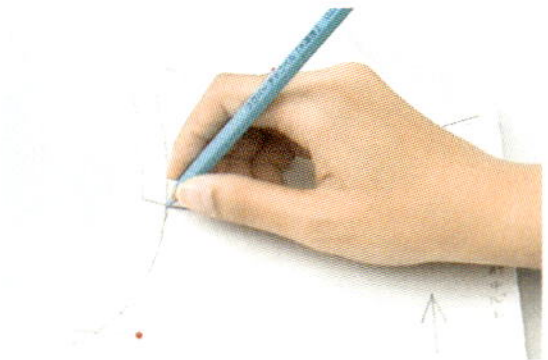

**3** チャコペンシルで、型紙にあけた穴の上から印をつけます。

**4** 型紙を裏に返して布地の反対側に重ね、同様に印をつけます。

**布用転写紙**　布を外表に合わせている場合、一気に印つけが済むので効率的でおすすめです。

**1** 外表の布地の上に型紙を重ねます。布の間に、両面タイプの布用転写紙をはさみます。

**2** 型紙の上からソフトルレットでつけたい印をなぞります。

**3** 上下の布の裏側に、対称に印がつけられます。

布用転写紙は、片面タイプもあります。その場合はチョークのついている面が外表になるよう二つ折りにして使いましょう。ルレットは先がとがったタイプだと布に穴があいてしまうのでソフトタイプを使用します。

STEP 6

# ミシンのこと

縫いはじめる前に、まずはミシンの種類や良く使用する縫い方など、
基本的なことをマスターしておくと、スムーズに縫い進めることができます。

## ミシンの種類

### 家庭用ミシン

縫い合わせに使う直線縫い、端の始末に使うジグザグミシン、ボタンホールなどの縫い目が1台でできるミシンです。

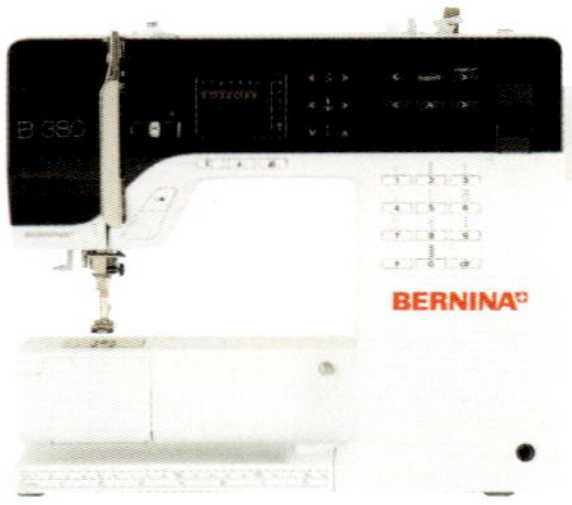


#### コンピューターミシン

マイクロコンピューターを内蔵し、模様の形成やスピードをコンピューターで制御しています。そのため複雑な模様もきれいに縫うことができます。

#### 電子ミシン

縫う速さを電子回路で調整するミシンです。低速でもパワーがあるので電動ミシンよりも厚い布を縫うことができます。

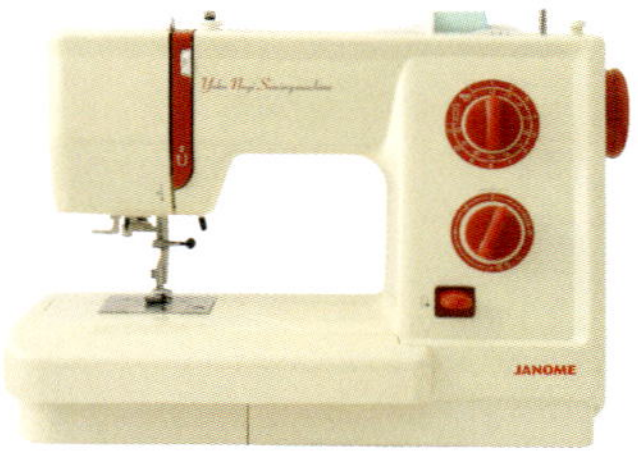


#### 電動ミシン

モーターの速さを電圧によって変化させます。ミシンの内部の構造がシンプルな昔からあるタイプのミシン。

### ロックミシン

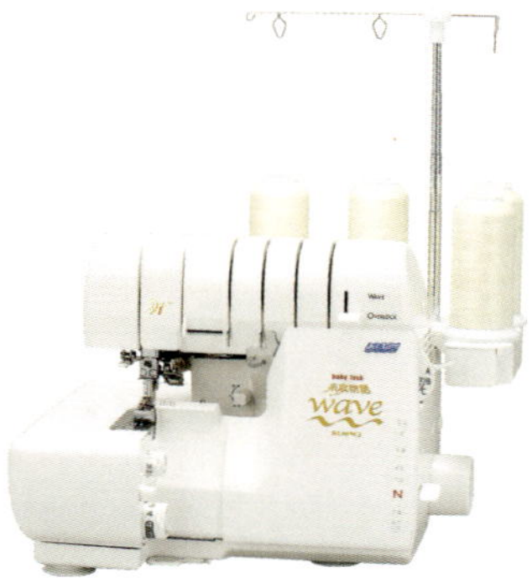


環縫いという縫い方で、既製品のような縁かがりができるミシンです。また、糸を4本、針を2本使用するタイプのロックミシンであれば伸縮性のある生地の縫い合わせにも使用できます。ソーイングに慣れてきて、もっと本格的に作品づくりをしたい時に購入したいミシンです。

### その他にもこんなミシンが…

#### 職業用ミシン

直線縫い専用のミシン。家庭用ミシンよりもパワーがあります。

#### 工業用ミシン

縫製工場などで使用されるプロ向けのミシンで、机とミシンが一体になったもの。職業用よりもさらにパワーがあり、直線縫いのほか、ボタンホール専用や皮革専用などがあります。

## ミシンの部分名称

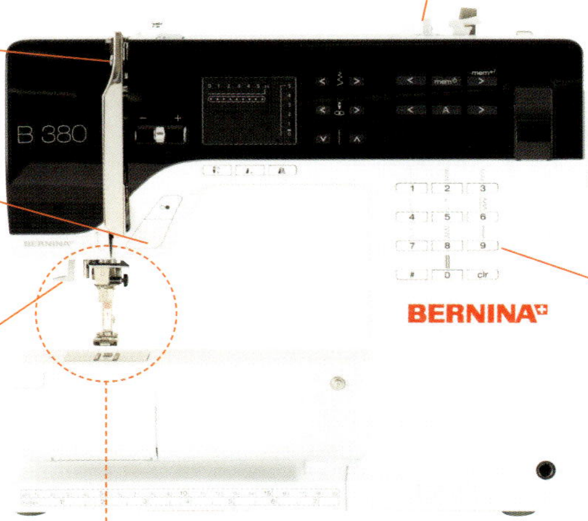


**下糸巻き装置**

ボビンに糸を巻くための装置

**天秤**

上糸をひっかける装置

**プーリー（はずみ車）**

手前に回して針を上下に動かしたり、針を一針ずつ送ります

**返し縫いボタン**

返し縫いが必要な箇所でボタン(またはレバー)を押しながら縫います

**模様選択ボタン**

縫い目の模様を選択するボタン

**糸通し**

ミシン針に糸を通します。

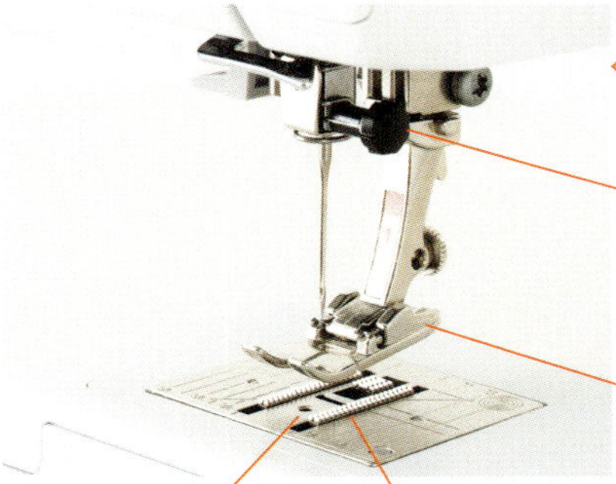

**針止めねじ**

針を止めるためのねじ

**押さえ金**

縫う時に布が浮かび上がってこないように押さえます

**針穴**

針が落ちる穴

**送り歯**

縫う時に、布を送る歯

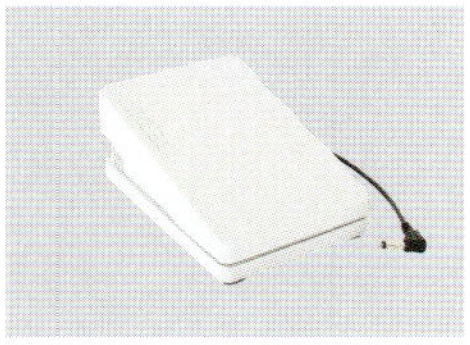

**フットコントローラー**

足で踏んで運針の速さのコントロールをすることができます

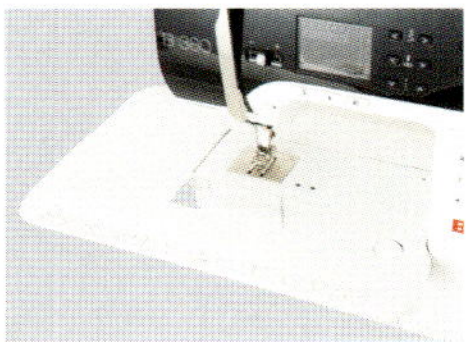

**ソーイングテーブル**

洋服など大きなものを縫う時に足して使う台

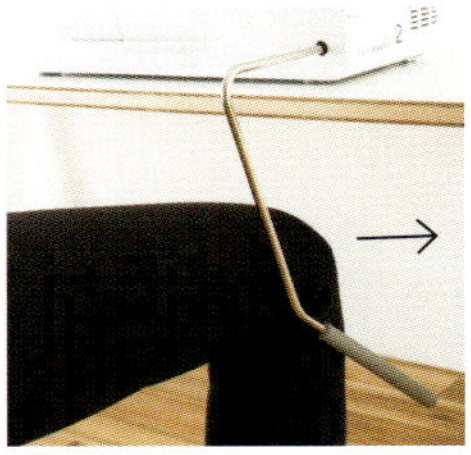

**ニーリフター**

膝でレバーを動かし、押さえ金の上げ下げをすることができます

### 釜のタイプで用意するものが変わります

**水平釜**

下糸を入れる釜が水平になっているタイプは、ボビンのみ用意します。

**垂直釜**

下糸を入れる釜が垂直になっているタイプは、ボビンとボビンケースを用意します。

ボビン

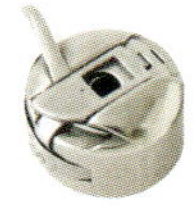

ボビンケース

要注意ポイント

ボビンは高さや形に、わずかですが違いがあります。お手持ちのミシンのメーカーに合ったものを用意しましょう。

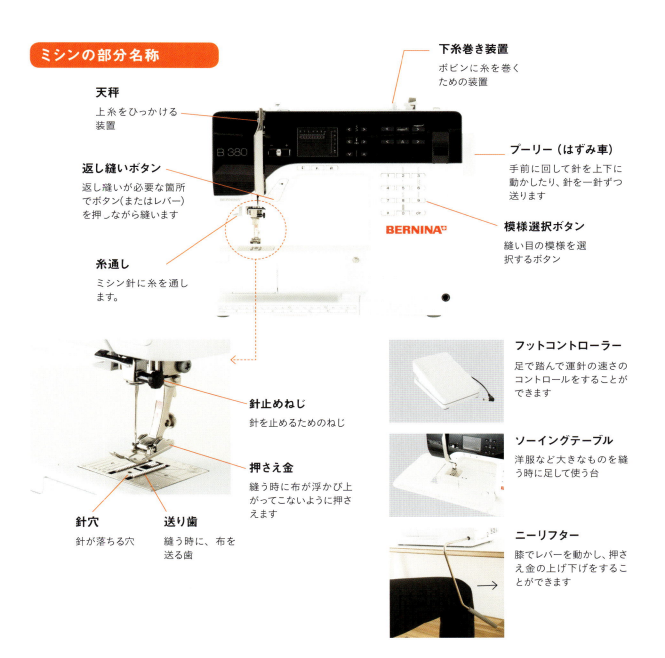

## ミシンの準備

機種によって違いがあるので、取り扱い説明書を確認してください。

### ① 針をつける

ミシン針

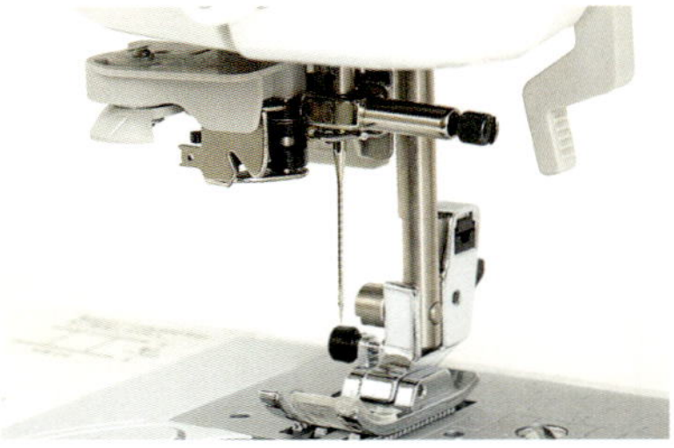

**1** ドライバーで針止めねじを緩め、針の頭の平らな部分を奥に向けて一番上まで差し込みます。針を押さえたまま、ねじを締めます。

**2** 針がぐらぐらしないか、針穴にきちんとはまるか、プーリーを手前に回して針を上げ下げして確認しましょう。

### ② 下糸を用意する

#### ●ボビンに糸を巻く（水平釜・垂直釜共通）

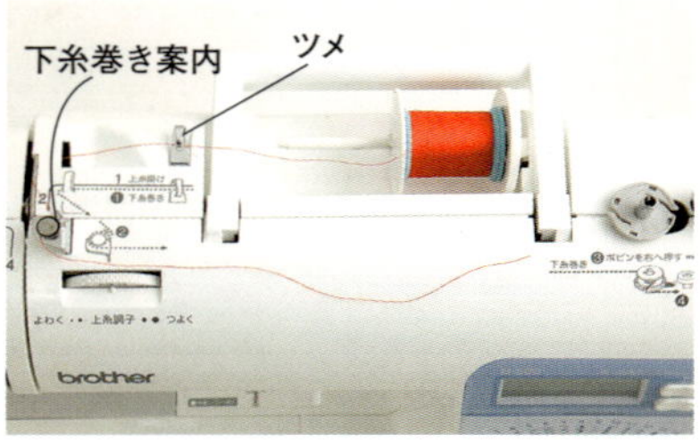


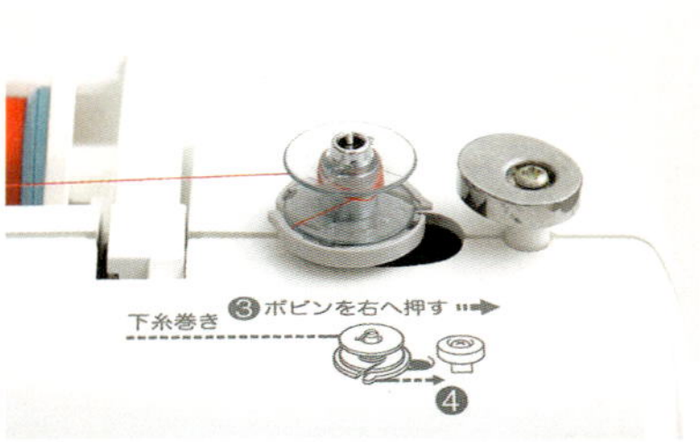

**1** ミシン糸を糸立てにセットし、ツメと下糸巻き案内に糸をかけます。

**2** ボビンに糸を数周巻いて、下糸巻き装置にはめます。ボビンを右へ押します。

**3** スタートボタンを押すか、フットコントローラーを踏み、ボビンに糸を巻きます。糸はボビンの 8割程度まで巻きます。

**糸の巻き方**

○ 均等にきれいに巻けています。

× 糸が片寄ったり、緩く巻かれていると、きれいに縫うことができません。

#### ●ボビンケースに入れる（垂直釜のみ）

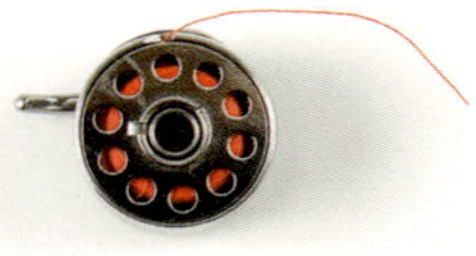

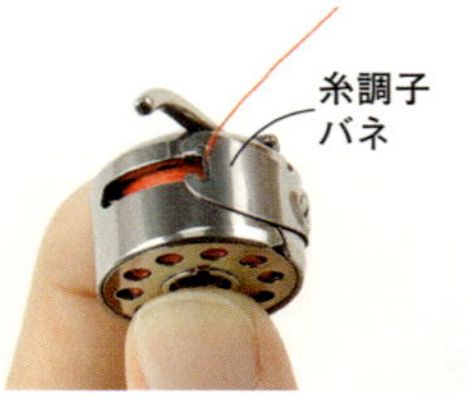


**1** ボビンに巻いた糸が時計回りになるようにボビンケースに入れます。

**2** 糸端を糸調子バネの下を通すようにして、窓から出します。

#### ●糸調子の確認

糸端を持ち上げて少し揺らした時に、ススス……と動くくらいに、ボビンケースのねじをドライバーで調整します。

## ③ 上糸をかける

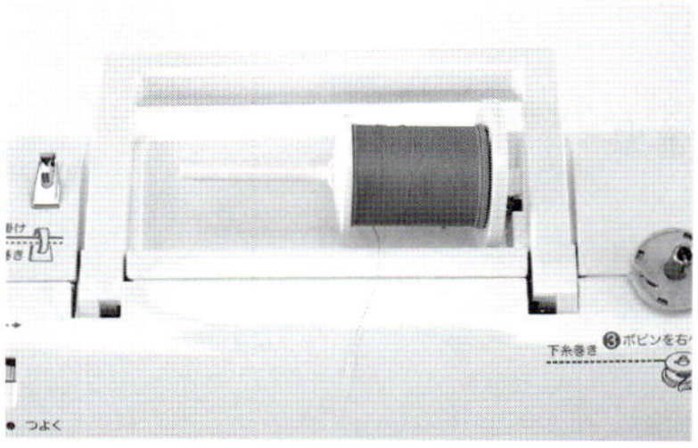

**1** ミシン糸を下から手前に引き出す向きで、糸立てにセットします。

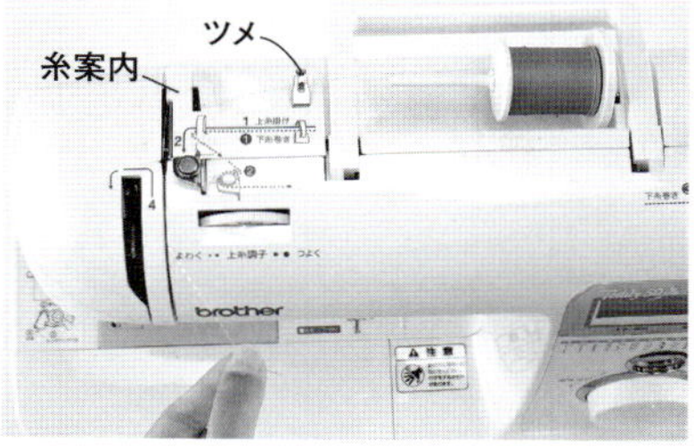


**2** 糸をツメと糸案内にかけます。

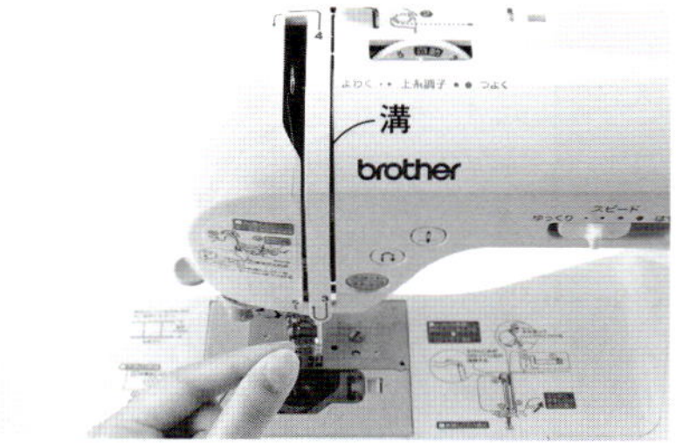


**3** 糸を溝に通し、天秤にかけます。

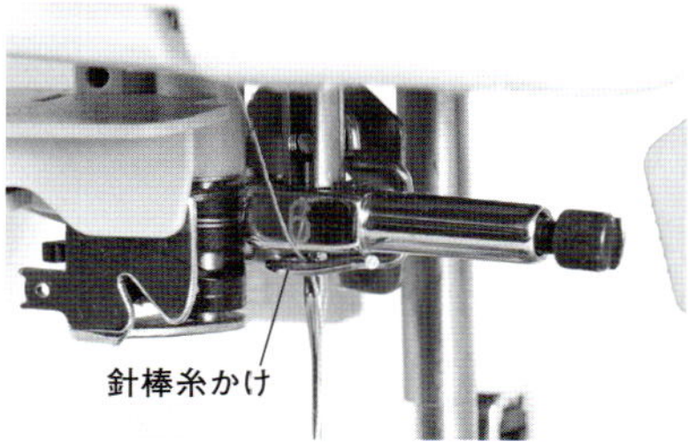


**4** 針棒糸かけに糸をかけます。

**5** ミシン針の穴の手前から奥に向かって糸を通します。

### 糸通しを使うと簡単！

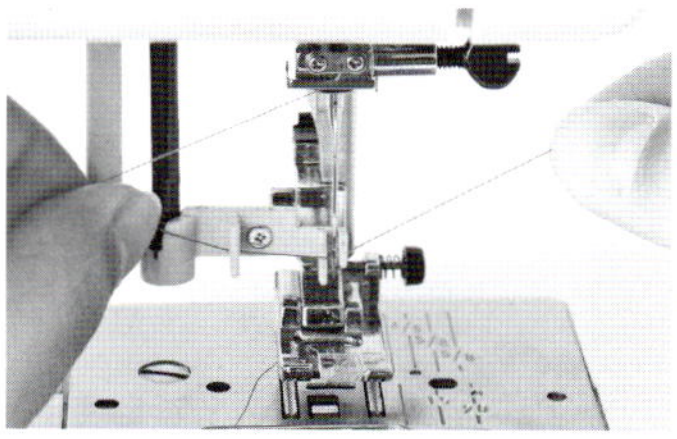

家庭用ミシンの多くには、簡単に糸通しができる装置がついています。

## ④ 下糸をセットする

### ●水平釜

**1** ボビンに巻いた糸が反時計回りになるようにミシンにセットします。糸端を矢印に沿って引っかけ、余分な糸を切ります。

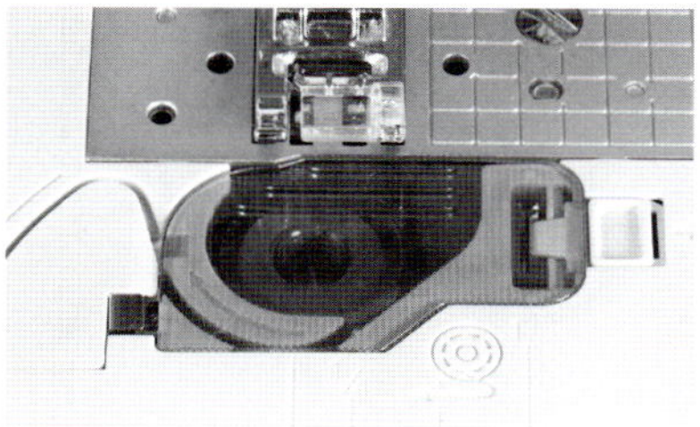

**2** そのまま、ふたを閉めます。

### ●垂直釜

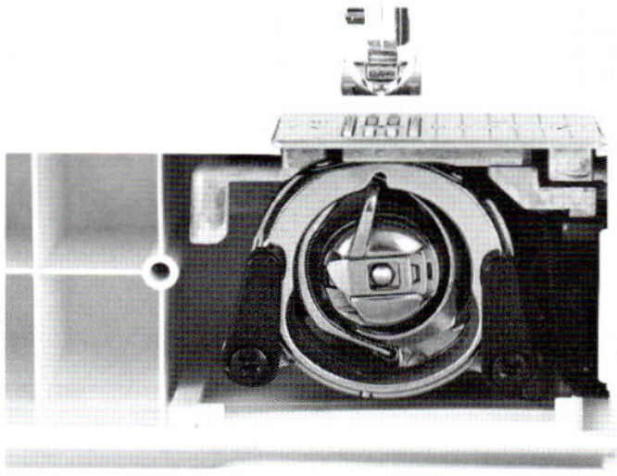

ボビンを入れたボビンケースを、ミシンの釜にカチっと音がするまではめ込みます。

## ⑤ 下糸を引き出す

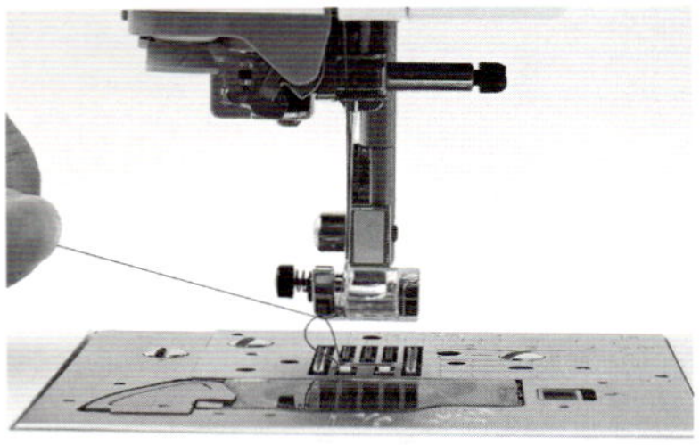

**1** 上糸の糸端を指でつまんで、プーリーを手前に1周回して上糸に下糸を絡めます。上糸の糸端を引っぱり、下糸を引き出します。

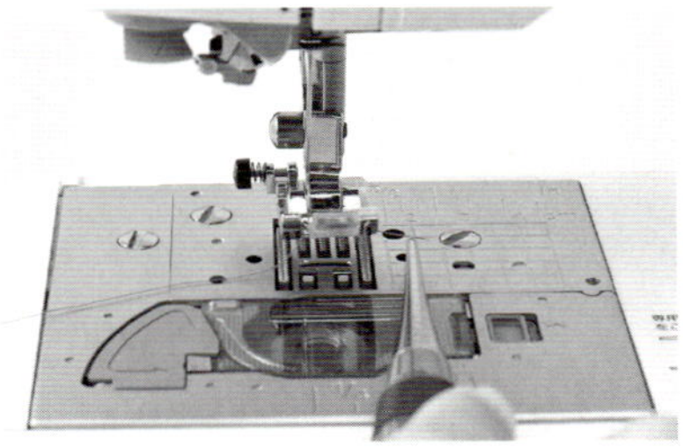

**2** 下糸のループを目打ちなどですくい、下糸の糸端を針板の上に引き出します。

## ⑥ 試し縫い

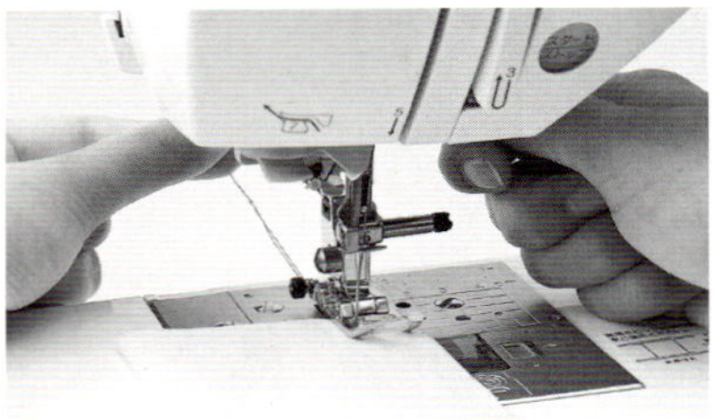

**1** プーリーを手前に回して針を下ろします。下糸を向こう側に軽くひっぱってたるみをとり、押さえ金を下ろします。

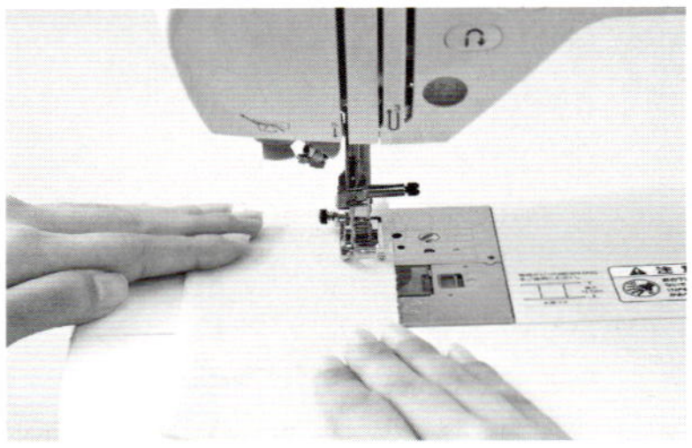

**2** スタートボタンを押すか、フットコントローラーを踏んで縫います。

**3** 縫い終わりました。きれいに縫えているか縫い目を確認します。

## ⑦ 糸調子の確認

表

裏

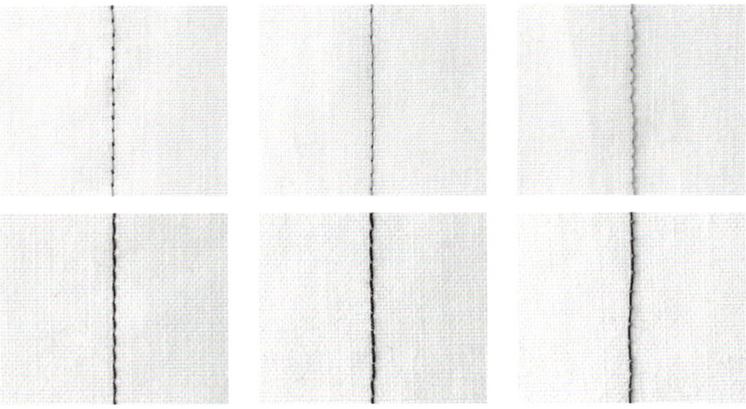

| × | ○ | × |
| --- | --- | --- |
| 上糸が強く、布の表側に下糸が見えています。上糸の糸調子を弱くしましょう。 | 上下の糸が均等に引き合っていて、ちょうど良い状態です。 | 上糸が弱く、布の裏側に上糸が見えています。上糸の糸調子を強くしましょう。 |

### 上糸調子ダイヤルで調整

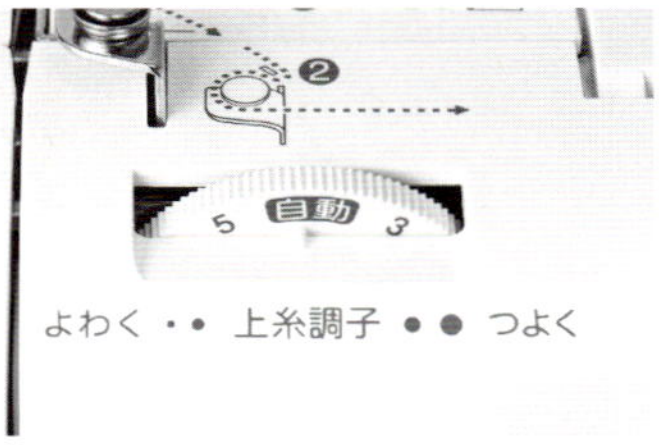


水平釜の家庭用ミシンは、上糸調子ダイヤルで上糸の糸調子を調整します。垂直釜の家庭用ミシンは上糸調子とボビンケースのねじを調整して(P.32参照)、縫い目のバランスを見てください。

## 基本の縫い方

### 縫い始めと縫い終わり

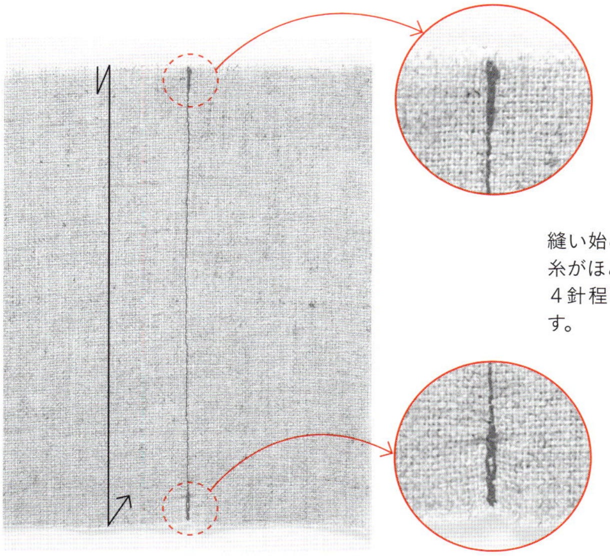

縫い始めと縫い終わりは、糸がほどけないように3〜４針程度返し縫いをします。

**ミシン針は消耗品です**

ミシン針は使う度に針先が摩耗して丸くなったり、知らない間に曲がってしまっている場合もあります。そうなるときれいに縫う事ができず、またミシントラブルの原因にもなります。3〜5着に一回は針を替えましょう。

### ジグザグミシン

布端をかがって、布の織り糸がほつれないように始末します。

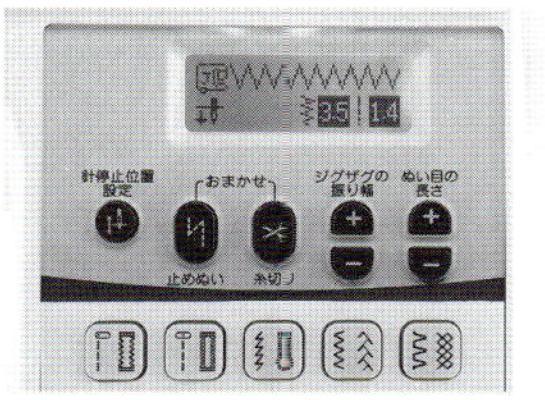

1　模様選択ボタンでジグザグミシンを選択します。

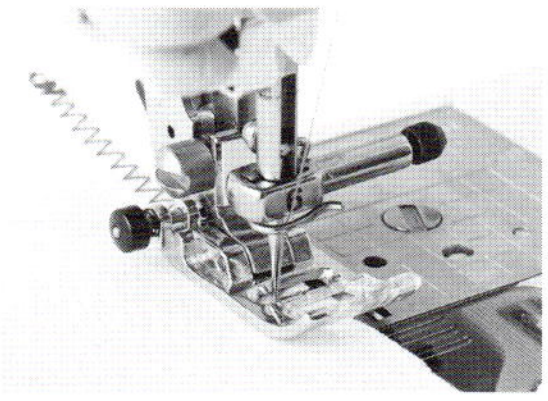

2　縫い始めに返し縫いをして、布端から 0.1〜0.2cm 内側を縫います。

3　縫い終わりも返し縫いをして糸を切ります。

### 角を縫う

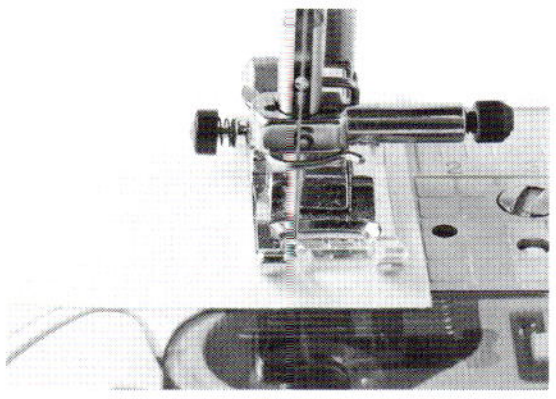

1　直線縫いで角まで縫い進め、角で針を下ろした状態でとめます。

2　押さえレバーを上げて、押さえ金を上げます。

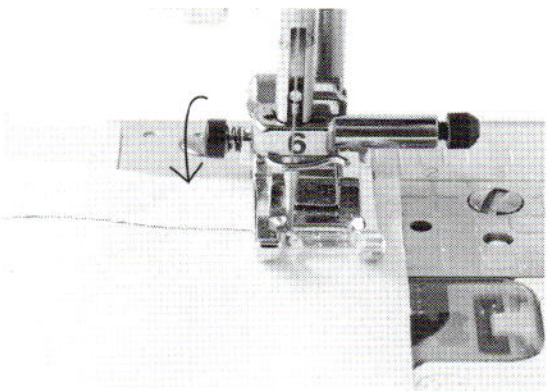

3　縫い進めたい方向が自分の正面にくるように、針を軸にして布を回転させ、押さえ金を下ろして続きを縫います。

## ミシンのトラブルを解決！

ミシンを使うときに、ときどきある困ったトラブルの対処方法を教えます。

### ミシンが動かない！

**→ 下糸の釜の周りをチェック**

ミシンを使っていると釜の周りにだんだんほこりがたまってきます。このほこりが原因でミシンが動かなくなることがあるので、ミシンに付属のブラシや綿棒などでこまめに掃除をしましょう。

### 糸が途中で足りなくなった！

**→ 少し戻って重ねて縫い進める**

糸が終ってしまったところから 2cm 程度戻って、針を下ろします。数針返し縫いをしてから一度縫ったところを重ねて縫い、そこから続けて縫い進めます。

### 縫い間違えた！

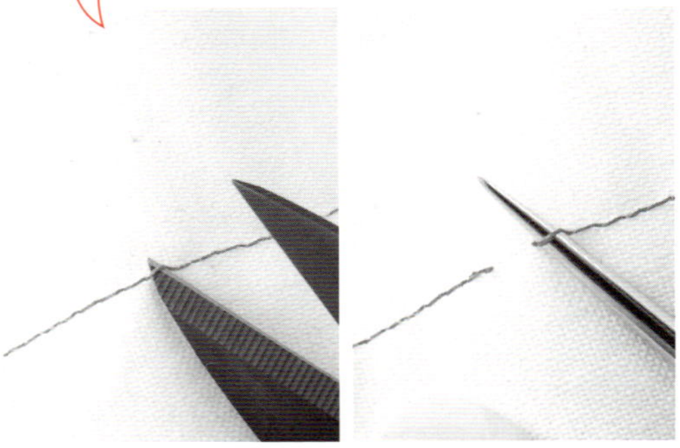

**→ 縫い糸を切ってほどく**

縫い目に糸切りばさみやリッパーを通して糸を切り、目打ちを使いながら糸をほどきます。

### 下糸が絡まってしまった！

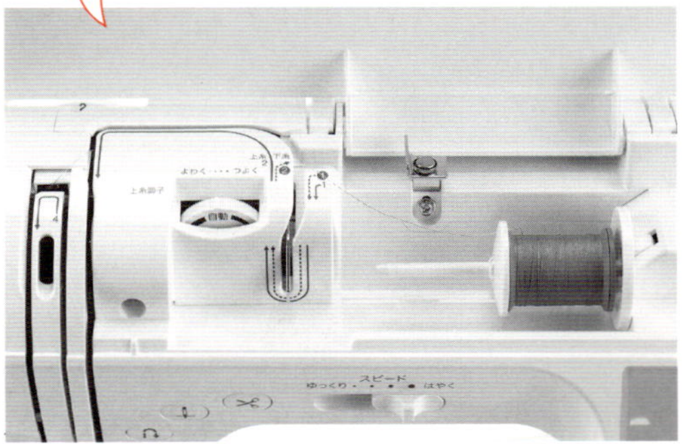

**→ 糸をかけ直す**

下糸が絡まってしまった場合、実は上糸に原因があることが多いです。まずは、糸を外して、最初から糸をかけ直してみてください。

## ロックミシンについて

### ロックミシンでできること

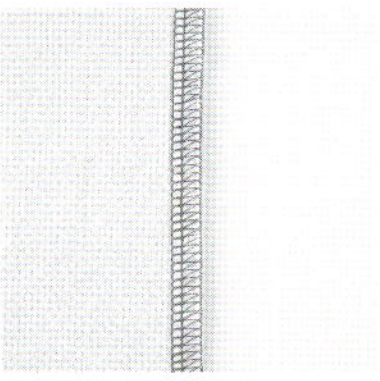

#### 縫い代の始末

家庭用ミシンのジグザグミシンなどのかがり縫いよりも耐久性に優れた始末ができ、既製品と同じ仕上がりになります。

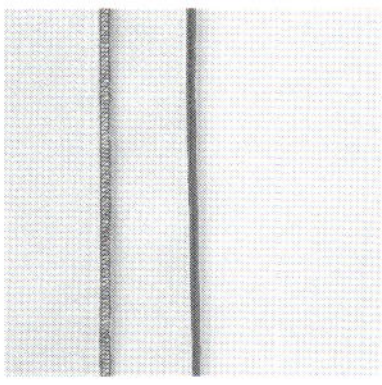

#### 巻きロック

布端の始末の方法で、スカートの裾などに使われることもあります。オーガンジーなど、薄地の布端の始末や縫い合わせにおすすめです。

#### 伸縮性のある生地の縫い合わせ

伸縮性のある生地は縫い合わせと布端の始末を同時に行えます。縫い合わせには２本針４本糸のロックミシンを使用します。

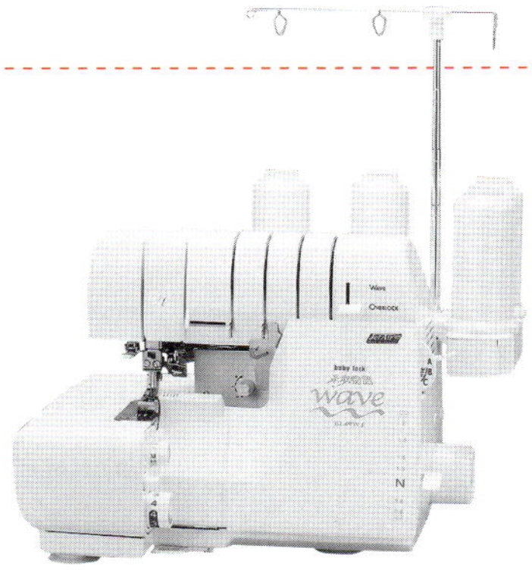

#### ロックミシンでこれはできません

ロックミシンは布端しか縫えないので、直線縫いのように布の中ほどを縫うことができません。ですので、家庭用ミシンとあわせて使うのがおすすめです。

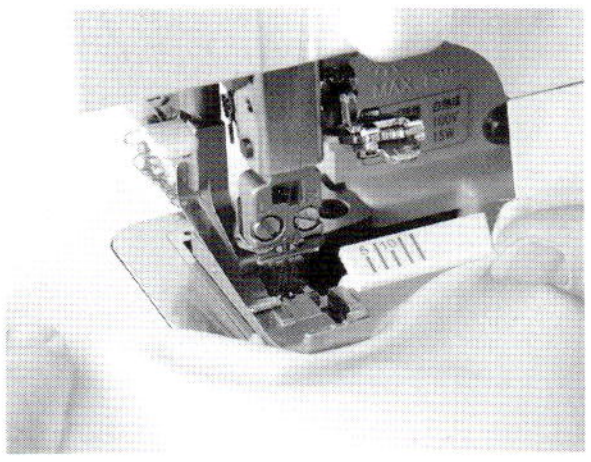

### 縫い目と用途

| 縫い方 | ４本糸の縁かがり縫い | ３本糸の縁かがり縫い | ３本糸の巻きロック | 2本糸の縁かがり縫い |
|---|---|---|---|---|
| 針 | 2本 | 1本 | 1本 | 1本 |
| 糸 | 4本<br>・上ルーパー糸<br>・下ルーパー糸<br>・右針糸、左針糸 | 3本<br>・上ルーパー糸<br>・下ルーパー糸<br>・針糸 | 3本<br>・上ルーパー糸<br>・下ルーパー糸<br>・針糸 | 2本<br>・下ルーパー糸<br>・針糸 |
| 適する用途 | ・普通地～厚地の縁かがり<br>・目の粗い薄地の縁かがり<br>・伸縮性のある生地の縫い合わせ | ・薄地～厚地の縁かがり | ・薄地～普通地の縁かがりを細く仕上げたい時や、デザインとして<br>・オーガンジーやジョーゼットなどの薄地の縫い合わせに | 薄地～普通地の縁かがりで、糸量を節約したい時に<br>※ただしほつれやすい生地には向かない |

# 色々な縫い方

縫い代の始末やギャザー、ダーツ……ソーイングに使われる基本的な縫い方を学びましょう。この本に掲載している作品でも、たくさん使用しています。

## 縫い代の始末

### 三つ折り　※縫い代3cmの場合

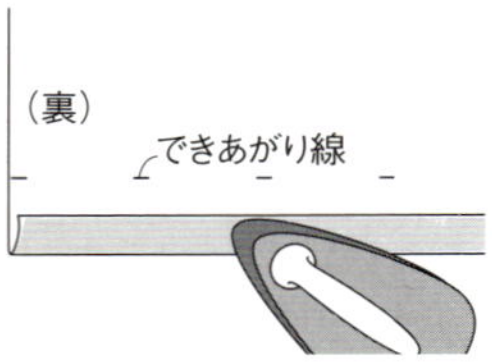


**1**　布端を1cm折り、アイロンで押さえます。

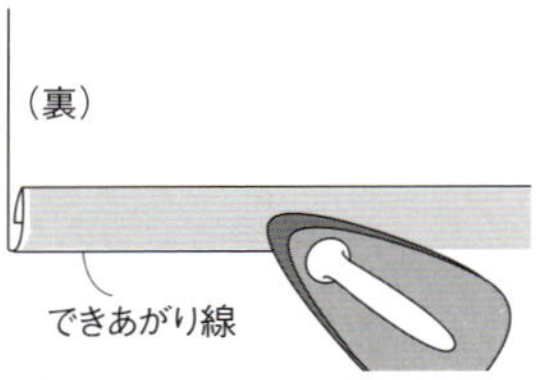


**2**　できあがり線で折って、再度アイロンで押さえます。

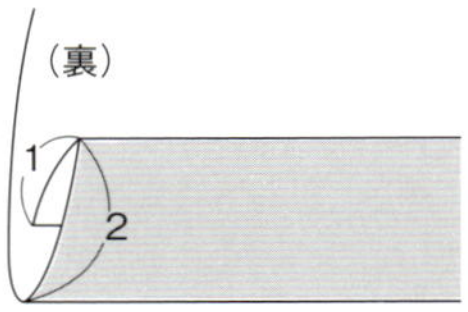


**3**　**1**で折った幅よりも、**2**で折った幅の方が広くなります。

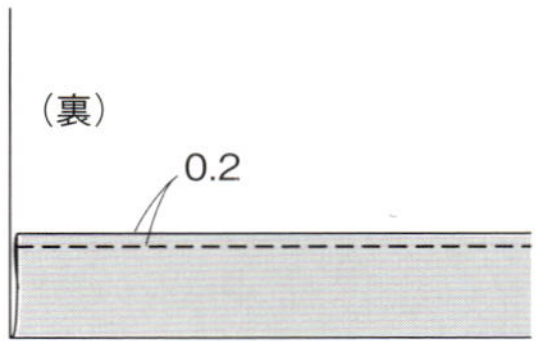


**4**　折り山から0.2cm程度のところを縫います。

### 完全三つ折り　※縫い代3cmの場合

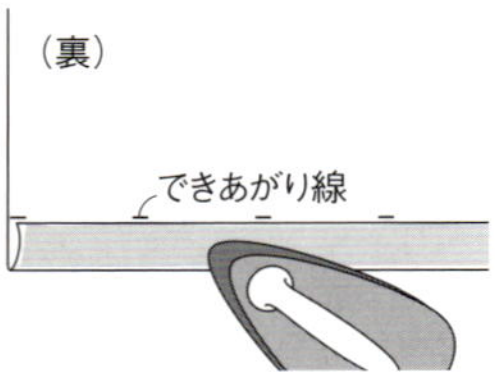


**1**　布端を1.5cm折り、アイロンで押さえます。

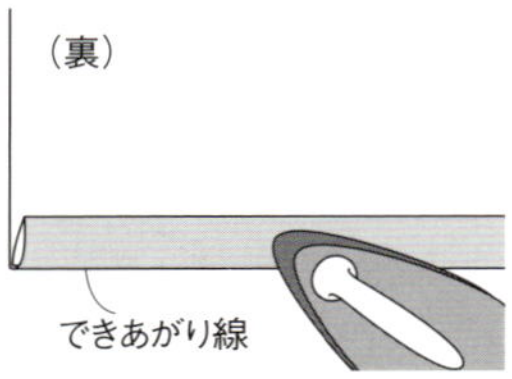


**2**　できあがり線で折って、再度アイロンで押さえます。

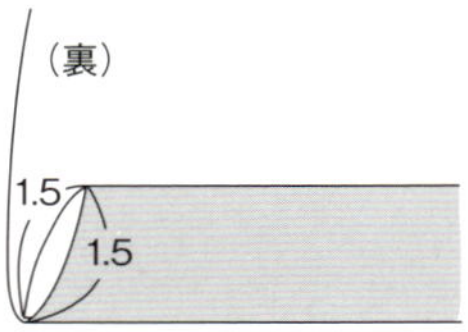


**3**　**1**と**2**で折った幅は同じになり、布端がしっかりとした厚みになります。

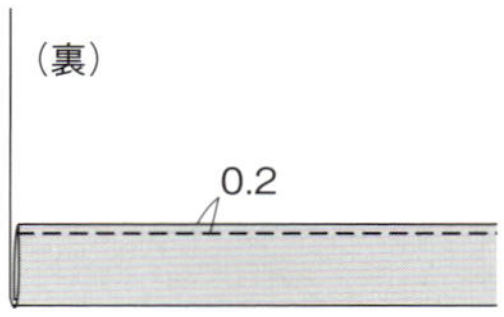


**4**　折り山から0.2cm程度のところを縫います。

### 二つ折り

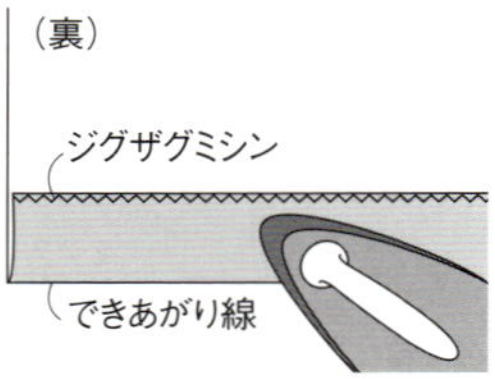


**1**　布端にジグザグミシンをかけてできあがり線で折り、アイロンをかけます。

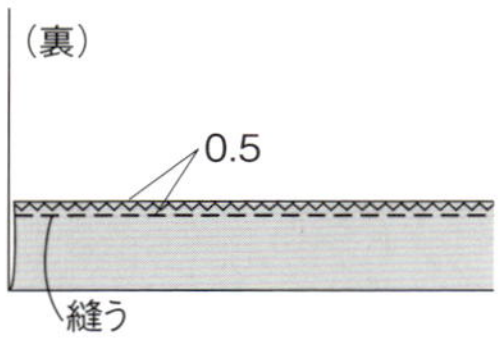


**2**　布端から0.5cm程度のところを縫います。手縫いでまつる場合もあります。

### 袋縫い　★P.92「ギャザースカート」で使用しています。

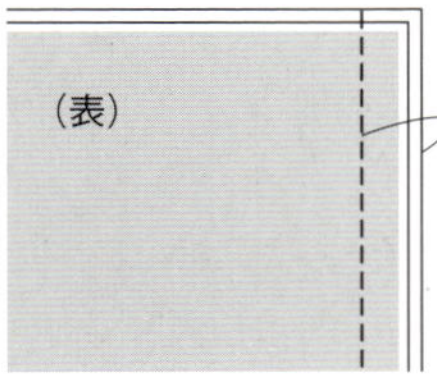


**1**　布を外表に合わせて、布端から0.5cmのところを縫います。

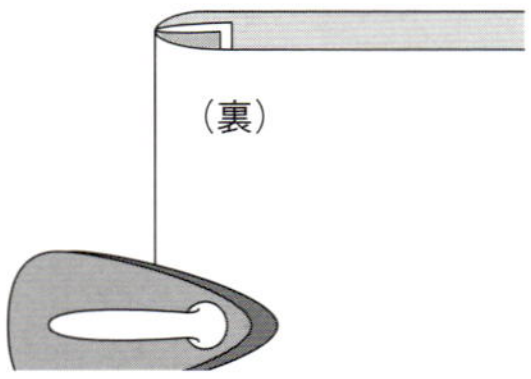


**2**　布を裏に返し、中表になるように合わせます。

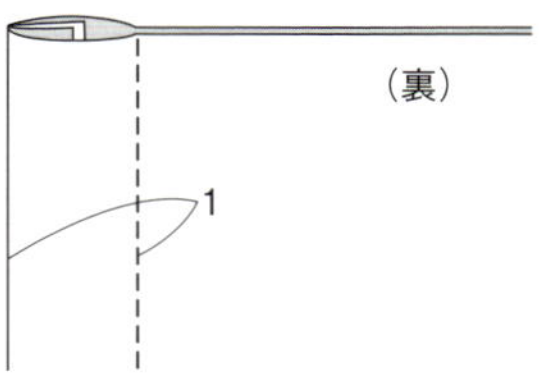


**3**　布を中表に合わせて、布端から1cmのところを縫います。

## ギャザーの寄せ方

縫い糸を引きしぼって布地を縮め、ひだを寄せます。ふんわりとさせたい時のテクニックです。

★P.64「ペプラムブラウス」、P.76「プルオーバー」で使用しています。

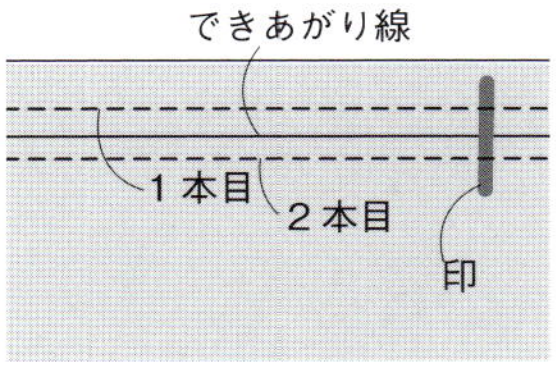


**1** できあがり線をはさんで、上下にそれぞれ粗目のミシンをかけます。縫い始めと縫い終わりは、それぞれ10cm程度糸を長く残しておきます。

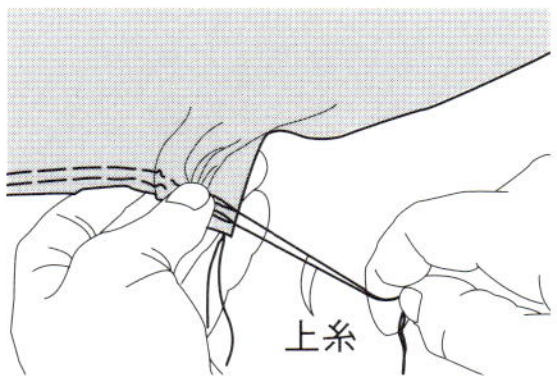


**2** 上糸を2本一緒に引いて、布を縮めます。

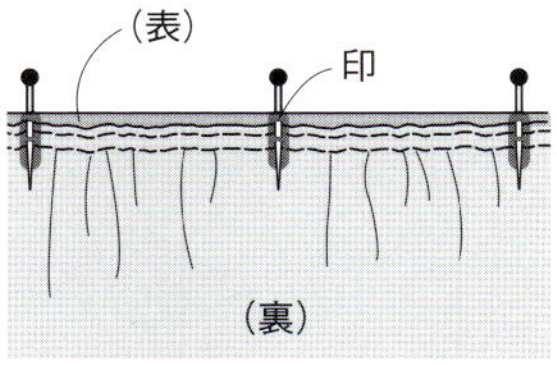


**3** ギャザーを寄せた布の印と、縫い合わせる布の印を合わせ、ギャザーが均等になるように調整します。

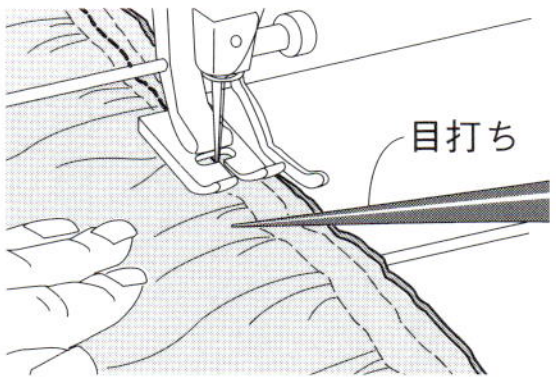


**4** 縫い合わせる時は、目打ちを使い、ギャザーが戻らないように布を送りながら縫います。

### 粗目のミシンはどこにかける?

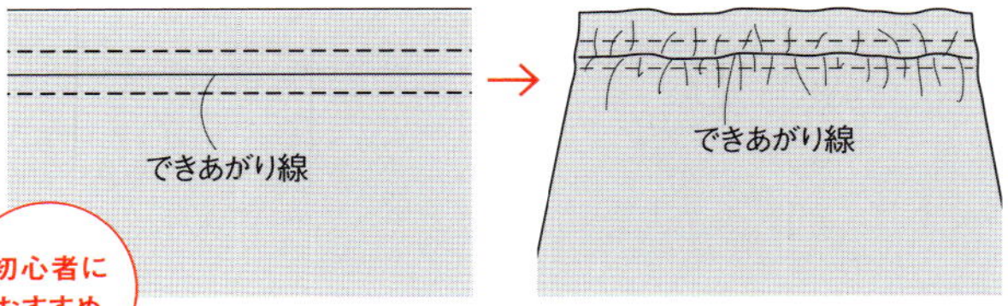


初心者におすすめ

**できあがり線の上下にかける**

できあがり線の両側にギャザーが寄るので均等に寄せやすく、また縫いずれもしづらいので、初心者にもおすすめ。本縫いした後は、粗目のミシン糸を抜きましょう。

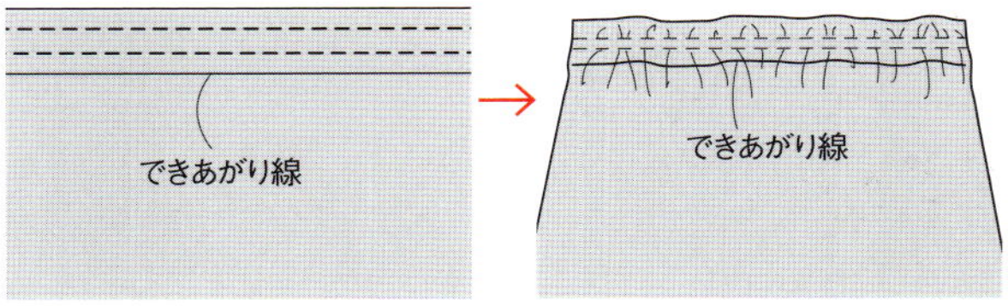


**縫い代の内側にかける**

できあがり線の内側だけにギャザーが寄るので、重なりが密着し、縫いづらい。ただ、粗目のミシン糸を抜く必要がなく、針穴が目立ってしまうような布にはおすすめの場合もあります。

### 均等に寄せるコツ

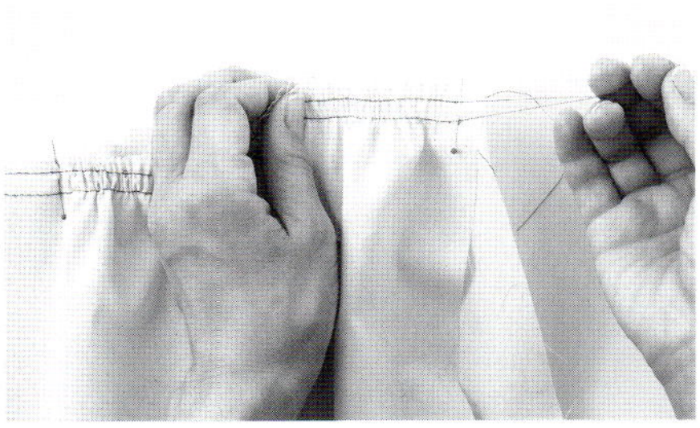

一気に糸を引かず、左右のバランスを見ながら少しずつギャザーを寄せていきましょう。長い距離に寄せる場合は、距離を何分割かし、途中マチ針でとめてバランスを見ながら寄せていきます。

### 寄せる場所による違い

デザインによっては、均等に寄せない場合もあります。
より完成イメージのシルエットに近いパターンを選びましょう。

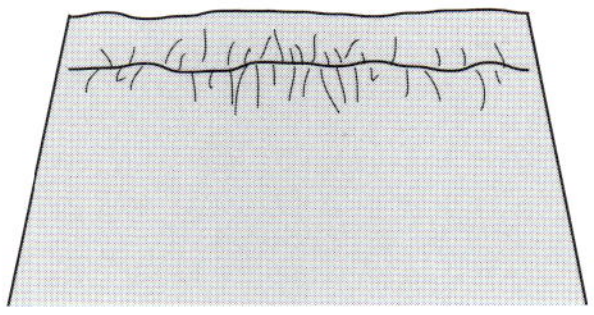

**中央に多めに寄せる**

少し視点が高くなり、スタイルアップの効果も。ただしあまり寄せすぎると逆に着ぶくれして見える場合もあるので注意しましょう。

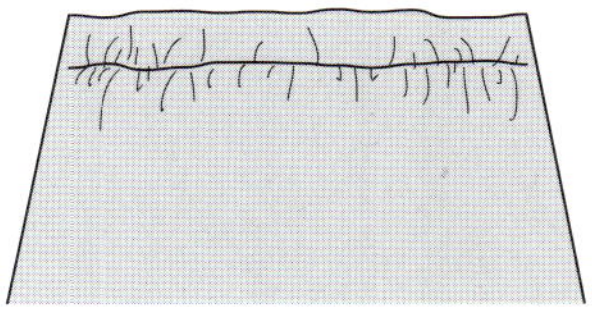

**端に多めに寄せる**

両端にポイントができ、すっきりとした印象に。

## ダーツ

体のラインに合うよう、布をつまんで立体的なシルエットを作ります。

★P.50「Aラインワンピース」で使用しています。

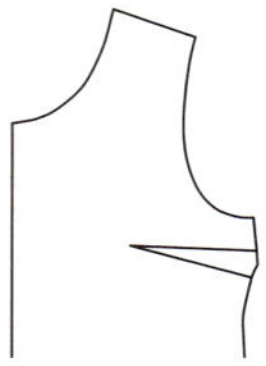

ダーツの線はV字で表します。この二本の線を重ねて縫います。

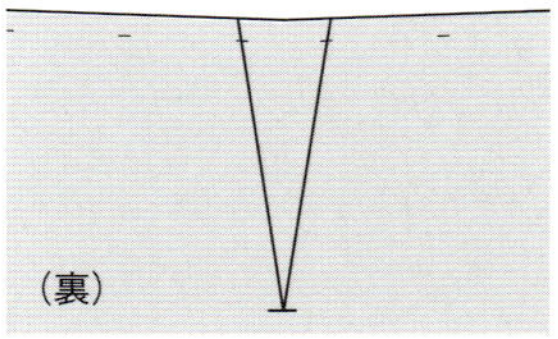


**1** ダーツの印を写します。

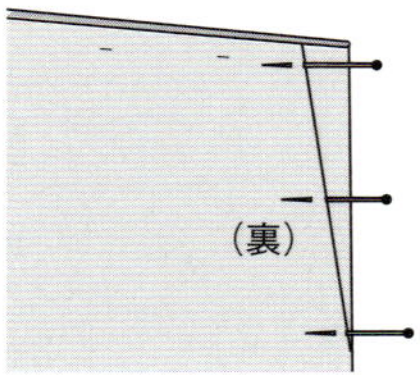


**2** 布を中表に折り、ダーツの線同士が合うように重ね、マチ針でとめます。

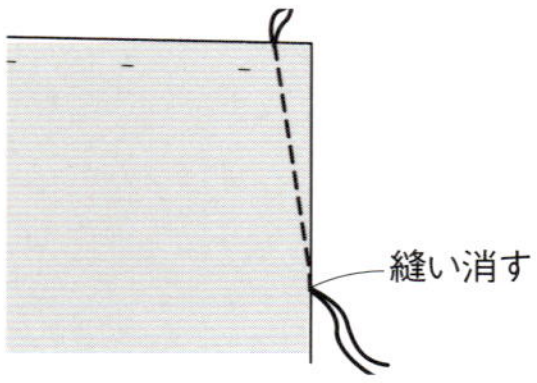


**3** 布端側から縫い始めます。縫い終わりは二針程度折り山に平行になるように縫い、返し縫いはせずに端まで縫い消します。

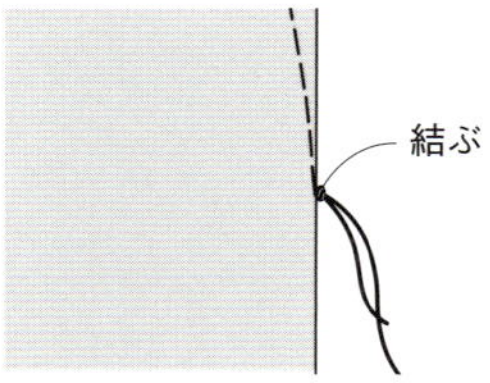


**4** 糸端を長めに残し、折り山の際で結びます。

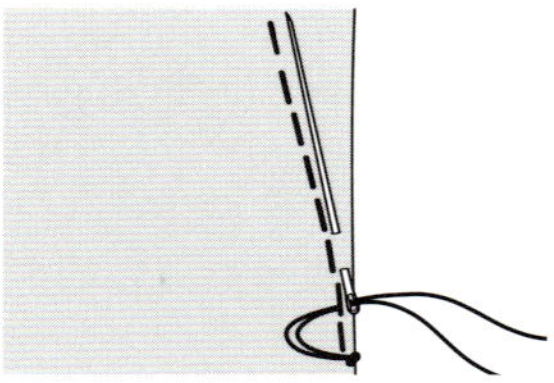

**5** 余分の糸を針に通し、一針縫って布の中に引き入れ、糸の余分を切ります。

### 縫い消さないと？

途中で縫いとめてしまうと、角ができてしまいます。

## ピンタック

ピンのように、ごく細い縫いひだを寄せる方法です。

★P.72「ピンタックワンピース」で使用しています。

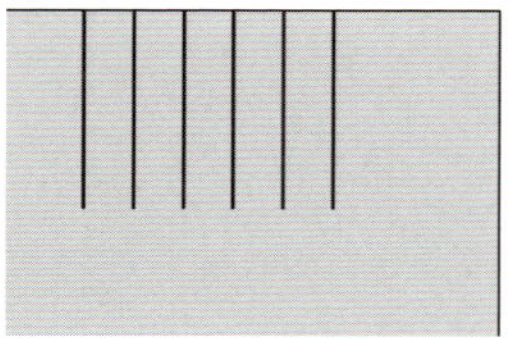

**1** 布にピンタックの印を写します。

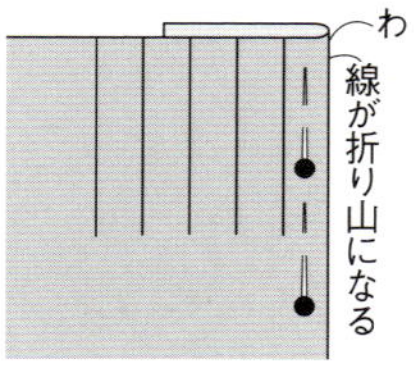


**2** 線を折り山にして、布を外表に合わせます。

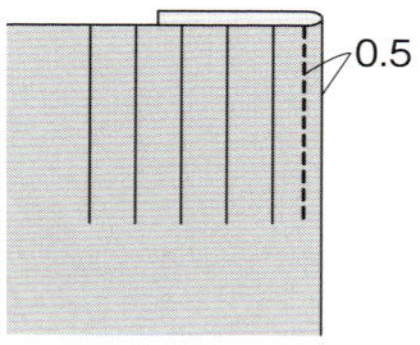


**3** 線から0.5cmのところを縫います（本誌では0.5cmだが、0.2〜0.3cmでも良い）。

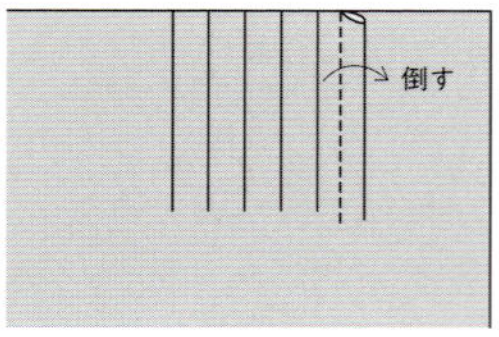


**4** 袋になった部分を一方方向に倒しておきます。

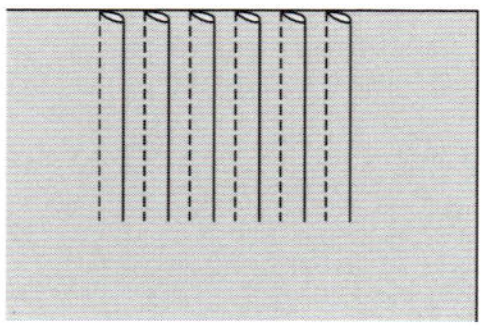

**5** 線を引いた部分をすべて同様の手順で縫います。

## タック

一定の間隔で布をつまんでひだを作ります。ギャザーよりもすっきりとした印象。

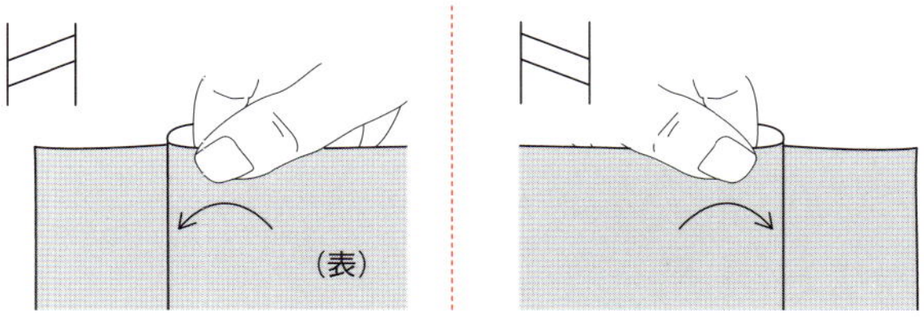


1　斜線が右から左になっている場合は右側の線を左側の線の上に重ねます。逆に斜線が左から右になっている場合は左側の線を右側の線の上に重ねます。どちらも型紙にはできあがりを表から見た状態の記号が書いてあるので、タックを倒す向きに注意しましょう。

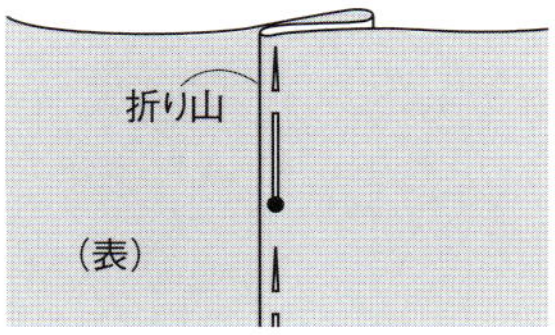


2　折り山をマチ針でとめます。

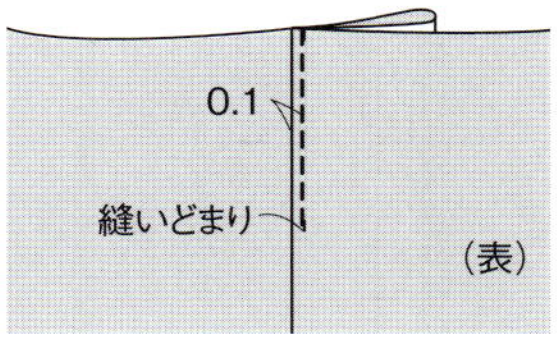


3　折り山から0.1cm程度のところを縫いどまりまで縫います。

## ひだ山を突き合わせる

★P.16「スリムパンツ」で使用しています。

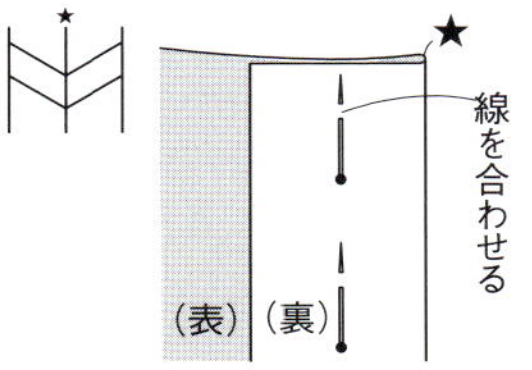


1　布を中表に折り、左右の線を重ねます。中央の線が折り山になります。

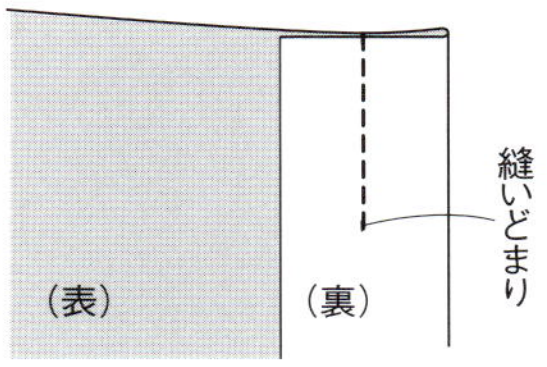


2　重ねた線の上を、縫いどまりまで縫います。

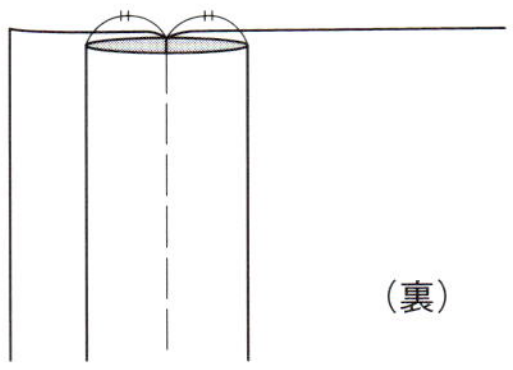


3　縫い目で布を開きます。縫い目と折り山の線を合わせます。

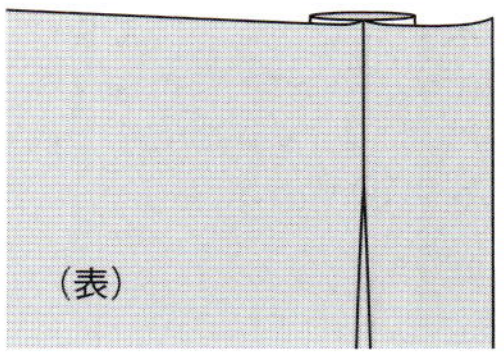


4　突き合わせのタックが縫えました。

## 縫い目を表に出さない方法

★P.68「タックペプラムブラウス」、P.86「台衿つきブラウス」で使用しています。

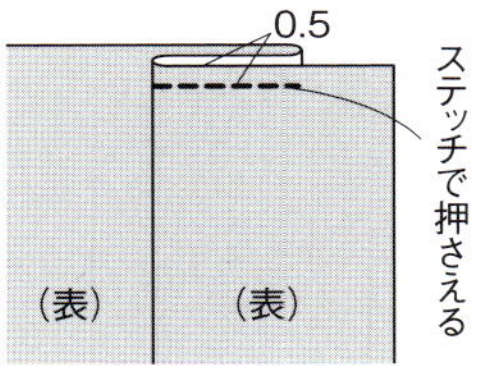


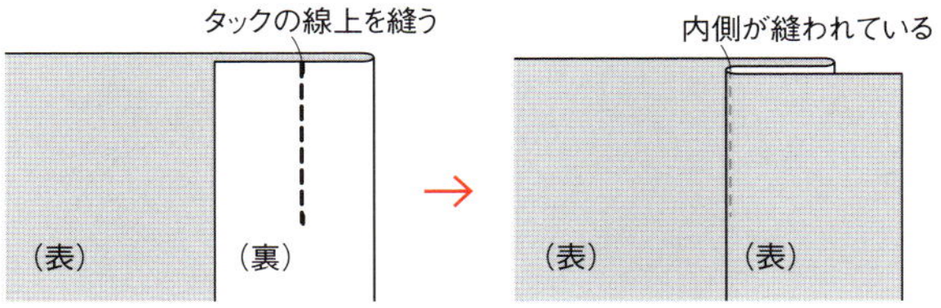


**縫い代の中に仮どめする**

布端から0.5cmのところを横に縫い、タックを縫いとめます。

**折り線を縫う**

左右の線を中表に合わせて線の上を縫い、布を折り返します。縫った部分が折り山になり、縫い目は見えません。

# 手縫いのこと

裾の始末やしつけなど、作品づくりに欠かせない作業です。

## 手縫いの道具

### 手縫い針

一般的にまつり縫いなどの細かい作業には短めの針、しつけや並縫いなどの距離の長い作業には長めの針が適しているとされています。セット売りのものを揃えておくと便利。

### 手縫い糸

素材や太さは、使用する布に合わせて選びましょう。ミシン糸でも代用できますが、専用糸の方がミシン糸と撚りの方向が違い、絡まりにくく、縫いやすいのでおすすめです。

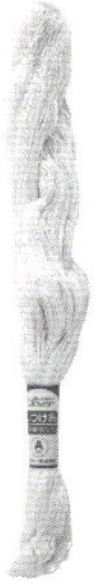

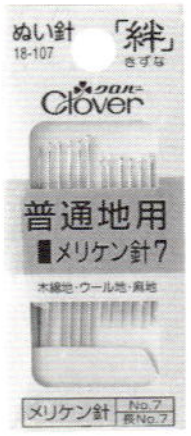


### メリケン針

西洋針。普通地には7番が最適。

### 和針

和裁に使われてきた針。最初の数字が太さ、後ろが長さをしめす。普通地には「四ノ三半」が最適。

### しつけ糸

仮どめするための糸。適度な太さで、滑りにくいのが特徴です。手でも切れてしまう程度の強度なので、本縫いには使わないようにしましょう。

## 針の持ち方

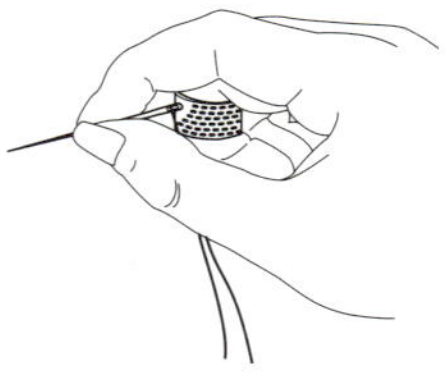

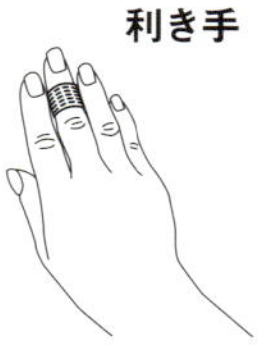

利き手

利き手（このイラストでは右手）の中指の第一関節に指ぬきをはめ、親指と人差し指で針を持ちます。針の頭を指ぬきに当てるようにして縫っていきます。

### 糸の長さは……?

針を持って、ひじ下15cm程度の長さでカットします。長すぎると絡まりやすく縫いづらいので、50〜60cmくらいがベスト。

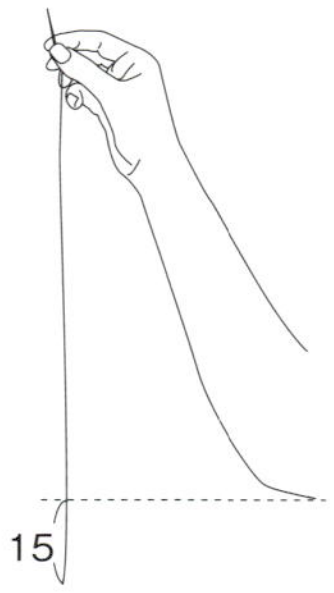


## 基本の縫い方

### ○玉結び

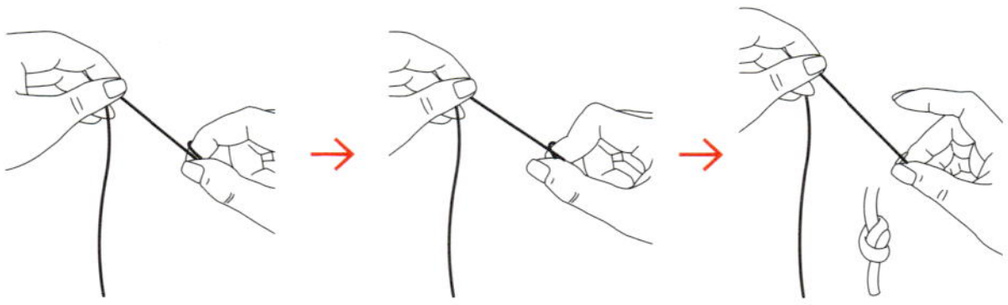

1　糸端を1回人差し指に巻く
2　親指で糸を押さえながら糸を数回撚りあわせる
3　撚りあわせたところを中指で押さえて引き、糸の玉を作る

### ○玉どめ

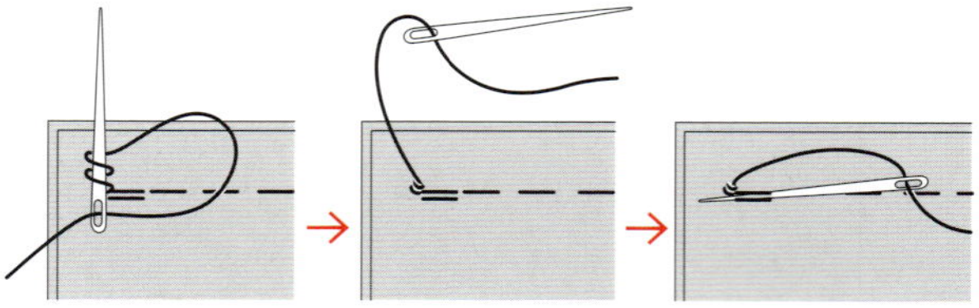

1　縫い終わりを二針返し、針先に糸を2〜3回巻きつける
2　巻いたところを押さえて糸を抜く
3　一針返して糸を切る

## ◯並縫い

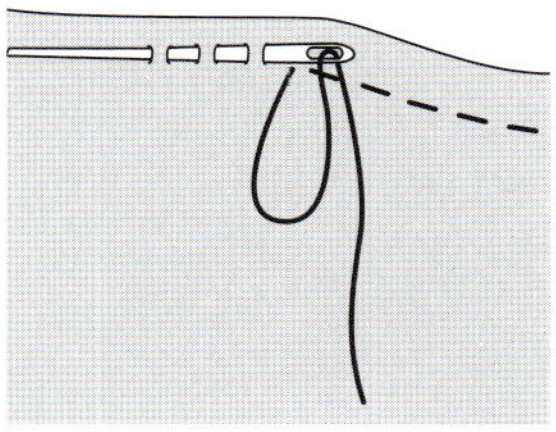

主に縫い合わせの時に使用します。針を押しながら運針し、表と裏に出る針目の長さが同じになるように縫います。針を抜かずに続けて縫うと縫い目がきれいに。

## ◯半返し縫い

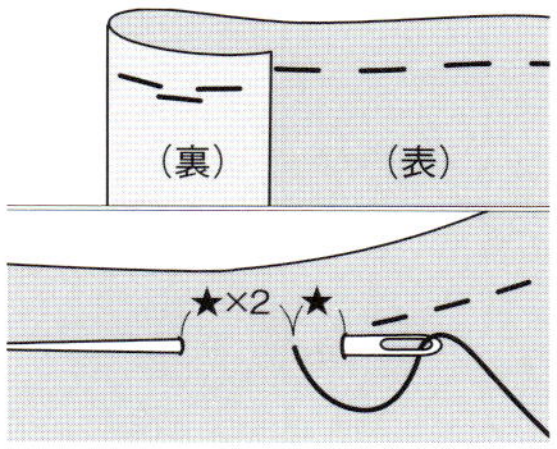


一針縫ったあと、針目の半分戻って針を入れ、そこから1.5針分先に針を出します。これをくりかえします。並縫いよりも丈夫。

## ◯本返し縫い

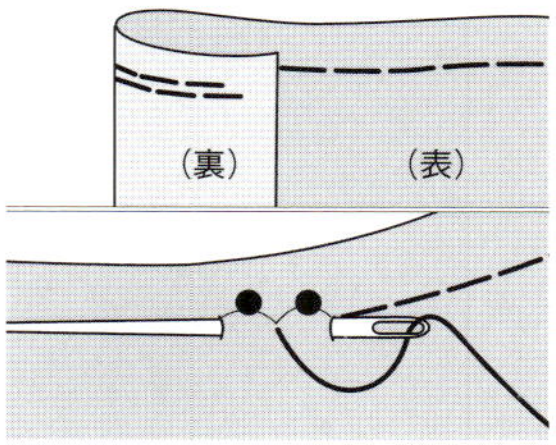


一針縫ったあと、一針分戻って針を入れ、そこから二針分先に針を出します。これをくりかえします。丈夫な縫い目なので、厚手の布や、丈夫に仕立てたい時に使用します。

## ◯普通まつり

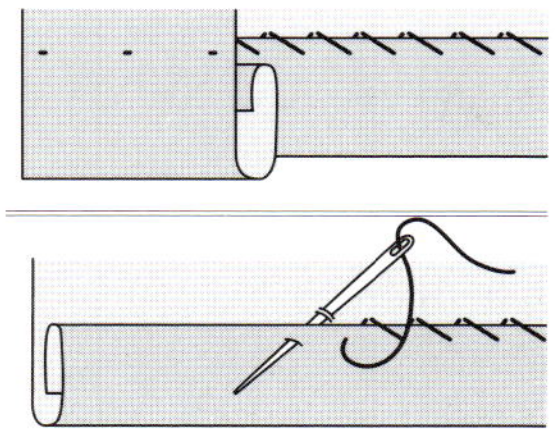

一般的なまつり方。表になるべく針目が出ないよう、たて糸1本程度をすくうのがポイント。

## ◯奥まつり

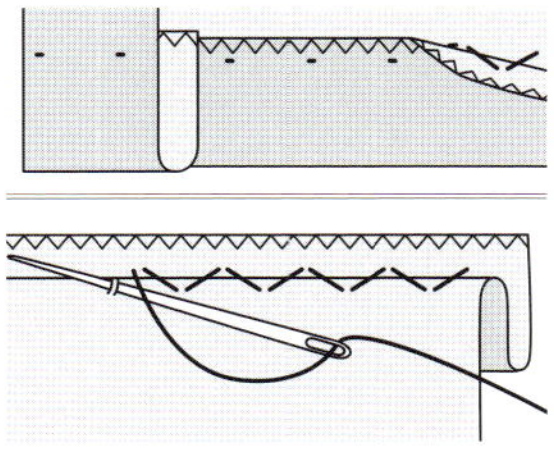

裏側にもまつり糸が出ないまつり方。まつる部分の布地を両方ほんの少しずつすくいながらまつります。糸が擦れることがないので、裾などに使用すると丈夫な仕上がりに。

## ◯コの字とじ

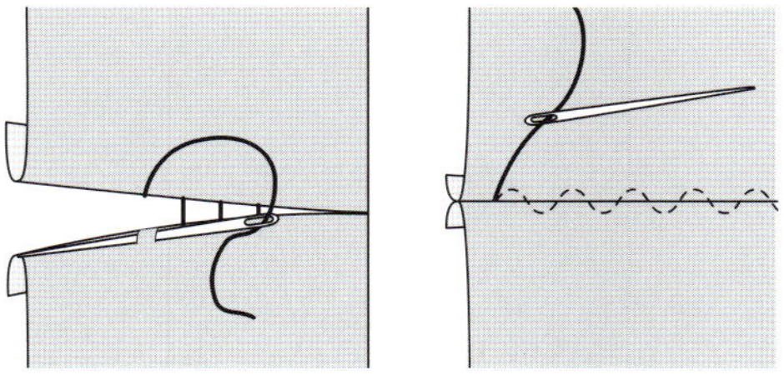

突き合わせた布地同士をはぎ合わせる時や、返し口を閉じる時に使用します。突き合わせた折り山をすくいながらまつっていきます。

## ◯しつけ

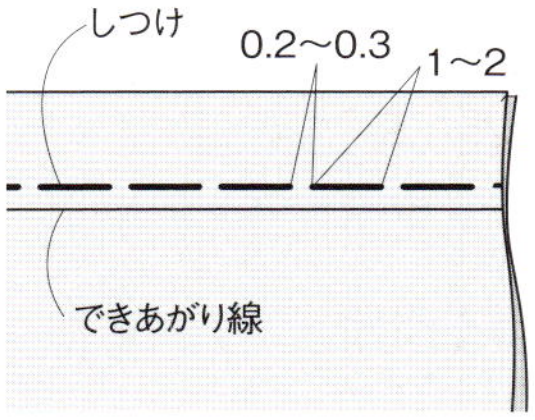


長い距離や、マチ針を打つと縫いづらい部分にしつけをします。できあがり線の0.2〜0.3cm縫い代側を、ざくざくと大きな針目で縫っていきます。縫い始めと縫い終わりは一針返し縫いをして、玉どめはしません。

## しつけ糸の保管方法

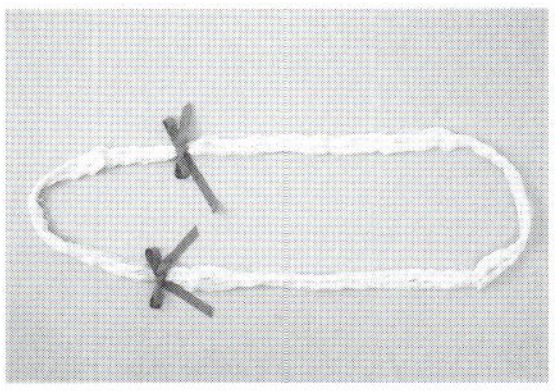

**1** ラベルを取り、しつけ糸を広げて輪の状態にしてリボンやひもでしっかりと結ぶ。

**2** 片側の輪を切る。

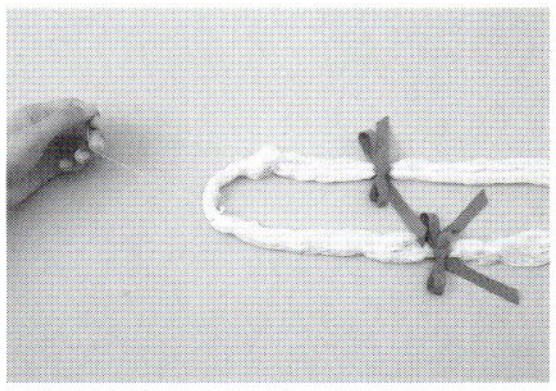

**3** 切っていない輪の部分から1本ずつ引き抜いて使う。

### 瓶に入れて保管する方法

しつけ糸を瓶に入れて保管するのもおすすめ。フタにマグネットを貼って、しつけ糸を通した針をスタンバイしておけば、すぐに使うことができます。

# バイアステープのこと

布端の始末はもちろん、作品のポイント使いにもなるバイアステープ。
作り方と、基本の使い方を覚えましょう。

## バイアステープとは

たて地に対して45度（正バイアス）で裁断した、細い布地をバイアステープといいます。伸びが良く、なじみやすいので、衿ぐりや袖ぐりなど、カーブの始末によく使用されます。バイアステープについては、P.71でも紹介していますので、あわせてご覧ください。

### タイプは２種類

市販のバイアステープは主に 2種類あります。
自分で作る場合は目的に合わせて作りましょう。

**両折れタイプ**

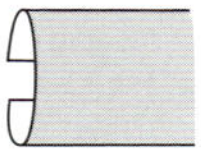

布端を内側に折ったタイプ。主にバイアステープ始末に使用します。

**縁取りタイプ**

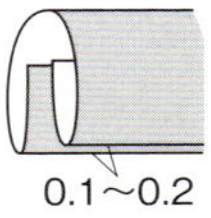


両折れを二つ折りにしたタイプ。主にパイピング始末に使用します。

## バイアステープの作り方

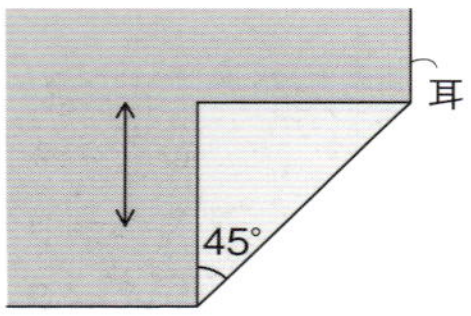


**1** 布目（耳）に対して平行な線を引き、角が 45度になるように折ります。

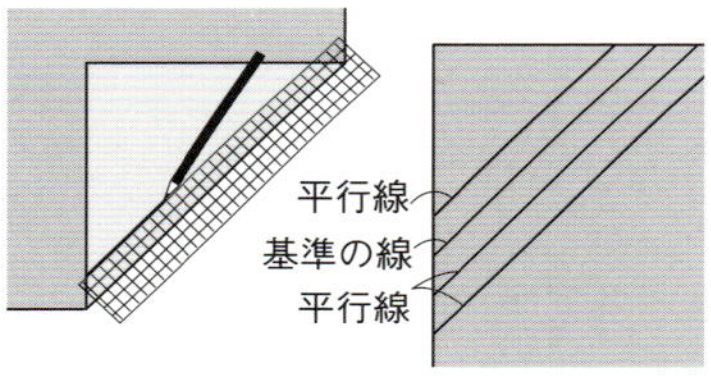


**2** 折り山に定規を合わせて、必要な幅の線を引きます。布を広げて、平行に線を足していきます。

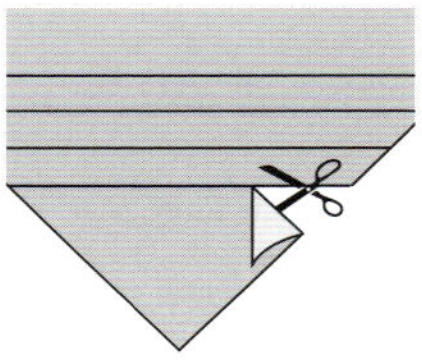

**3** 線に沿って布をカットします。

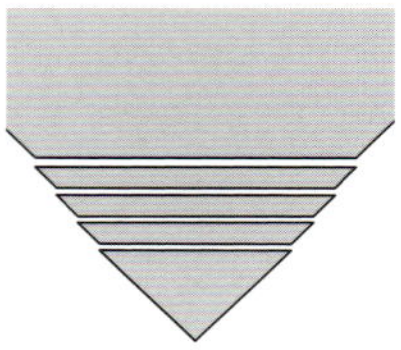

**4** バイアステープのできあがりです。

### テープのつなげ方

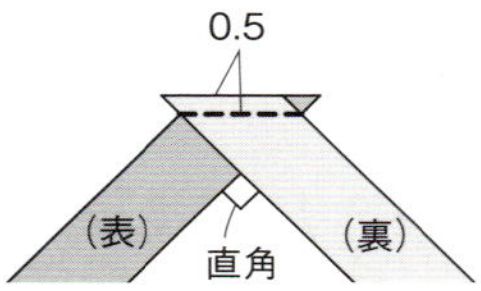


**1** カットしたバイアステープ同士の布端が直角になるよう中表に合わせ、縫い代0.5cm 程度で縫います。

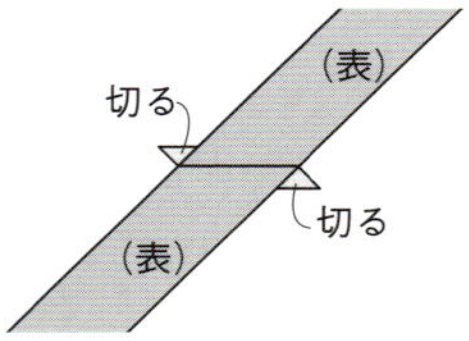


**2** 縫い代を割って、テープ幅からはみ出した余分をカットします。

### ◉間違ったつなげ方

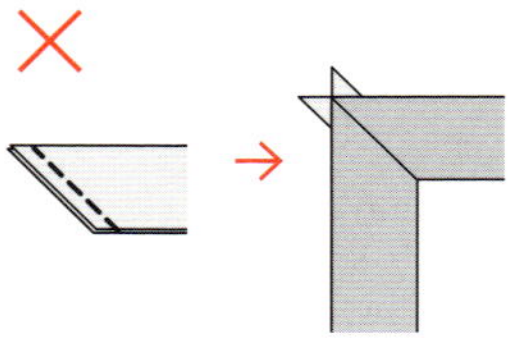

**２枚を重ねて縫う**

バイアステープ同士を重ねて縫うと、角ができ、テープ状ではなく額縁のようになってしまいます。

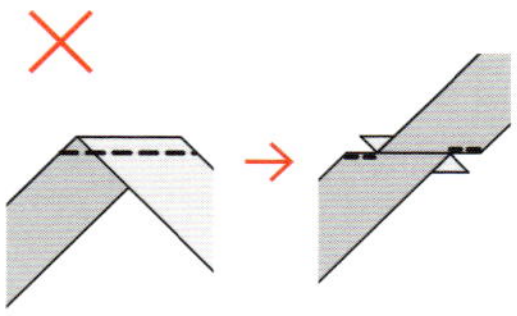

**布端を合わせて縫う**

端を合わせて縫うと、幅が足りず、つなぎ目がずれてしまいます。

## 折り目のつけ方

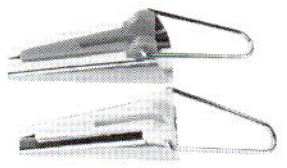

**テープメーカーを使うと便利**

作れる幅も種類が豊富。写真は洋服作りなどによく使用する12mm（黄色）と18mm（赤）幅用。

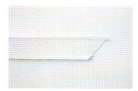

**1** バイアステープを指定の幅にカットします。端は斜めにしておくと、テープメーカーに通しやすい。

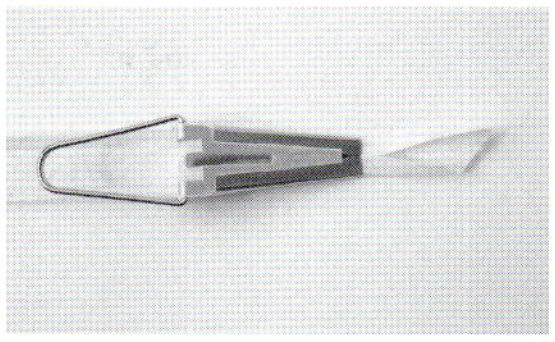

**2** テープメーカーにバイアステープを通します。両端がきれいに折れます。

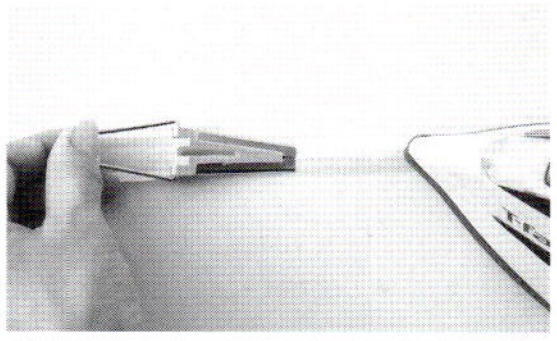

**3** テープメーカーを引きながら、アイロンで押さえていきます。

## バイアステープの使い方

バイアステープを使用した代表的な布端の始末を紹介します。

### バイアステープ始末

布端をくるみながら、バイアステープをすべて裏側に倒す方法です。両折れタイプを使用します。
できあがりは、表からバイアステープが見えません。

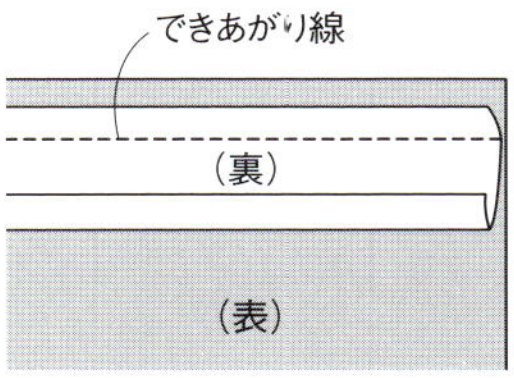


**1** できあがり線にバイアステープの折り線を合わせて縫います。

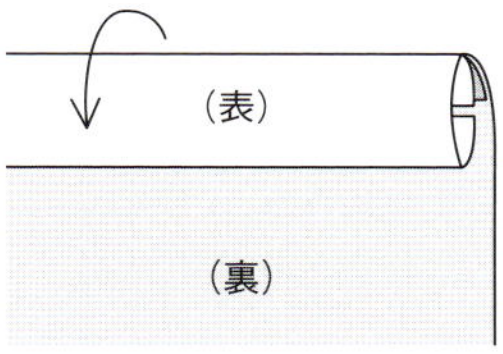


**2** バイアステープを起こして、裏側にすべて倒します。自然と布端が中に包まれます。

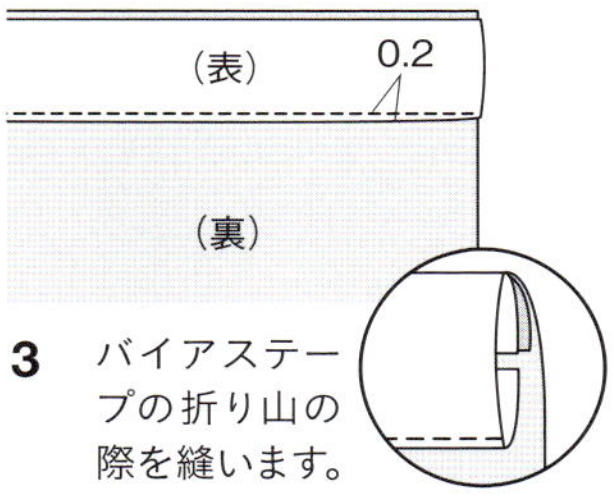


**3** バイアステープの折り山の際を縫います。

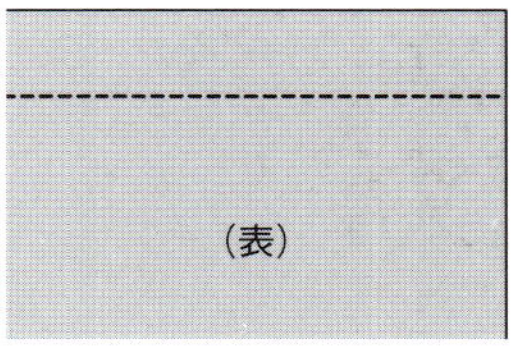


**4** できあがりは表からバイアステープは見えません。ステッチだけが見えます。

### パイピング始末

バイアステープで縫い代を包んで始末する方法です。縁取りタイプを使用し、できあがりは表・裏どちらからもバイアステープが見えます。
衿ぐりや袖口などをパイピング始末する場合、縫い代はつけません（布端ができあがり線になる）。

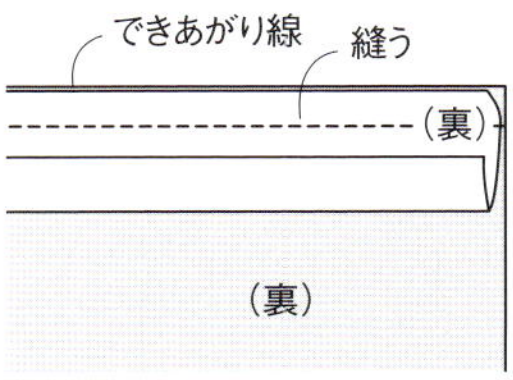


**1** 縁取りタイプのバイアステープの、折り幅の短い方と布を中表に合わせて、バイアステープの折り線を縫います。この時、バイアステープの折り線と布端を合わせます。

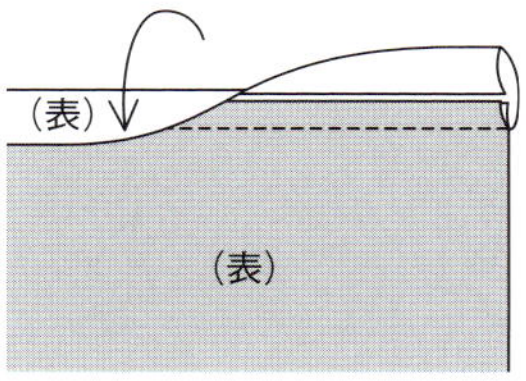


**2** バイアステープを起こして、布端をはさみます。テープで縫い目を隠すようにします。

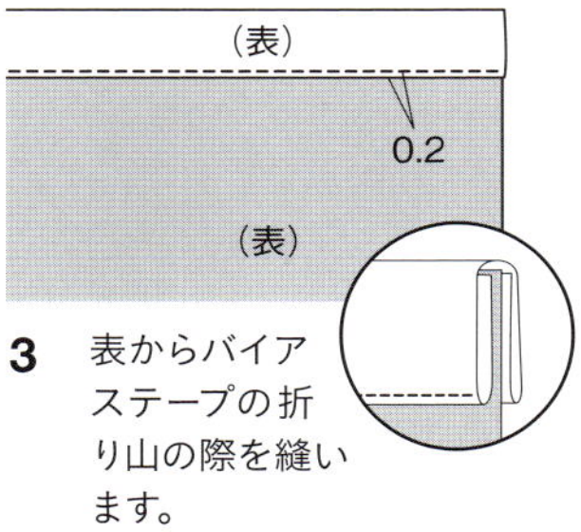


**3** 表からバイアステープの折り山の際を縫います。

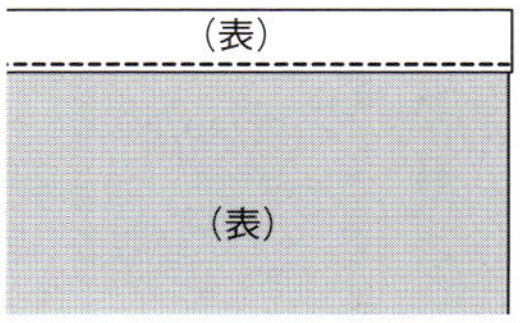


**4** できあがりは表からも裏からもバイアステープが見えます。

# 副資材のこと

作品づくりに使用する、ボタンやファスナーなどの副資材についてご紹介します。

## ボタン

### ボタンつけ位置とボタンホール

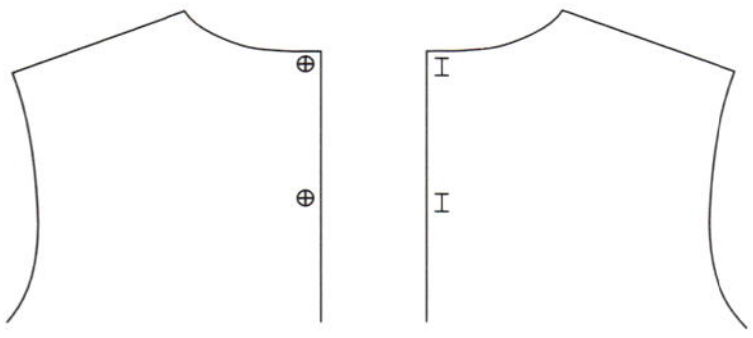

**ボタン**

ボタンをつける方の身頃の印(ボタンの中心の印だけをつけておいてもOK)

**ボタンホール**

ボタンホールを作る方の身頃の印

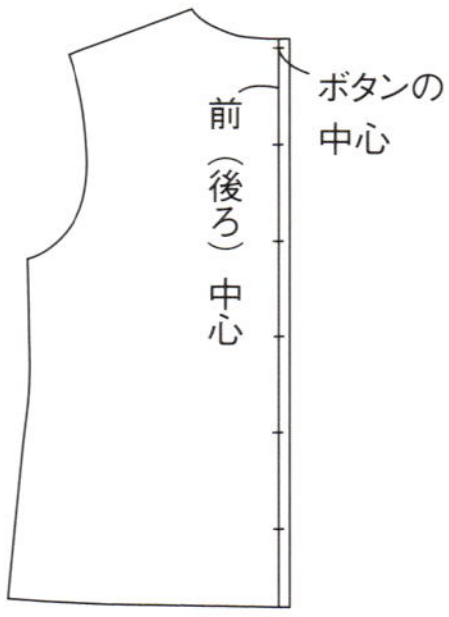


**型紙**

型紙ではこのようにボタンのつけ位置だけが記してある場合があります。型紙を作る時に、自分で印を書き足しましょう。

**ボタンホールの位置**

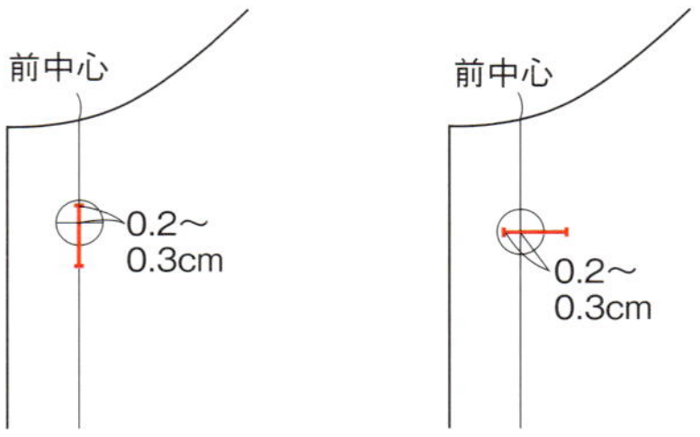


**たてにあける時**

ボタンつけ位置の中心から0.2～0.3mm上からボタンホールを作ります。

**よこにあける時**

ボタンつけ位置の中心から0.2～0.3mm左側からボタンホールを作ります。

### ボタンホールの大きさ

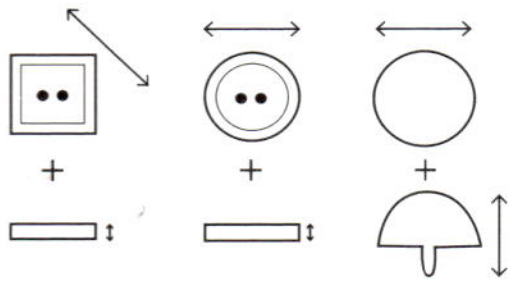

ボタンホールの大きさ = 直径 + 厚さ

ボタンの直径にボタンの厚みを足した寸法がボタンホールの大きさに適しています。

### ボタンホールの作り方

家庭用ミシンにはボタンホールのための押さえ金とステッチが用意されています。

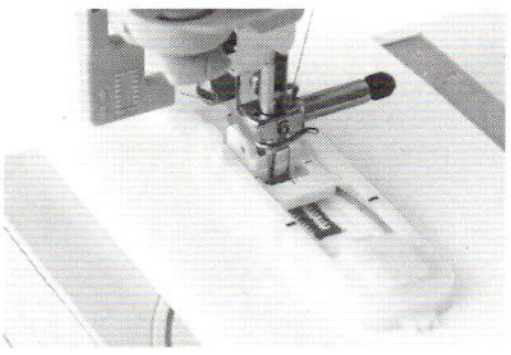

1 ミシンの設定をボタンホール用にし、ボタンホールを作りたい位置の端から縫い始めます。

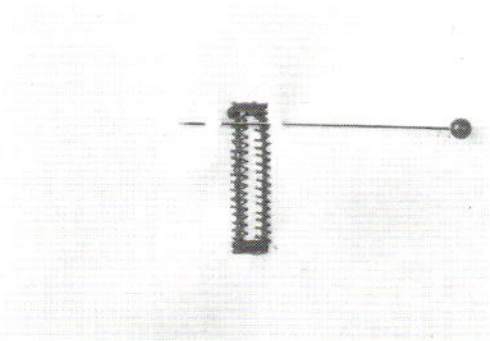

2 ボタンホールが縫えたら、切りすぎないよう片側にマチ針を刺し、ストッパーにします。

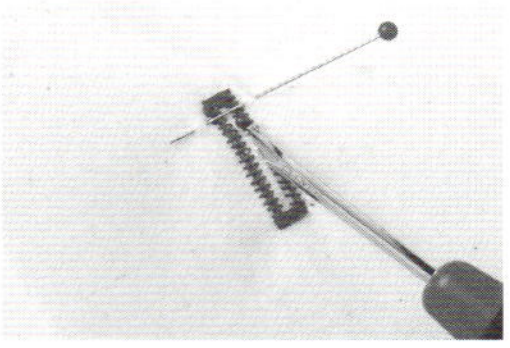

3 リッパーをボタンホールに差し込んで、布地をカットします。縫い目を切らないよう注意。

### ボタンのつけ方

2つ穴、4つ穴とも基本のつけ方は同じです。

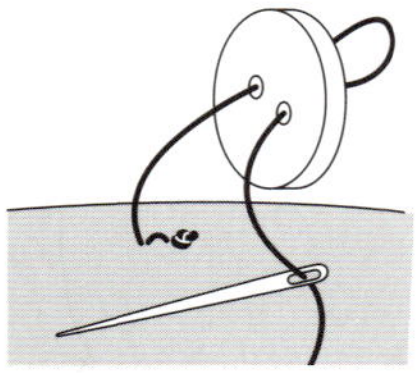

1 玉結びを作り、表からつけ位置のあたりを二針すくって、ボタンの穴に針を通します。

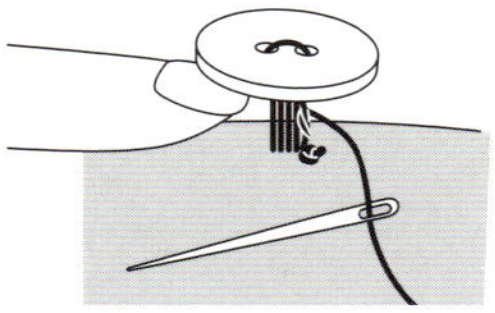

2 ボタンの下に指をはさんで、糸足の長さを決めます。2～3回ボタン穴を通し、足の長さを揃えて縫いつけます。

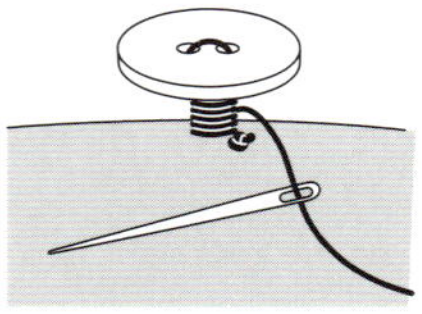

3 糸足の部分に糸を巻きます。糸足部分を確保することで、丈夫で、ボタンをかけやすくなります。

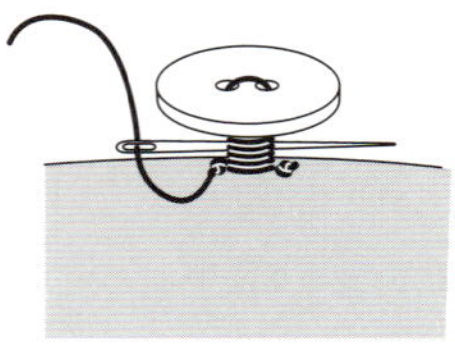

4 玉どめをし、糸足の中に糸をくぐらせてから余分な糸をカットします。

### 4つ穴のボタンつけアイデア

模様になるようにボタンをつけ、デザインポイントにするのも楽しい。

## 足つきボタン

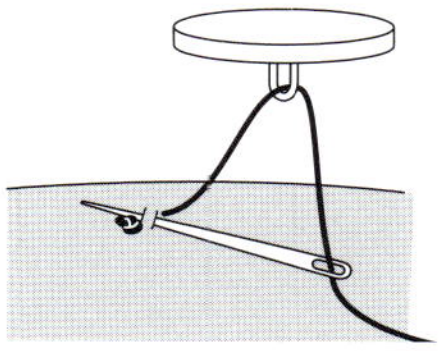

**1** 玉結びを作り、つけ位置の表から布を少しすくって針を出しボタンに通します。再度布をすくいます。

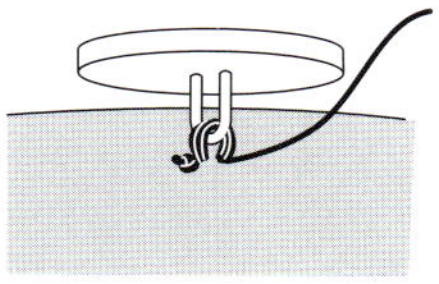

**2** 3回ボタンに糸を通します。

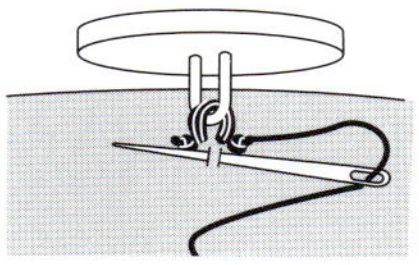

**3** ボタンの足の根元に糸を出し、玉どめをします。根元の横の布を少しすくって、糸を切ります。

## スプリングホック

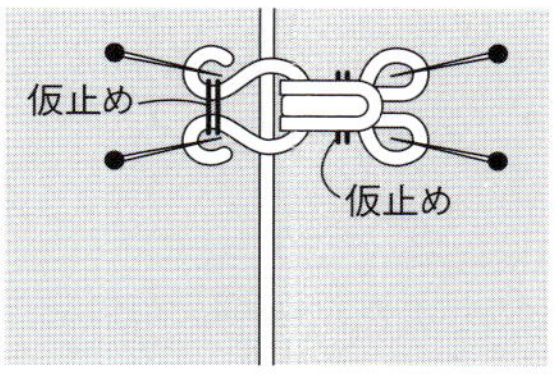


**1** ホックを布の両端にセットしてマチ針でとめます。カギ側は布端から1mm程度控え、隙間があかないようぴったりの位置にとめます。

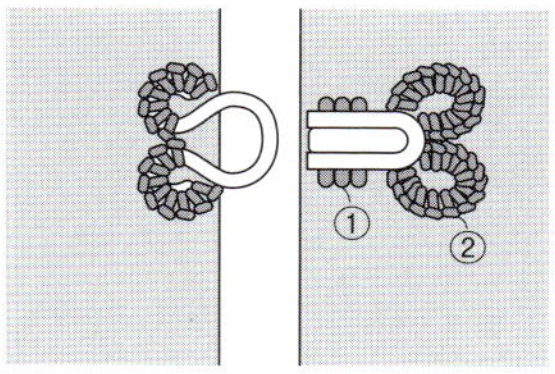


**2** まずカギ部分の下をとめから、丸い部分に針を出し、右図の要領でかがっていきます。反対側の丸い部分も、同様にかがります。

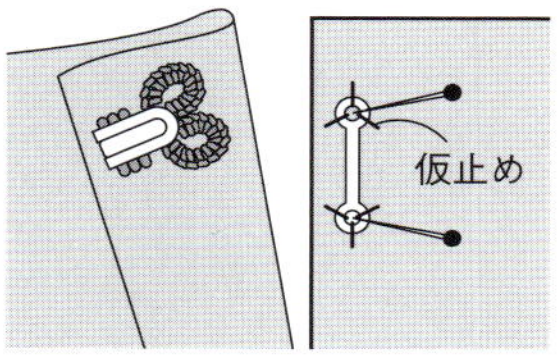


形の違う受け側の場合も、同じように丸い部分をかがります。

**縫い方**

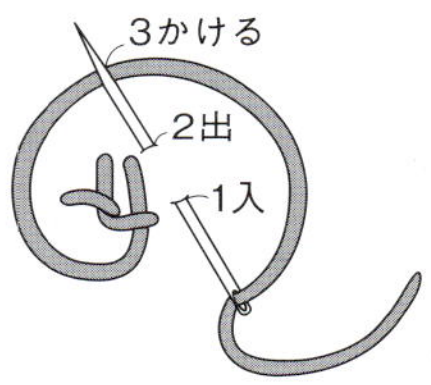


## その他のボタン

### スナップボタン

スナップボタンは凸と凹の2つのパーツがあります。洋服に使用する場合、体に近い方に凸、遠い方に凹をつけます。

### ドットボタン

足が長く、厚手の布や革などに使用しても着脱がしっかりできるタイプ。逆に薄手の布地に使うと足が余ってしまうので注意。

### プラホック

プラスチック製の軽量ホック。薄手の布地にも使用でき、ベビー用品にも使われています。専用の打ち具を使わずにつけられるタイプも。

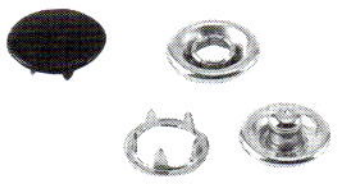

### アメリカンホック

先の尖った足を布に差し込んで、打ち具でとめてつけます。

## くるみボタンでワンランクアップ

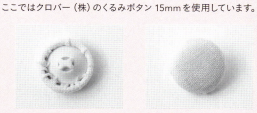

ここではクロバー（株）のくるみボタン15mmを使用しています。

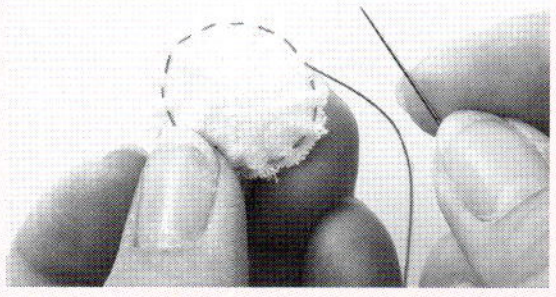

**1** 指定のサイズの円にカットした布地の円周にぐし縫いをします。

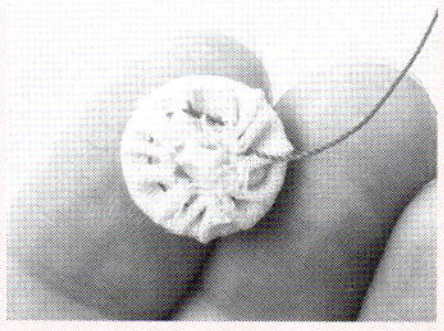

**2** パーツを入れ、糸を引きしぼります。

**3** 足のついている方のパーツをはめこみます。

**4** できあがり。

## ファスナー

### ファスナーの種類

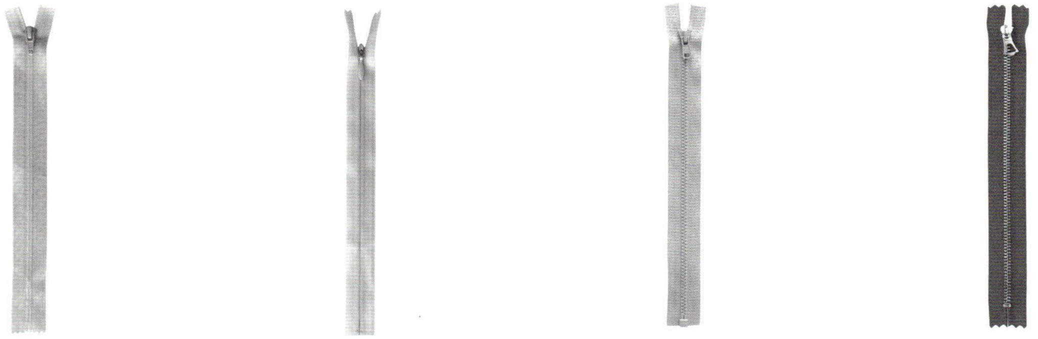

#### 樹脂ファスナー

**フラットニットファスナー**
ムシ部分が樹脂製なので、柔軟性に富んでいて縫いつけやすい。好きな長さにはさみで簡単にカットできます。

**コンシールファスナー**
主に洋服に使用される、ムシ部分が見えなくなるタイプのファスナー。縫いつける時には専用の押さえ金を使用します。

#### ビスロンファスナー

ムシのパーツひとつひとつが大きく、しっかりしたファスナー。金属ファスナーより軽く、さまざまな色があるのが特徴です。

#### 金属ファスナー

ムシ部分が金属でできたファスナー。パンツの前あきや、バッグなどに使用されることが多い。長さの調節は手芸店でしてもらいましょう。

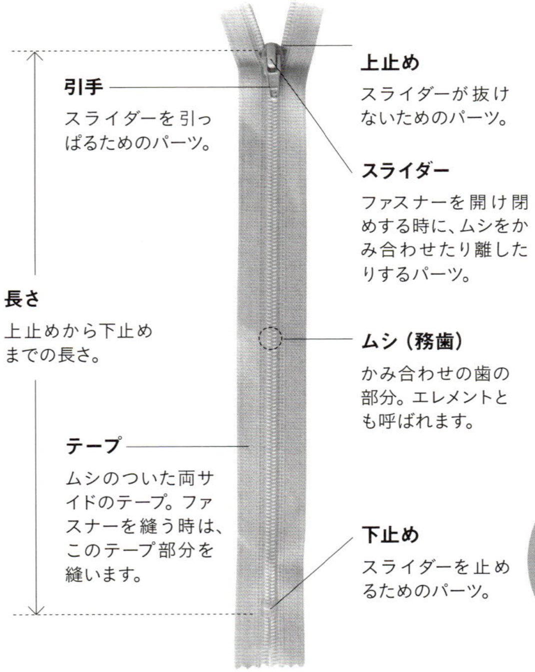
上止め
スライダーが抜けないためのパーツ。
引手
スライダーを引っぱるためのパーツ。
スライダー
ファスナーを開け閉めする時に、ムシをかみ合わせたり離したりするパーツ。
長さ
上止めから下止めまでの長さ。
ムシ（務歯）
かみ合わせの歯の部分。エレメントとも呼ばれます。
テープ
ムシのついた両サイドのテープ。ファスナーを縫う時は、このテープ部分を縫います。
下止め
スライダーを止めるためのパーツ。

### 樹脂ファスナーの長さ調節

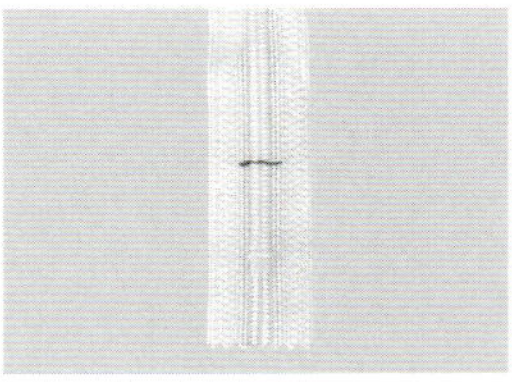

**1** 使いたい長さの位置で、ムシの部分を2〜3回縫いとめます。これが下止めの代わりになります。

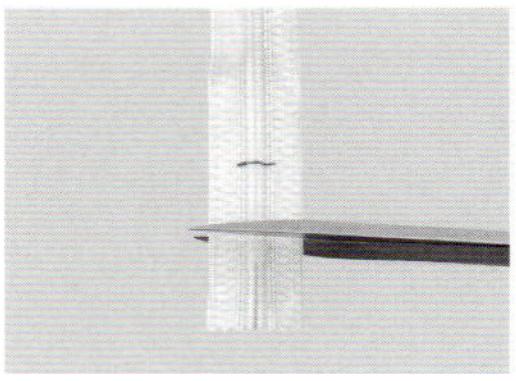

**2** 縫ったところから1.5cm程度余分を残してカットします。

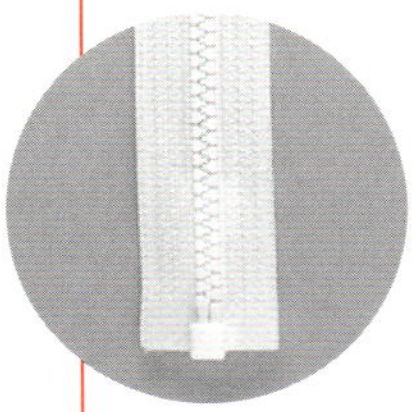

**オープンファスナー**
下止めが左右に分かれるタイプ。パーカーなどの全開する洋服などに使用されます。

# さぁ、作品を作りましょう

素敵な布も用意したし、ソーイングの基礎知識も一通り学んだら、あとは実践あるのみです！
自分で完成させた作品は、多少縫い目が整っていなくても、形がいびつでも、愛着の湧く一着になるはず。
初心者の方はまずは「すぐにできる」から作品を選んでみるのがおすすめです。

## すぐにできる



## 1日コース



## じっくりチャレンジ



※裁ち方図内のバイアステープは全て裁ち切りです。

Item 01

# Aラインワンピース

シンプルな形の基本のワンピース。
ダーツを入れることでバストポイントが高くなり、
すっきりとスタイル良く見えます。
難しいテクニックはないので、
最初の一着にもおすすめです。

**この作品で学べるテクニック**

☑ ダーツ
☑ バイアス始末

**できあがりサイズ**

| | S | M | L | LL |
|---|---|---|---|---|
| 胸囲 | 93cm | 96cm | 102cm | 108cm |
| 着丈 | 90.5cm | 93.5cm | 99.5cm | 99.5cm |

 布地提供／中商事

## 材 料　左からS／M／L／LLサイズ

・カラーリネン
105cm幅×220cm／220cm／300cm／300cm

## 実物大型紙 A 面【01】

1–前身頃、2–前身頃続き、3–後ろ身頃、
4–後ろ身頃続、5–袖

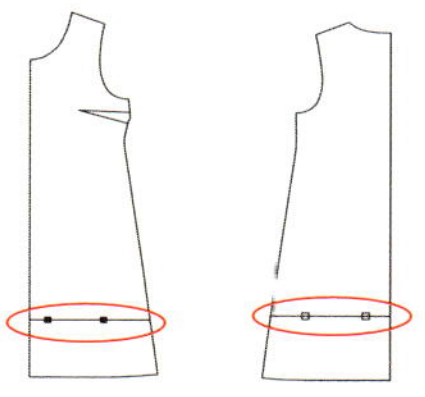

前身頃　後ろ身頃

この作品の型紙は長さが分割されています。それぞれ同じ印同士をつなげてから、型紙を作りましょう。

## 裁ち方図

<S/M/L の場合>
カラーリネン

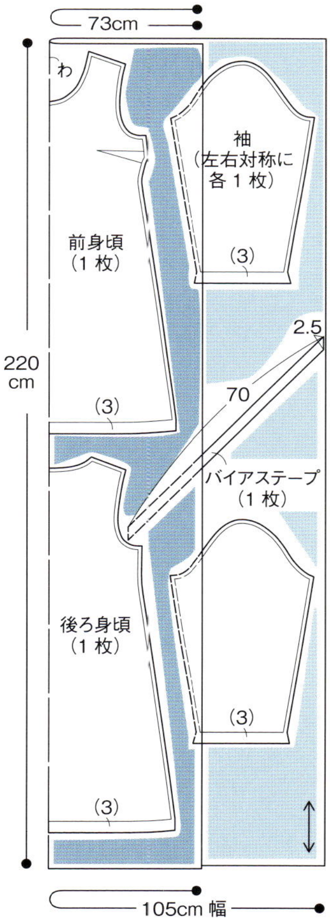


<L/LL の場合>

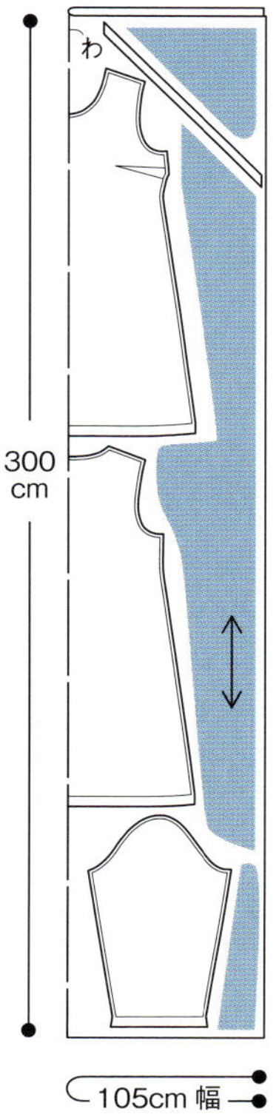


※（　）内の数字は縫い代
指定以外は [illegible]cm
※数字は上からS/M/L サイズ

## 縫い方の手順

## 準 備

●バイアステープを作る

①バイアステープを指定の長さにカットします。

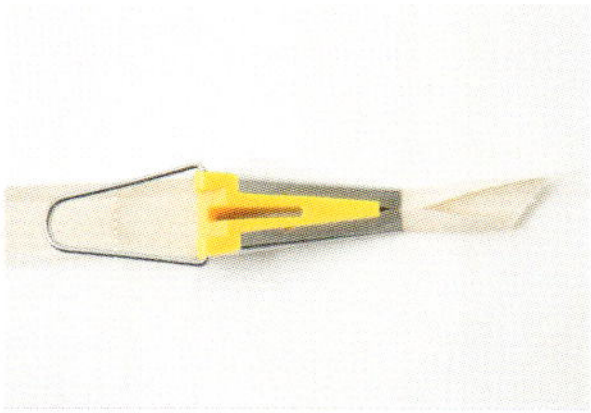

② 12mmのテープメーカーにバイアステープを通します。

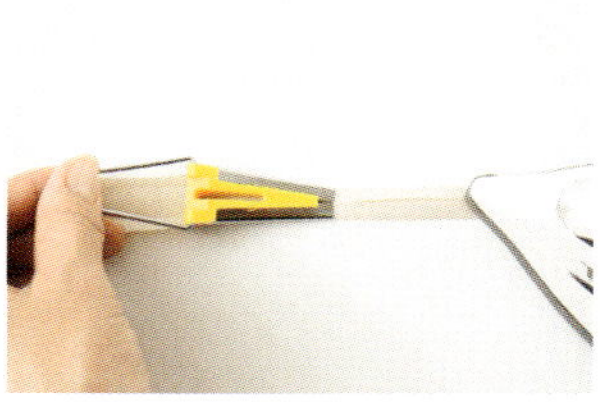

③アイロンで押さえて折り目をつけます。

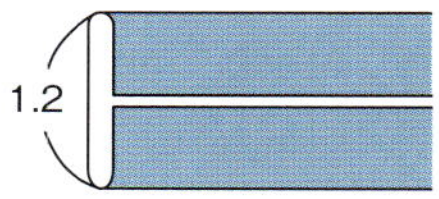


テープメーカーを使用しない場合は、図のように折ってアイロンで押さえます

## 1 ダーツを縫う

**1** ダーツの印を中表に合わせ、マチ針でとめます。

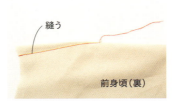

**2** ダーツを縫います(縫い方のポイントはP.40を参照)。

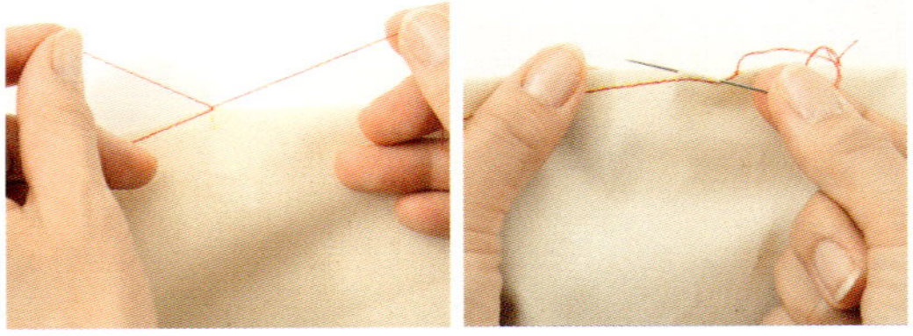

**3** 上糸と下糸を結び、針に通して一針縫ってとめます。

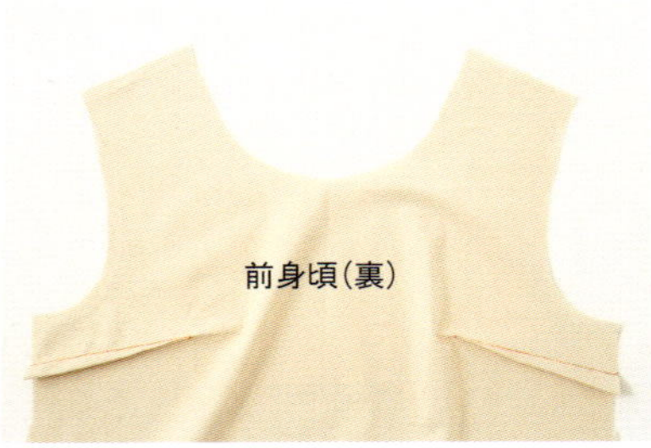


**4** 両側のダーツを縫い終えたところ。ダーツは下に倒します。

## 2 肩を縫う

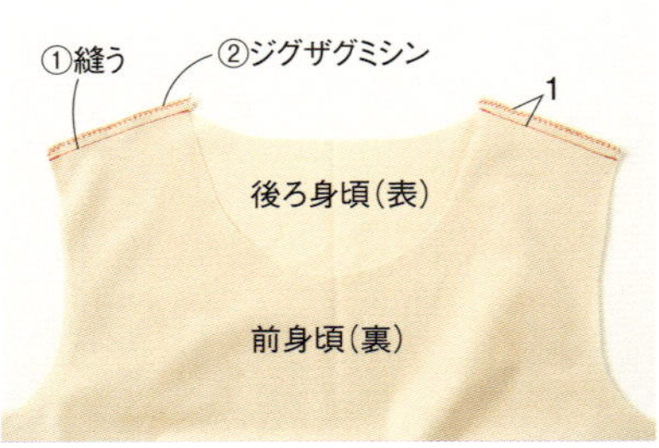


前身頃と後ろ身頃を中表に合わせて、左右の肩を縫い代 1cmで縫います。縫い代は 2枚一緒にジグザグミシンをかけ、後ろ身頃側に倒します。

## 3 袖をつける

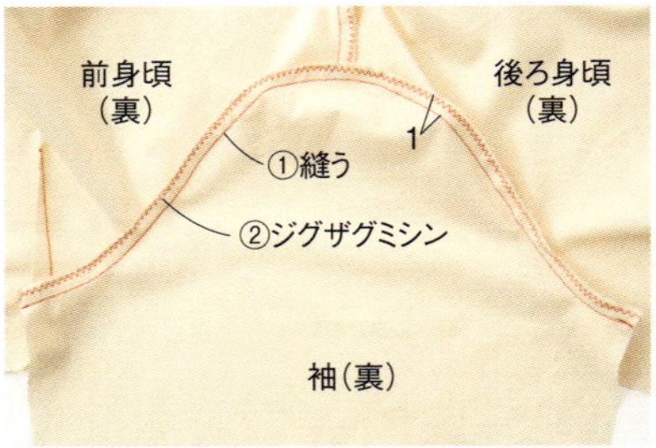


袖と身頃を中表に合わせて縫い代 1cmで縫います。縫い代は 2枚一緒にジグザグミシンをかけ、身頃側に倒します。袖は前後を間違わないように注意しましょう。

## 4 衿ぐりの始末

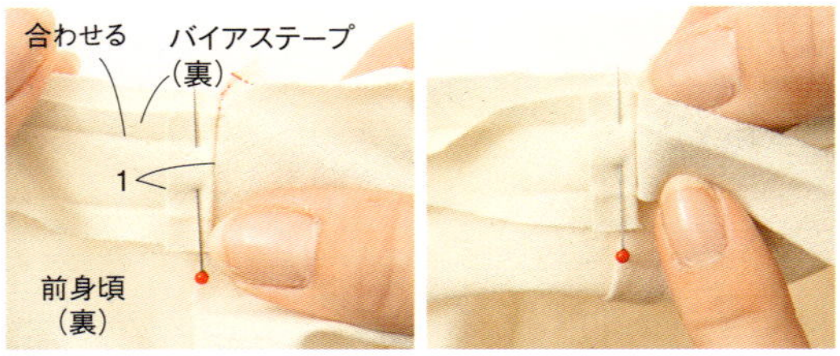


**1** バイアステープの端を 1cm 折って、衿ぐりのできあがり線とバイアステープの折り線を合わせ、マチ針でとめます。端は左肩に合わせます。必要以上に伸びてしまわないよう注意しましょう。

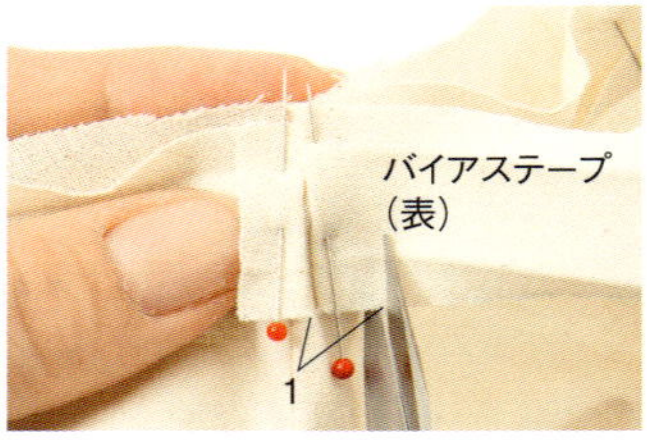


**2** 1cm 残してバイアステープの余分をカットします。

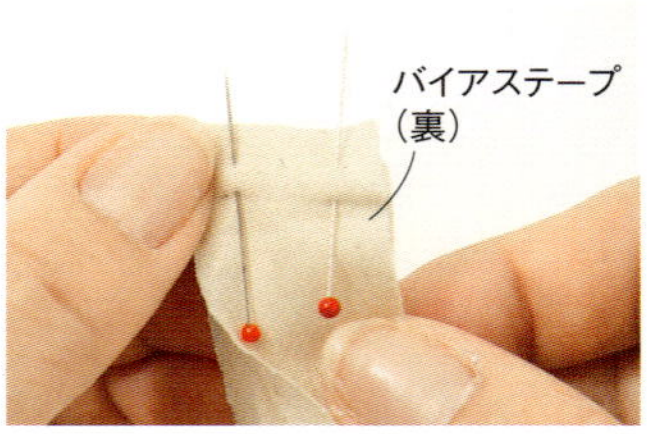


**3** バイアステープの端を中表に合わせます。

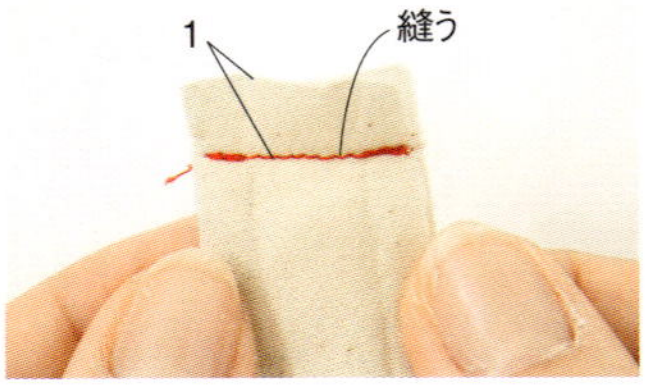


**4** 縫い代 1cmで縫います。

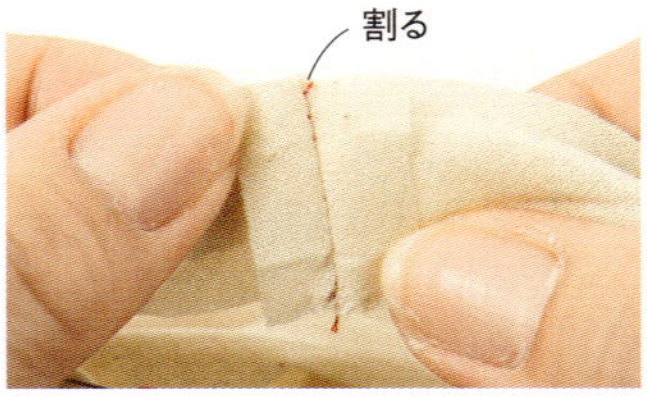


**5** 縫い代を割り、衿ぐりにとめます。

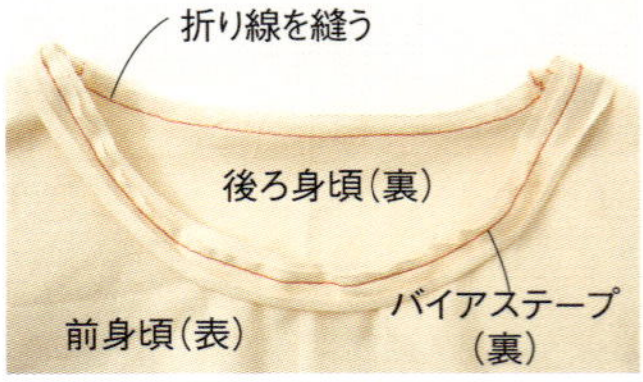


**6** バイアステープの折り線の上を一周縫います。

**7** カーブがつれないよう、衿ぐりに切り込みを入れます。

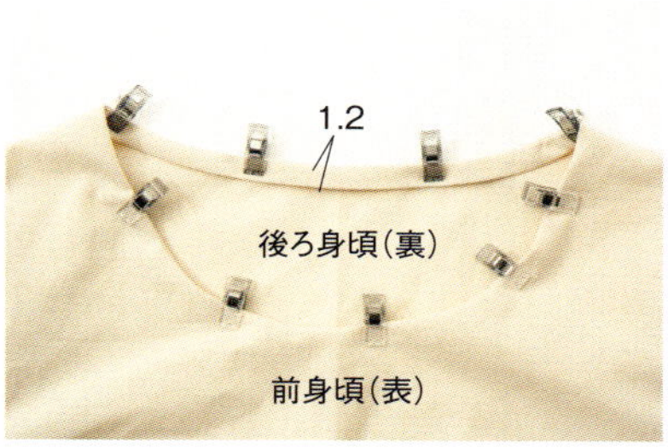


**8** バイアステープをできあがりに折って縫い代をくるみ、裏側に倒します。

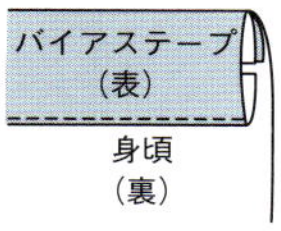


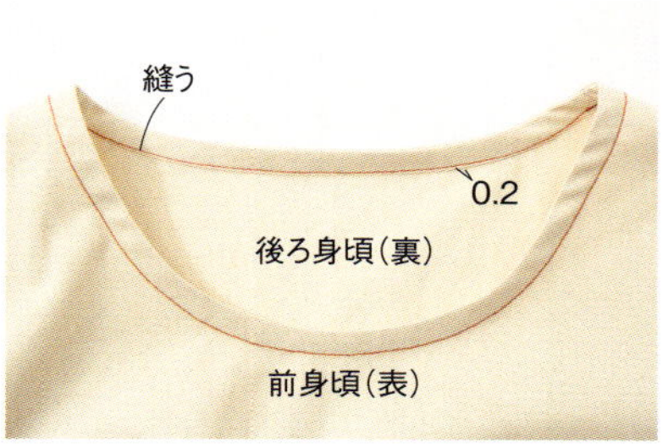


**9** バイアステープの端を縫います。

## 5 袖下〜脇を続けて縫う

前身頃と後ろ身頃を中表に合わせて、袖下〜脇を続けて縫います。袖口と裾の縫い代をのぞいて、2枚一緒にジグザグミシンをかけ、後ろ身頃側に倒します。

縫う時は表に返し、袖の内側を見ながら縫います。

## 6 袖口の始末

**1** 袖口の縫い代に切り込みを入れ、縫い代を割ります。

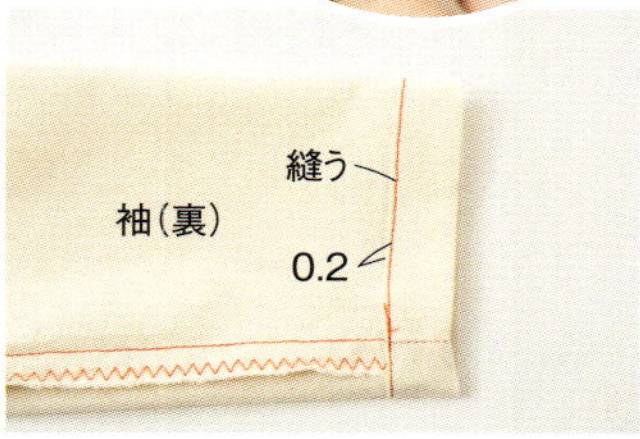


**2** 1→ 2cm の三つ折りにし、縫います。

## 7 裾の始末

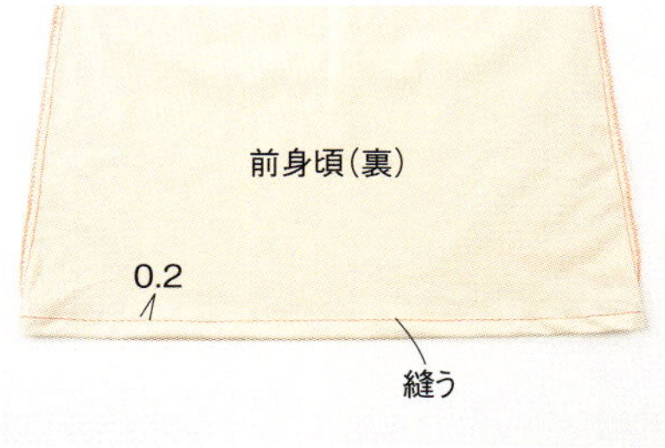


裾を 1→ 2cm の三つ折りにし、縫います。

できあがり

## Item 02

*Arrange*

# ブラウジングワンピース

Aラインワンピースの丈を伸ばし、ひも通しをつけます。
ウエストをマークすることでメリハリが生まれ、
スタイルアップ効果抜群。

**この作品で学べるテクニック**

☑ ひもの作り方

**できあがりサイズ**

| | S | M | L | LL |
|---|---|---|---|---|
| 胸囲 | 93cm | 96cm | 102cm | 108cm |
| 着丈 | 106cm | 108.5cm | 114.5cm | 114.5cm |

 布地提供／メルシー

## 材 料　左からS／M／L／LLサイズ

・リバティプリント（カペル）
110cm幅×320cm／320cm／340cm／340cm

## 実物大型紙 A 面【02】

1–前身頃、2–前身頃続き、3–後ろ身頃、4–後ろ身頃続き、5–袖、6–前ひも通し、7–後ろひも通し

※ひもの型紙はありません。布に直接線を引いて裁ちます。

## 縫い方の手順

❶〜❼まではP.50〜のAラインワンピースと同じ

## 裁ち方図

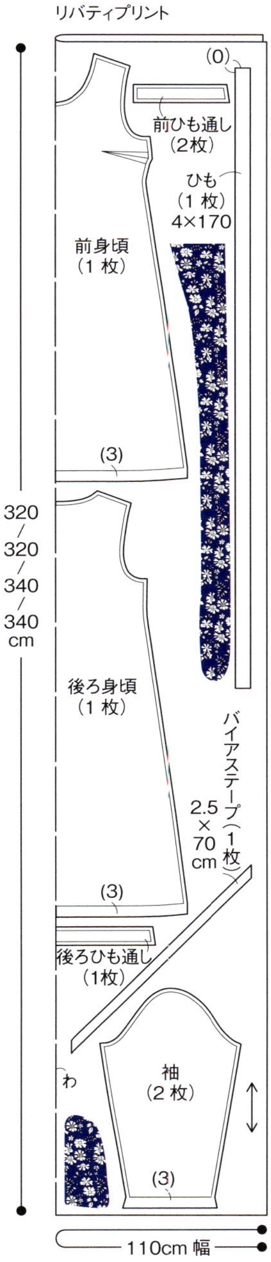


※（　）の数字は縫い代。指定以外は1cm
※数字は上からS／M／L／LLサイズ

## 8 ひもを作る

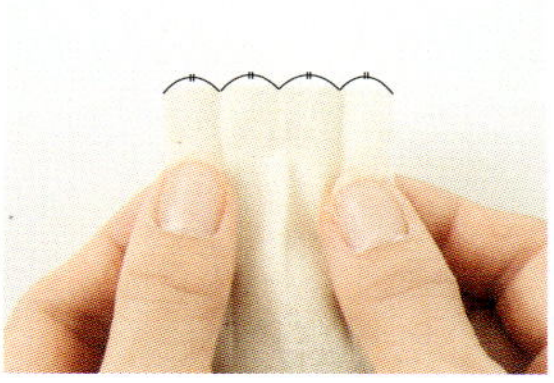

1　ひもに1cm間隔の折り線をつけます。

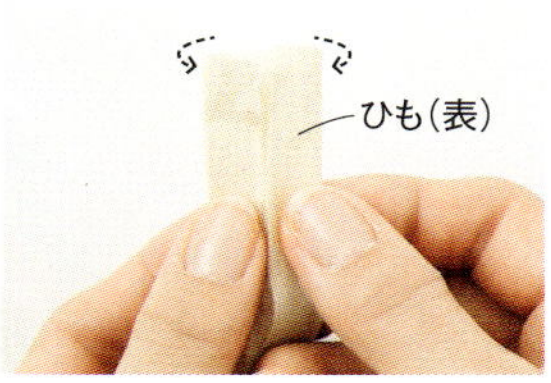


2　両脇を折ります。

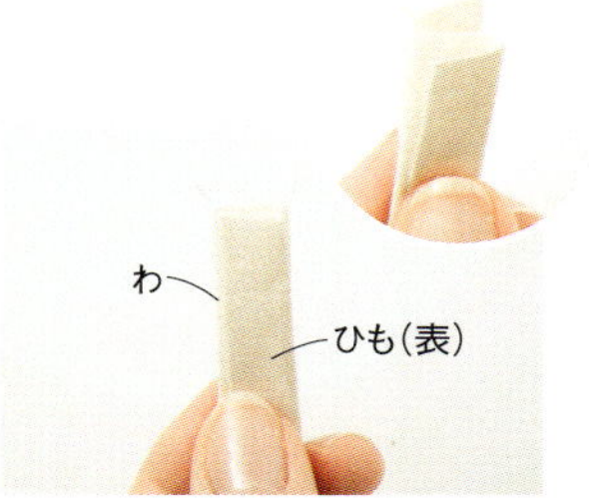


3　折った側が外表になるように二つ折りにします。

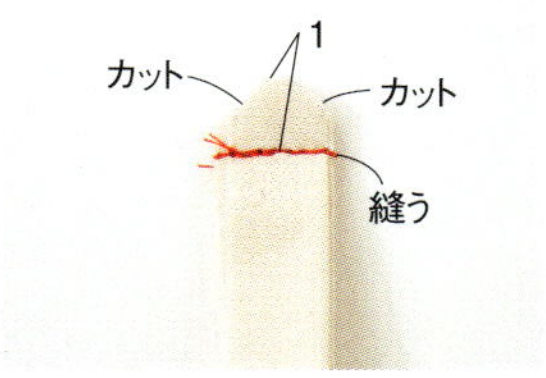


4　縫い代1cmで縫い、両角をカットします。

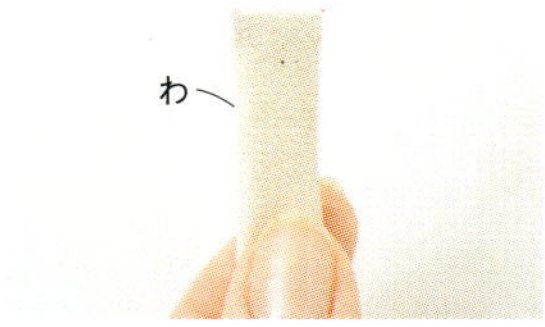


5　縫い代が内側になるように返します。

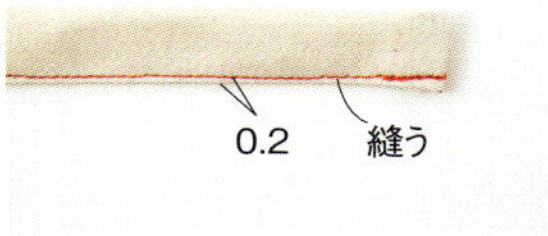


6　下端を縫います。

## 9 ひも通しをつける

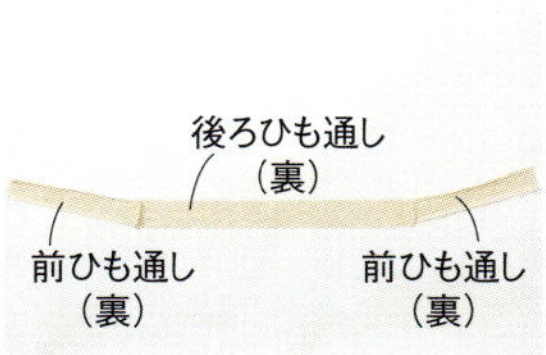


1　前ひも通しと後ろひも通しを中表に合わせて脇を縫い、縫い代を割ります。

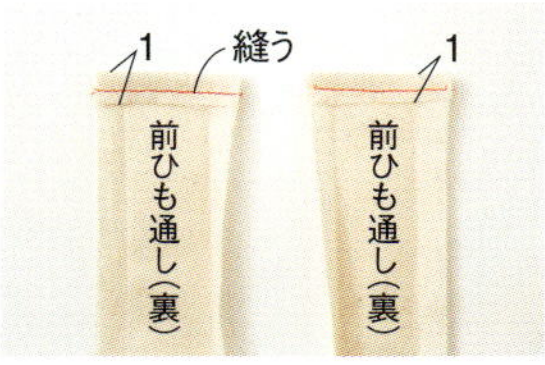


2　両端を1cm折って縫います。

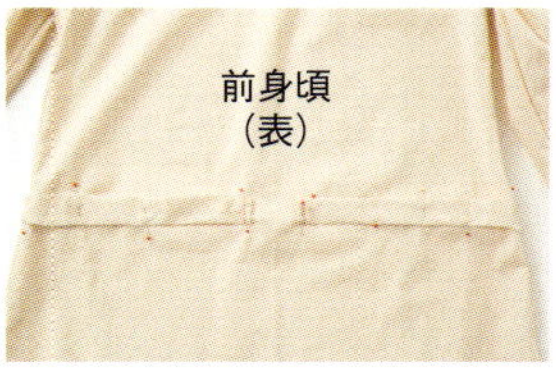


3　ひも通しつけ位置にとめます。

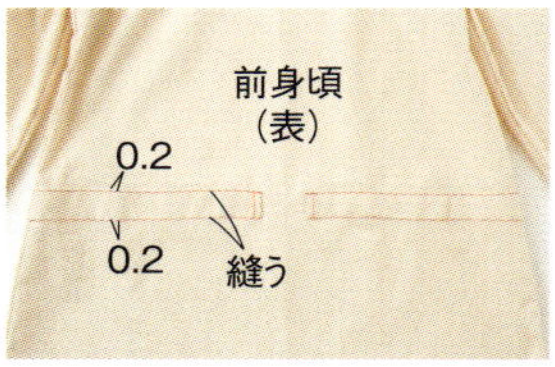


4　上端と下端を縫います。

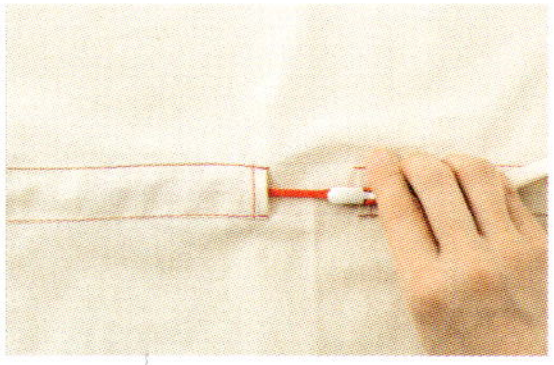

5　ひもを通します。

column

# ワンピースの着丈とバランス

「本に掲載されている作品の着丈は、実際に自分が着たらどんな感じかな？」
そんな時に、このイラストを見て着丈の雰囲気をチェックしてみてください。
理想の着丈に調節して作れば、もっとお気に入りの一枚になること間違いありません。

| | 身長150cm | 身長160cm | 身長170cm |
| --- | --- | --- | --- |
| 90cm丈 |  ひざ下丈 |  ひざ丈 |  ひざ上丈 |
| 100cm丈 |  ミモレ丈 |  ひざ下丈 |  ひざ丈 |
| 120cm丈 |  超ロング丈 |  くるぶし丈 |  ロング丈 |

⚓ column

# 色柄で楽しむ

まったく違う印象の 4枚のワンピース。実はすべてP.50「Aラインワンピース」の型紙で作りました。
シンプルなワンピースだからこそ、色や柄を変えるとがらりと違った印象に。
色々な布で作って、コーディネートを楽しめるのも手づくりならではです。

## さわやかなブルー系ではつらつと

デニム×スニーカーで、ベーシックなふだん着コーデ。ちょっとしたブローチなどをプラスして、毎日着ても飽きのこないコーディネートです。

## 総柄でインパクトのある1枚に

たまにはインパクトのある柄布で、主役になれる一枚を。柄の中の 1色をコーディネートに使うと、全体がまとまっておしゃれに見えます。

## ストライプで縦のラインをすっきりと

余裕のある衿ぐりのデザインなので、下に重ね着もおすすめ。スタンダードなストライプ地は、視線が縦に流れるので着やせ効果も。

## 大人のモーブカラーで優しげに

上品なモーブカラーを選んで、大人かわいいガーリーコーデ。アンダーにチュール素材のスカートを合わせて。繊細な花のコサージュで衿元に華やかさをプラスします。

Item 03

# オフショルダーチュニック

少し肩のラインを落とした、
カジュアルな雰囲気のチュニック。
見返し始末で作ります。

**この作品で学べるテクニック**

☑ 見返し始末

**できあがりサイズ**

| | S | M | L | LL |
|---|---|---|---|---|
| 胸囲 | 126m | 129cm | 135cm | 141cm |
| 着丈 | 76cm | 79cm | 85cm | 85cm |

 布地提供／リネンドルチェ

## 材 料　左からS／M／L／LLサイズ

・ヘリンボーンリネン
110cm幅×230cm／230cm／240cm／240cm
・接着芯　40×30cm

## 実物大型紙 B 面【03】

1-前身頃、2-後ろ身頃、3-袖、4-前見返し、5-後ろ見返し

## 裁ち方図

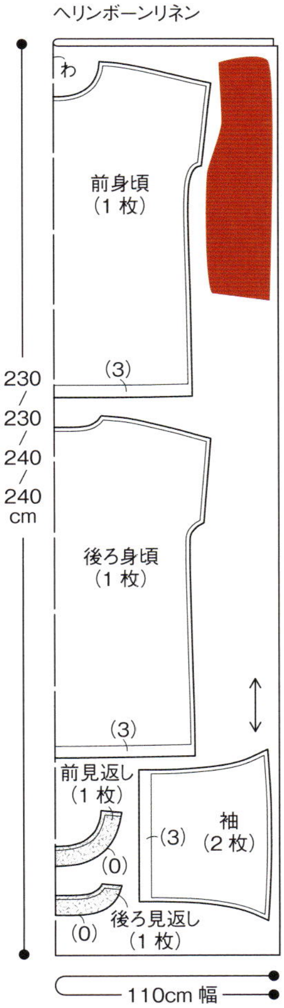


※（　）内の数字は縫い代
指定以外は 1cm
※数字は上から S/M/L/LL サイズ
※ は接着芯を貼る

## 縫い方の手順

## 準 備

●前見返し、後ろ見返しに接着芯を貼る

●肩にジグザグミシンをかける

前身頃、後ろ身頃の肩にジグザグミシンをかけておきます。

### 見返し始末？ バイアス始末？　note

見返し始末とバイアステープ始末、実はどちらを選んでもOK。
本の通りの始末でなくても、好みでアレンジすることができます。

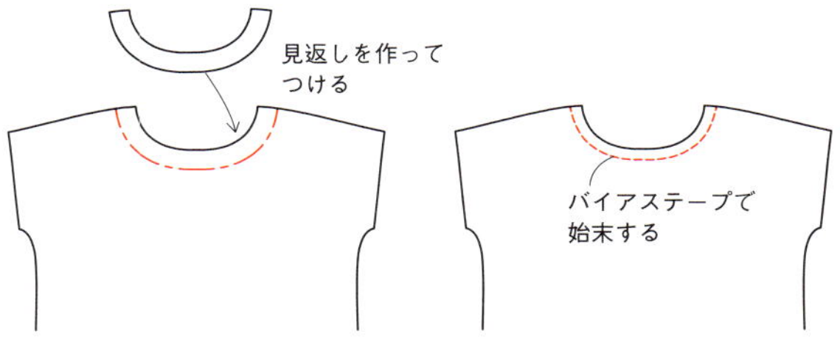

**《見返し始末》**

型紙がない場合、前身頃、後ろ身頃の衿ぐりに好みの幅で見返しの線を足し、型紙を作ります。衿ぐりが伸びにくく、初心者さんにもおすすめの始末です。

**《バイアス始末》**

衿ぐりの一周を測り、少し余分をつけた寸法でバイアステープを作ります。衿ぐりのカーブにきれいに沿って始末ができ、すっきりとした仕上がりです。

## 1 肩を縫う

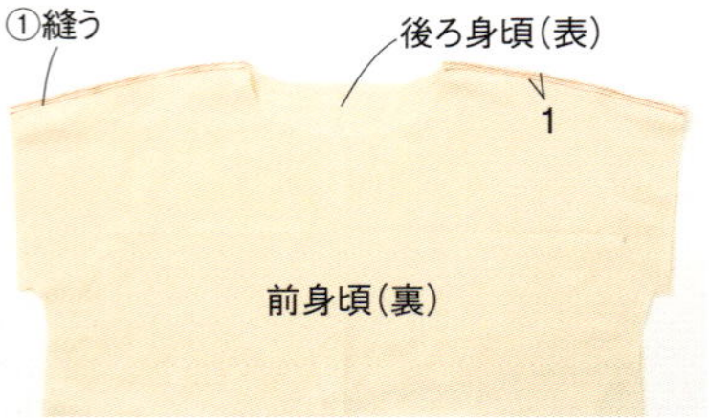


前身頃と後ろ身頃を中表に合わせ、肩を縫い代 1cmで縫います。縫い代は割ります。

## 2 見返しを作ってつける

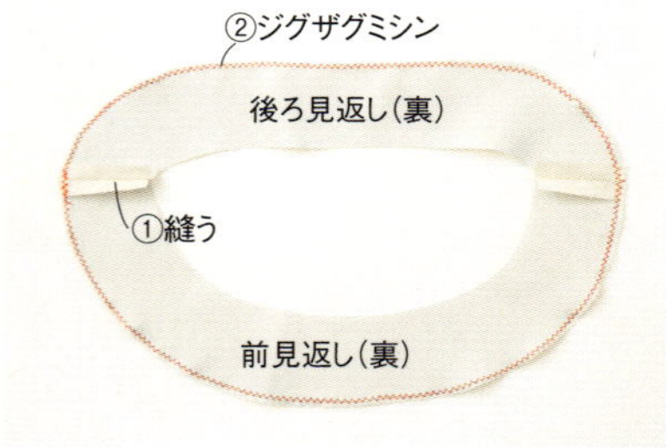


**1** 前見返しと後ろ見返しを中表に合わせて、肩を縫い代 1cmで縫い、縫い代を割ります。外周に一周ジグザグミシンをかけます。

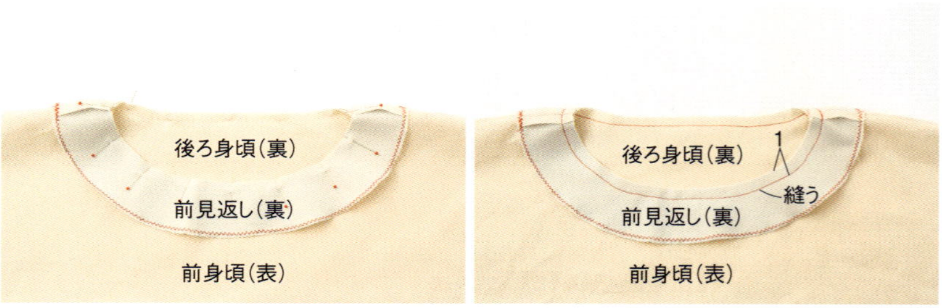


**2** 身頃と見返しを中表に合わせて、衿ぐりを縫い代 1cmで縫います。

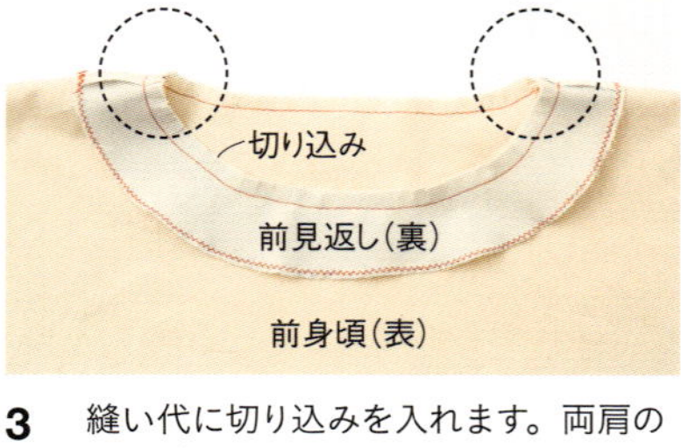


**3** 縫い代に切り込みを入れます。両肩のカーブが強い部分は少し細かく入れるとできあがりがきれい。

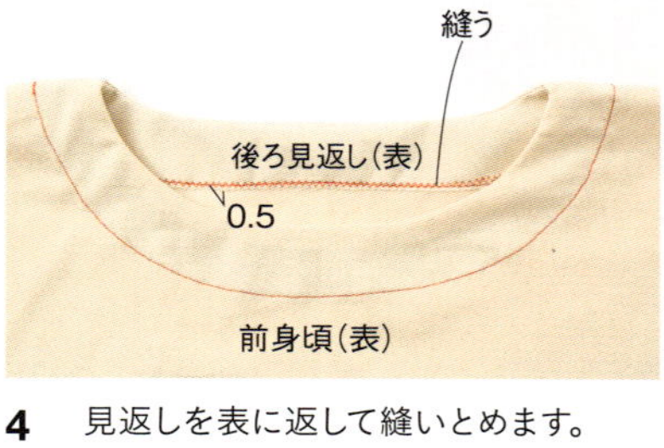


**4** 見返しを表に返して縫いとめます。

## 3 袖をつける

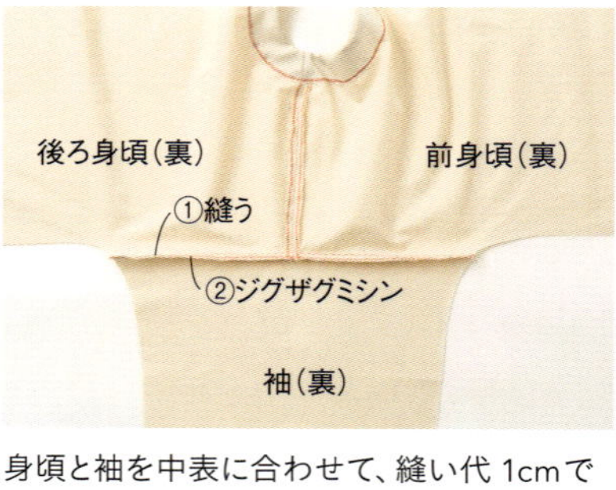


身頃と袖を中表に合わせて、縫い代 1cmで縫います。縫い代は 2枚一緒にジグザグミシンをかけ、袖側に倒します。

## 4 袖下〜脇を続けて縫う

前身頃と後ろ身頃を中表に縫わせ、袖下〜脇を縫い代 1cmで縫います。袖口と裾の縫い代をのぞいて、縫い代は 2枚一緒にジグザグミシンをかけ、後ろ身頃側に倒します。

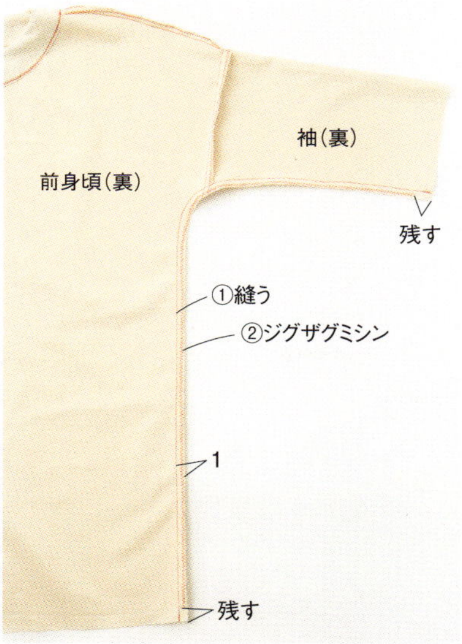


## 5 袖口の始末

**1** 袖口の縫い代に切り込みを入れ、割ります。

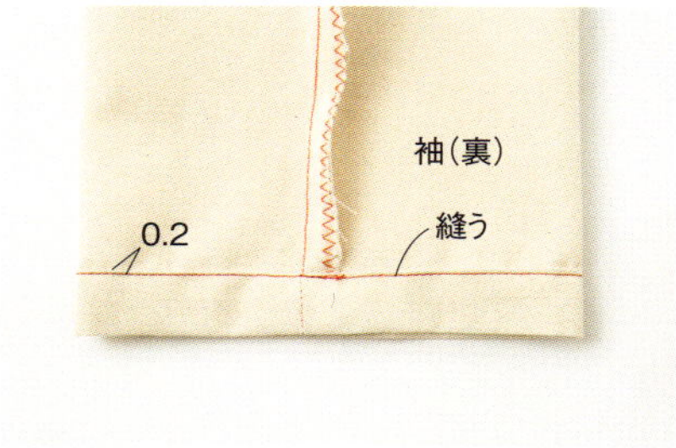


**2** 縫い代を 1→ 2cm の三つ折りにして縫います。

縫う時は表に返して袖の内側を見ながら縫います。

## 6 裾の始末

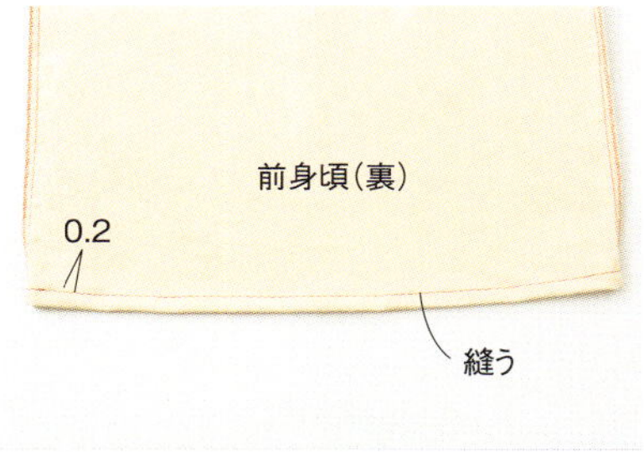


裾を 1→ 2cm の三つ折りにして縫います。

できあがり

Item 04

*Arrange*

# スラッシュあきのチュニック

オフショルダーチュニックを
スラッシュあきにしたアレンジ。
見返しに柄布を使って折り返せば、
衿のようにも見えるアレンジアイディアです。

**この作品で学べるテクニック**

☑ スラッシュあき

**できあがりサイズ**

| | S | M | L | LL |
|---|---|---|---|---|
| 胸囲 | 126cm | 129cm | 135cm | 141cm |
| 着丈 | 76.5cm | 79cm | 85cm | 85cm |

 布地提供／リネンドルチェ

## 材 料　左からS／M／L／LLサイズ

・ヘリンボーンリネン
110cm幅×210cm／220cm／230cm／230cm
・リバティプリント　50×40cm
・接着芯　80×30cm

## 実物大型紙 B 面【04】

1-前身頃、2-後ろ身頃、3-袖、4-前見返し、
5-後ろ見返し

## 裁ち方図

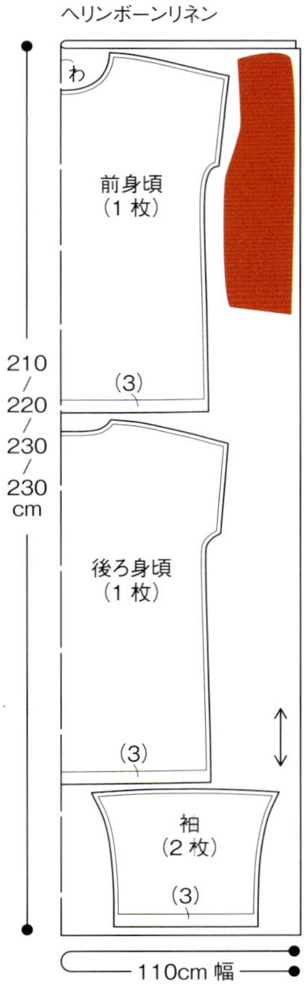


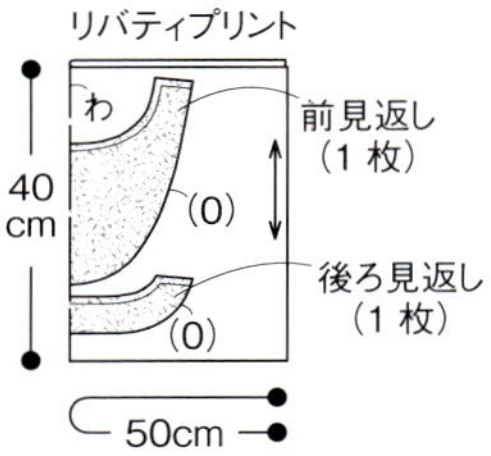


※（　）内の数字は縫い代
指定以外は 1cm
※数字は上から S/M/L/LL サイズ
※ □ は接着芯を貼る

## 縫い方の手順

手順はP.62～のチュニックと同じ。
スラッシュあきの作り方は下記参照。

## 2 見返しを作ってつけ、スラッシュあきを作る

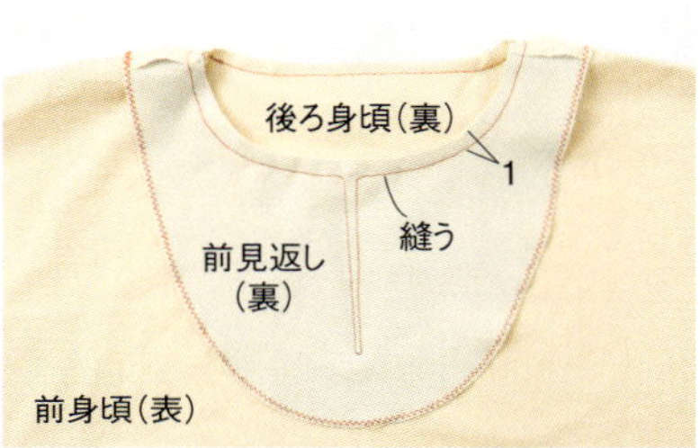


1 見返しと身頃を中表に合わせて、衿ぐり～スラッシュあきの部分を続けて縫います。

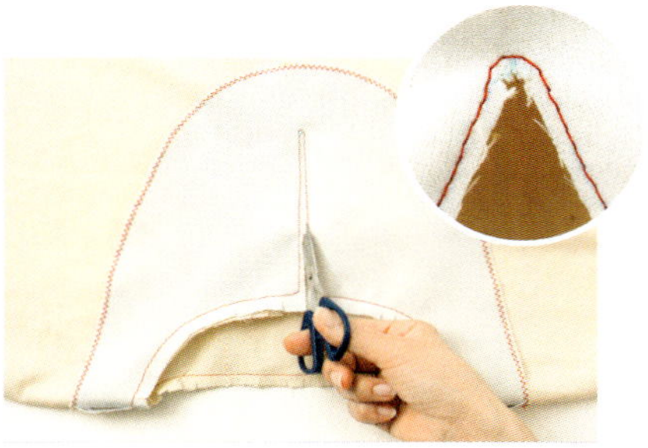

2 衿ぐりとスラッシュ部分に切り込みを入れます。先端は細かく切り込みを入れます。

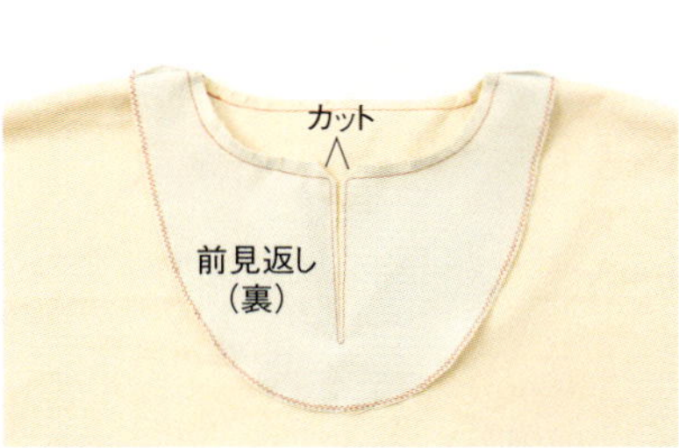


3 両角の縫い代をカットします。

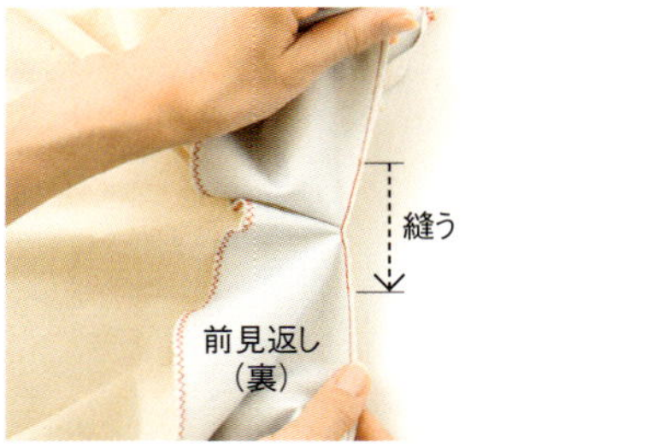


4 U字の部分を補強するため、スラッシュあきの部分を開いてまっすぐの状態にし、二度縫いをします。

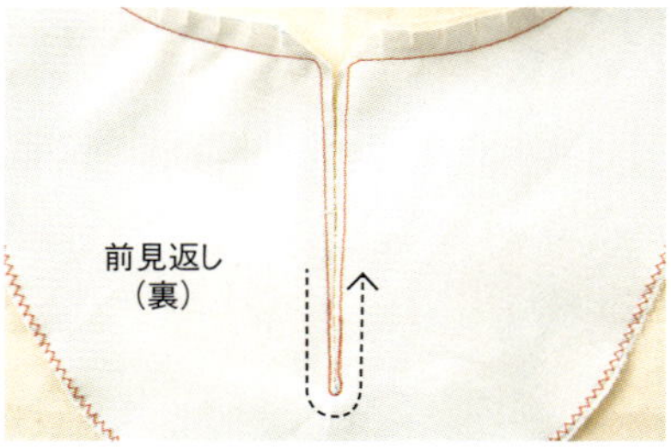


縫い終えたところ

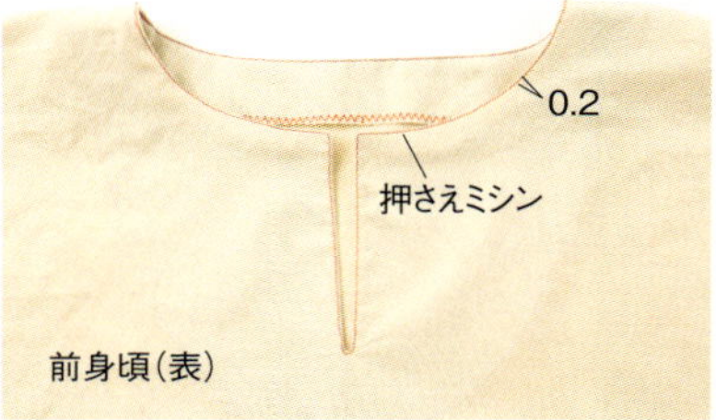


5 見返しを表に返して、衿ぐりに押さえミシンをかけます。

Item 05

# ペプラムブラウス

ウエストで切り替え、ギャザーの入った
切り替え布をつけたデザイン。
大人っぽいシルエットで、
ウエストまわりを細く見せる効果があります。
ギャザーの分量によって見え方が変わるので、
お好みのシルエットで作ってみてください。

**この作品で学べるテクニック**

☑ ギャザー

**できあがりサイズ**

| | S | M | L | LL |
|---|---|---|---|---|
| 胸囲 | 91cm | 94cm | 100cm | 106cm |
| 着丈 | 61.5cm | 62cm | 63cm | 64cm |


布地提供／中商事

## 材 料　左からS／M／L／LLサイズ

・くったりリネンコットンカラー
110cm幅×190cm／190cm／210cm／210cm

## 実物大型紙 A 面【05】

1-前身頃、2-後ろ身頃、3-袖

※ペプラムの型紙はありません。布に直接線を引いて裁ちます。

## 裁ち方図

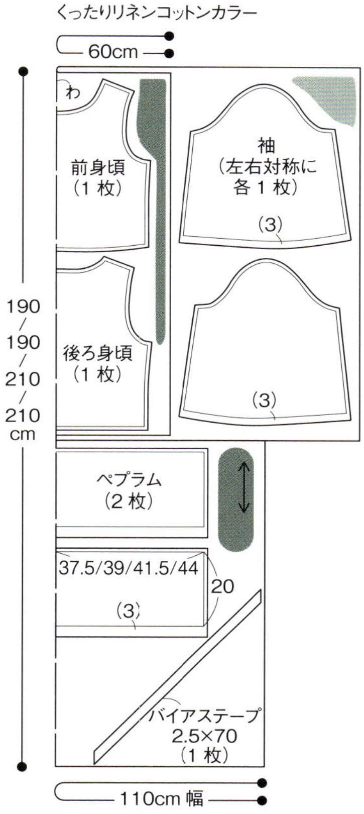


※( )内の数字は縫い代
指定以外は 1cm
※数字は上から S/M/L/LL サイズ

## 縫い方の手順

## 準 備

● 1.2cm 幅のバイアステープを作る (P.51参照)

## 1 肩を縫う

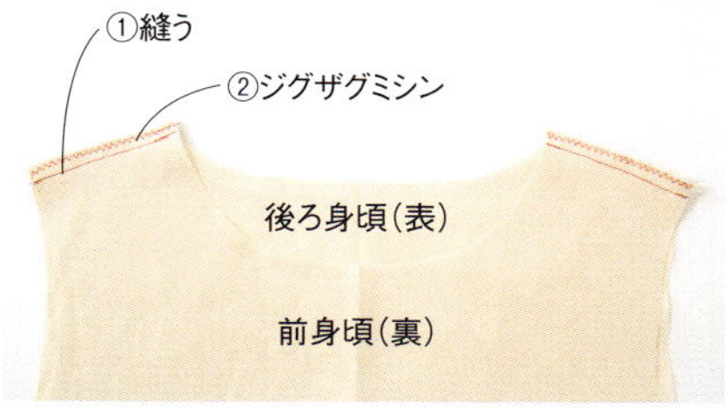


前身頃と後ろ身頃を中表に合わせて、肩を縫い代 1cmで縫います。縫い代は 2枚一緒にジグザグミシンをかけて後ろ身頃側に倒します。

## 2 袖をつける

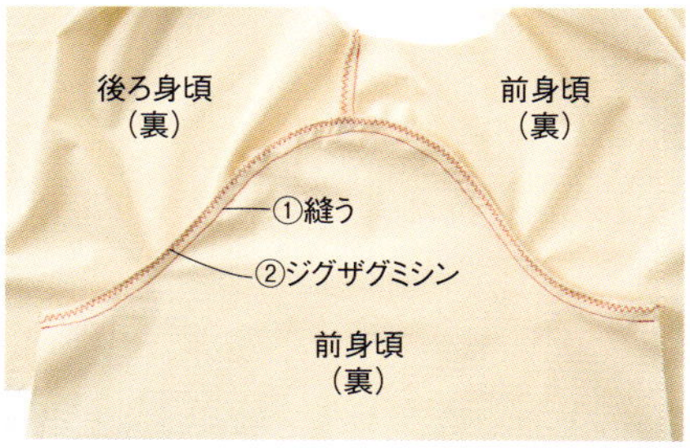


身頃と袖を中表に合わせて、袖を縫い代 1cmで縫います。縫い代は 2枚一緒にジグザグミシンをかけ、身頃側に倒します。

## 3 衿ぐりの始末

**1** バイアステープの片端を1cm折って左肩に合わせ、衿ぐりのできあがり線とバイアステープの折り線を中表に合わせて一周とめます。

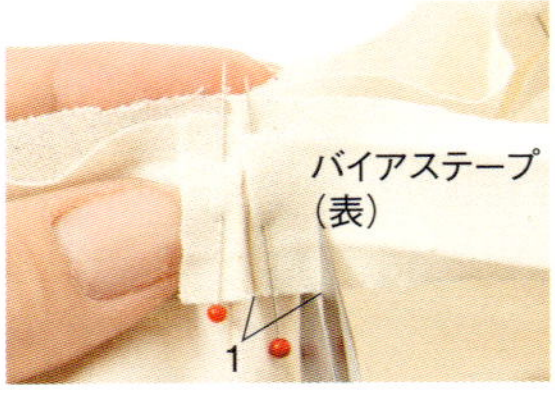


**2** 最後は1cmの余分を残してカットします。

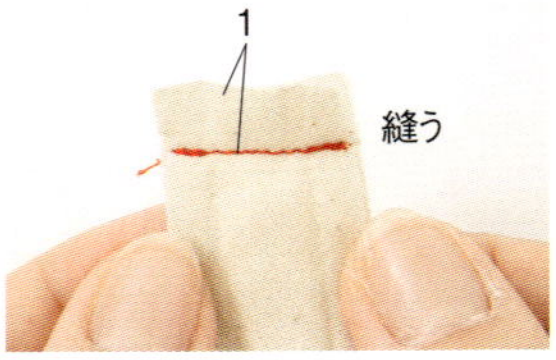


**3** バイアステープの端同士を中表に縫わせて縫い代1cmで縫います。

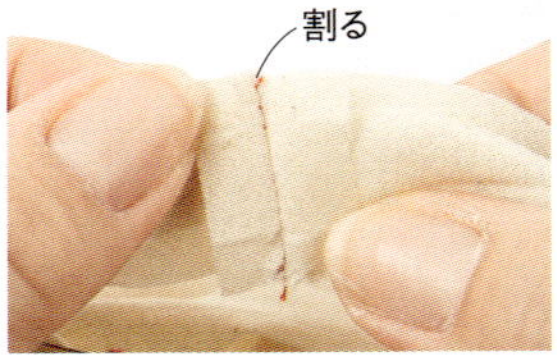


**4** 縫い代を割ります。

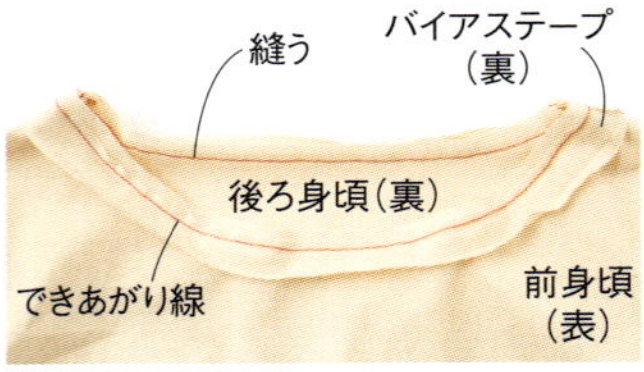


**5** 衿ぐりを一周縫います。

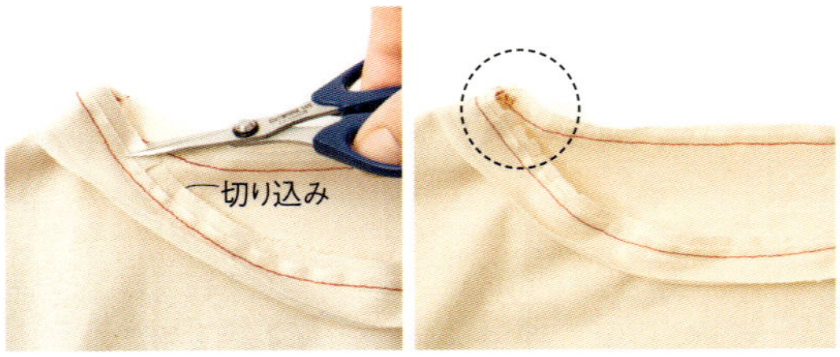


**6** 衿ぐりに切り込みを入れます。カーブのきつい肩の辺りは少し細かめに入れます。

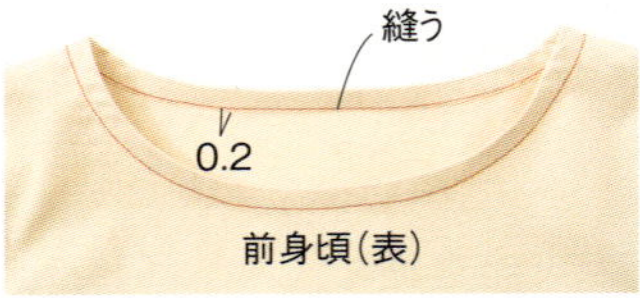


**7** バイアステープをできあがりに折って縫い代をくるみ、裏側に倒して縫います。

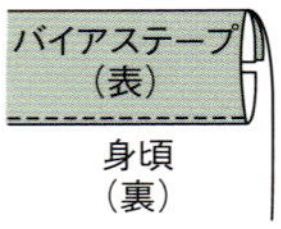


## 4 ペプラムをつける

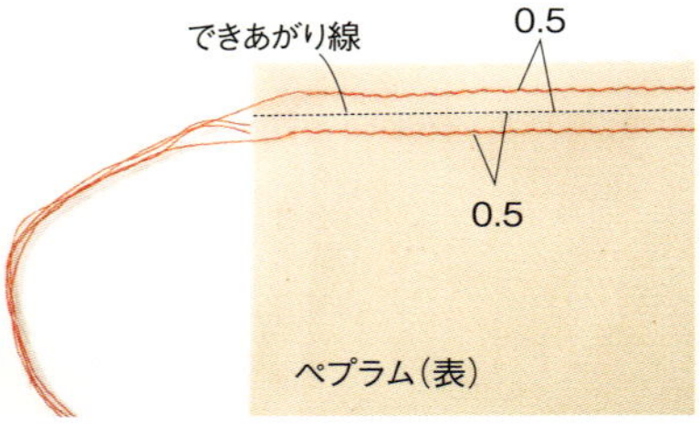


**1** ペプラムの上端に、粗目のミシンを2本かけます。できあがり線をはさんで、上下に0.5cm程度のところにかけます。

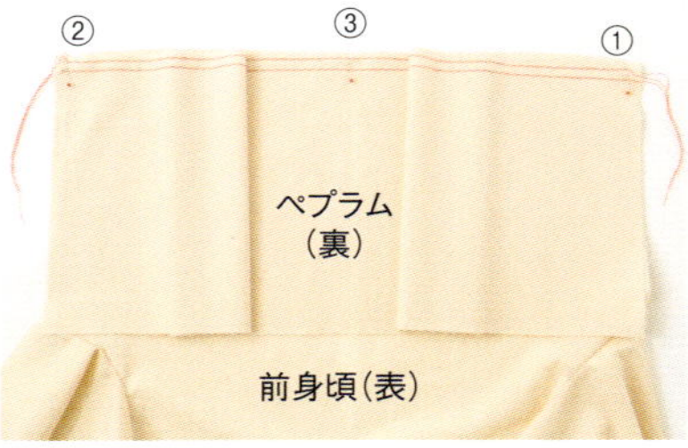


**2** 身頃とペプラムを中表に合わせて、両脇→中心の順にマチ針でとめます。

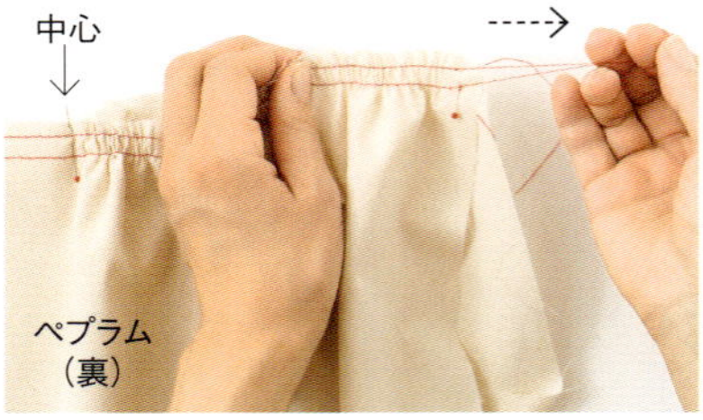


**3** まず、中心から右側にギャザーを寄せます。前身頃の寸法と合うよう、上糸を2本一緒に引いてギャザーを寄せます。

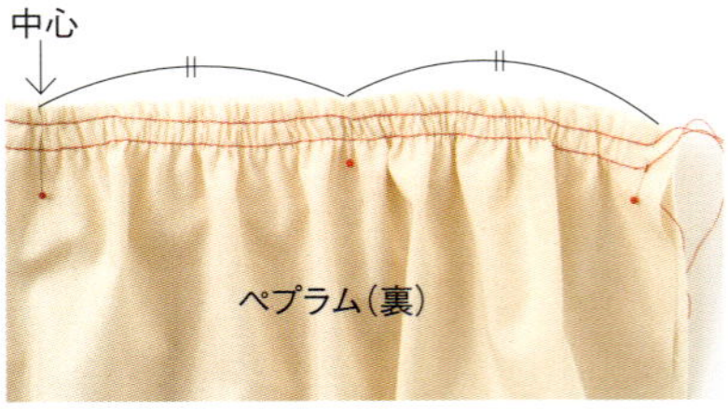


**4** ギャザーを寄せた部分の中心を身頃にマチ針でとめ、ギャザーが均等になるよう整えます。

**5** 次に、中心から左側にギャザーを寄せます。こちらも、前身頃の寸法と合うように上糸を引いてギャザーを寄せます。

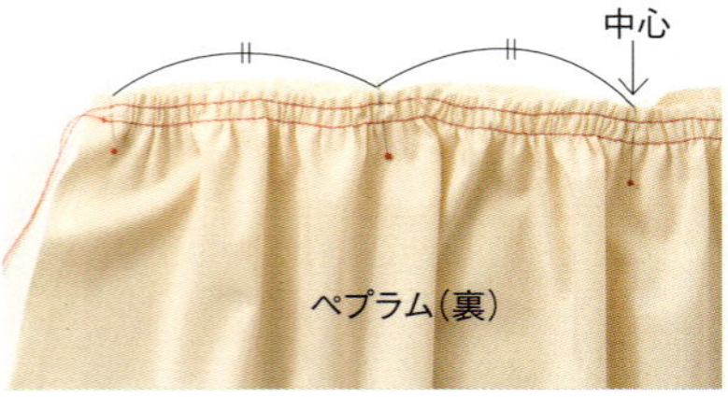


**6** 同様にギャザーを寄せた部分の中心を身頃にマチ針でとめ、ギャザーの分量を均等に整えます。

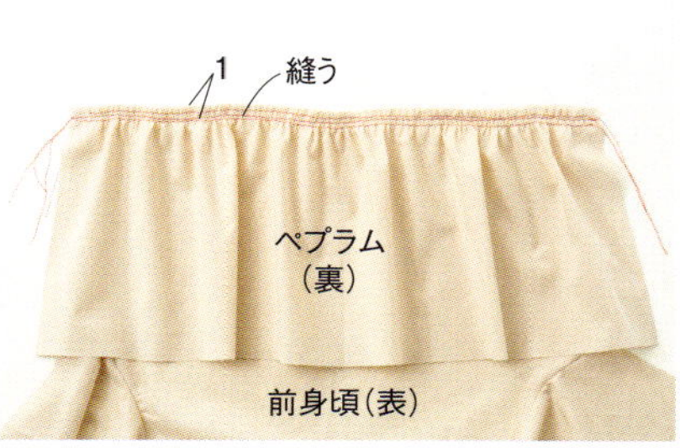


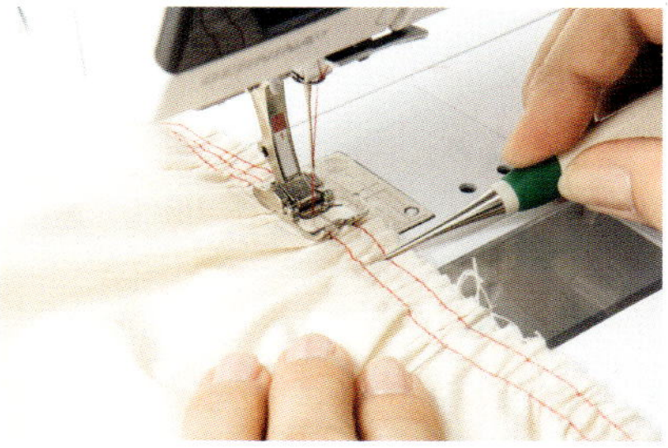

**7** 前身頃とペプラムを縫い代 1cmで縫います。縫う時は、目打ちでギャザーを送りながら縫うと、ギャザーが戻らずできあがりがきれい。

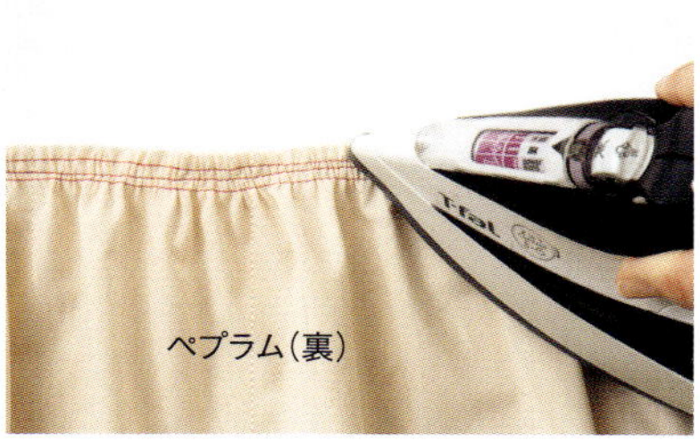


**8** ギャザーをアイロンで押さえます。

**9** 粗目のミシン糸を抜きます。

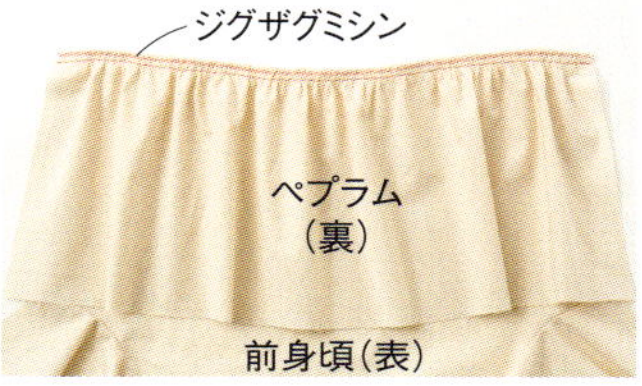


**10** 2枚一緒にジグザグミシンをかけ、身頃側に倒します。後ろ身頃も同様につけます。

## 5 袖下〜脇を続けて縫う

前身頃と後ろ身頃を中表に合わせて、縫い代 1cmで縫います。縫い代は袖口と裾をのぞいて、2枚一緒にジグザグミシンをかけ、後ろ身頃側に倒します。

## 6 袖口の始末

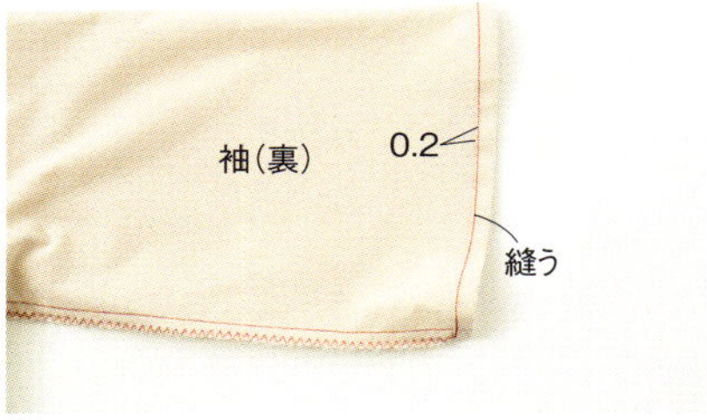


袖口の縫い代を 1→ 2cm の三つ折りして縫います。

縫う時は表に返し、袖の内側を見ながら縫います。

## 7 裾の始末

裾の縫い代を 1→ 2cm に三つ折りにして縫います。

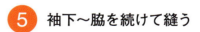

Item 06

*Arrange*

# タックペプラムブラウス

ペプラムの部分をタックにアレンジ。
ふんわりからすっきりへと、
見た目の印象ががらりと変わります。

**この作品で学べるテクニック**

☑ タック

**できあがりサイズ**

| | S | M | L | LL |
|---|---|---|---|---|
| 胸囲 | 91cm | 94cm | 100cm | 106cm |
| 着丈 | 61.5cm | 62cm | 63cm | 64cm |

 布地提供／中商事

## 材 料　左からS／M／L／LLサイズ

・くったりリネンコットンカラー
110cm幅×190cm／190cm／210cm／210cm

## 実物大型紙 A 面【06】

1-前身頃、2-後ろ身頃、3-袖

※ペプラムの型紙はありません。布に直接線を引いて裁ちます。

## 縫い方の手順

手順はP.64〜のペプラムブラウスと同じ。
タックペプラムの作り方は下記参照。

・ペプラムの寸法

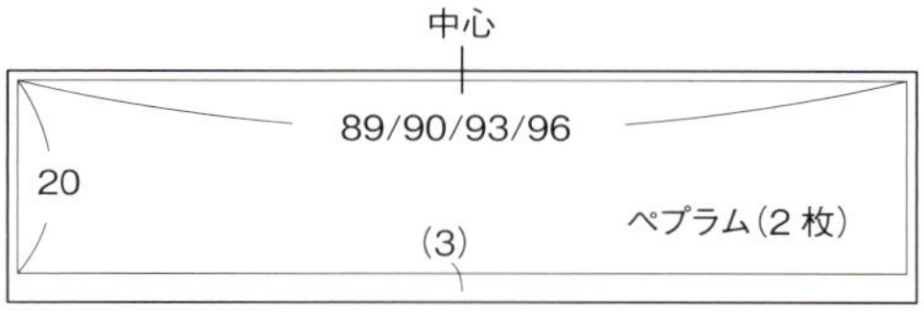


・タックの寸法

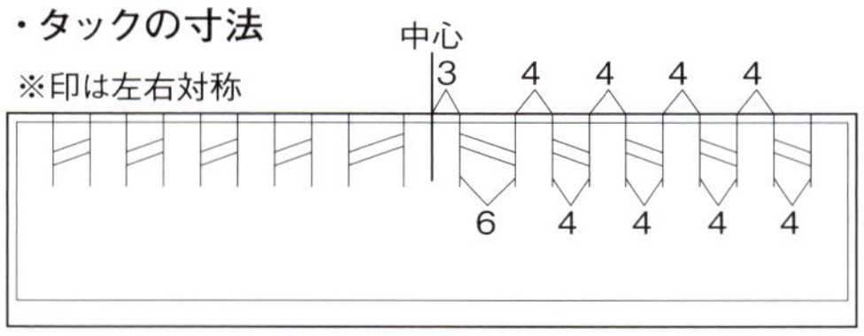


## 4 ペプラムをつける

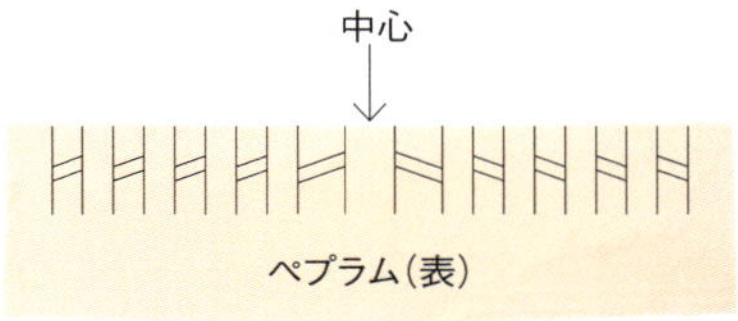


**1** ペプラムにタックの印を写します。

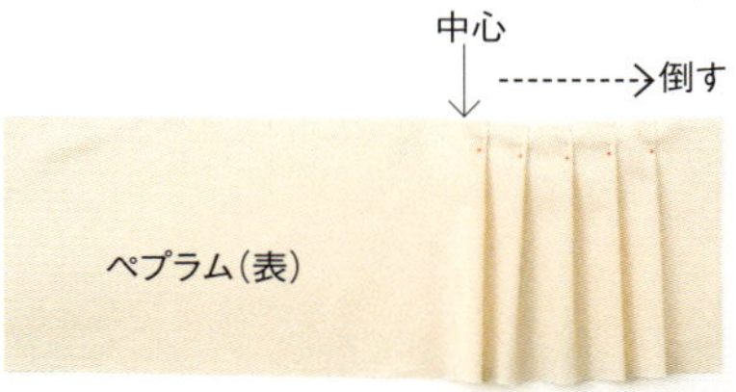


**2** 中心から右側のタックをたたみます。印の通り、折り山が右に向かっていくようにタックをたたみます。

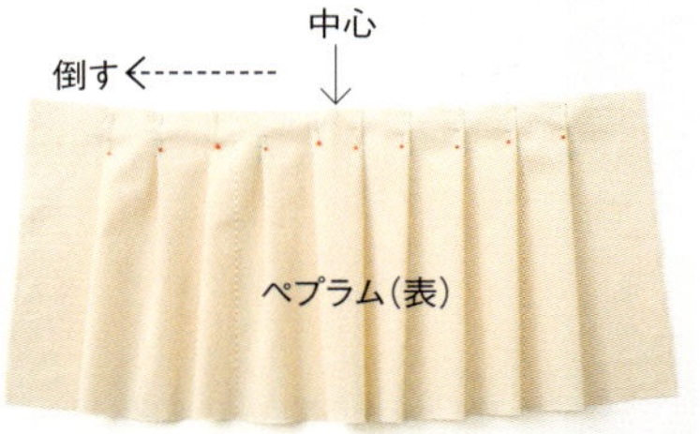


**3** 中心から左側のタックをたたみます。こちらは折り山が左に向かっていくようにタックをたたみます。

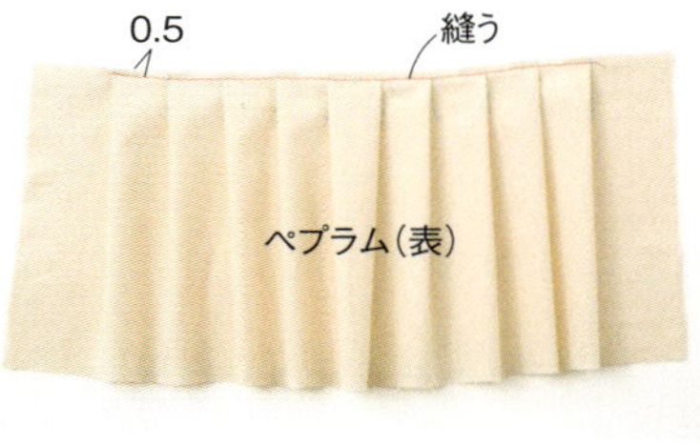


**4** 縫い代の内側でタックを仮どめします。

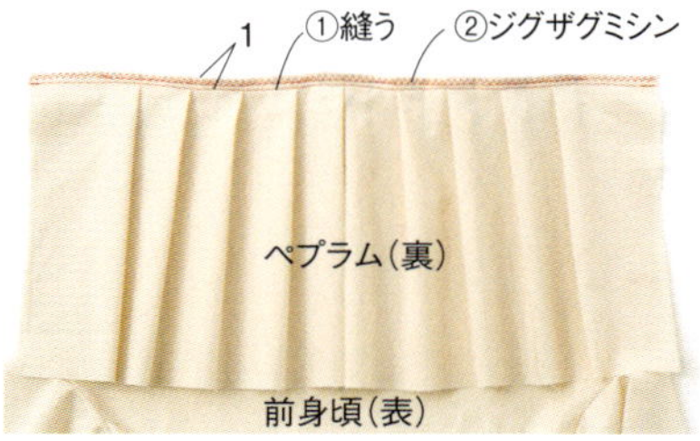


**5** 前身頃とペプラムを中表に合わせて、縫い代 1cmで縫います。縫い代は 2枚一緒にジグザグミシンをかけ、身頃側に倒します。後ろ身頃も同様につけます。

⚓ column

# キャザー分量によるシルエットの違い

同じ形でも、ギャザーの分量で見た目の印象がガラッと変わります。
この本の作品ではペプラム部分ですが、ワンピースの切り替えなどでも参考にしてもらえると思います。
作りたいイメージに近い分量で作りましょう。

**1.5倍**

身頃の寸法 + 身頃の寸法× 1.5

ギャザーが細かく寄り、陰影が生まれてメリハリのあるシルエットになる。厚手の布地で作る時は、縫い代が厚くなるので注意しましょう。

**0.7倍**

身頃の寸法 + 身頃の寸法× 0.7

バランスの取れたシルエット。ギャザーも裾のボリュームも平均的な印象。

**0.4倍**

身頃の寸法 + 身頃の寸法× 0.4

あまりギャザーが寄らず、切り替えに近いイメージ。全体がIラインになり、すっきりして見える。

|もっと知りたい|

# バイアステープ

慣れてしまえばなんてことないけれど、初めのうちは疑問点も多いバイアステープ。
すぐに役立つミニ知識をまとめました。

## 作る時のポイント

### 角は斜めにカットする

バイアステープの角を直角に裁ってしまうと実は損。斜めの状態でカットしておけば、万が一足りなくなった時にもはぐことができるし、テープメーカーにも通しやすいので◎!

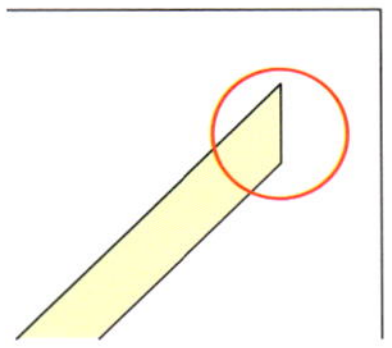

### 取り方にも工夫を

意外と用尺が必要になるバイアステープ。もしも効率の良く取れるスペースがあれば、裁ち方図の通りでなくてもOKです。わを使ったり、適当なところではいで作りましょう。

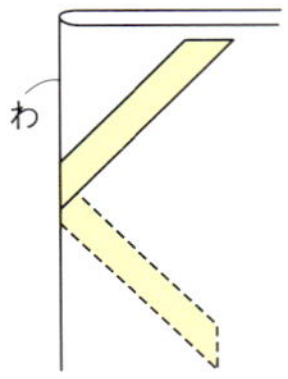


## 用尺

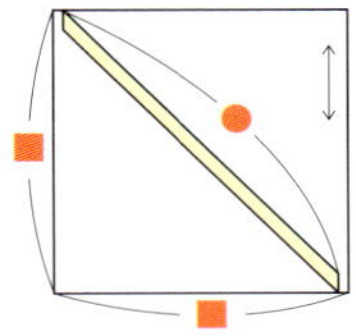

### 必要な長さのテープを作るには、どれくらいの布が必要?

■=●×0.7

例) 70cmのテープが作りたい
70×0.7=50　50×50cmの布地が必要

### 手持ちの布の大きさで、どれくらいのテープが作れる?

●=■×1.4

例) 40× 40cmの布地がある
40×1.4=56　56cmのテープが作れる

**一般的な用尺**
衿ぐり…60〜70cm程度
袖ぐり…45〜55cm程度(片袖)

## 長さはどこを測る?

### 基本的にはできあがり線

基本的にできあがり線と同寸(+縫い代)を用意し、伸びすぎないようつけ終わるのが理想です。ただ初心者さんの場合足りなくなったり余ってしまったりというのは良くあること。ジャストサイズでなく、少し長めに用意しておくと安心です。

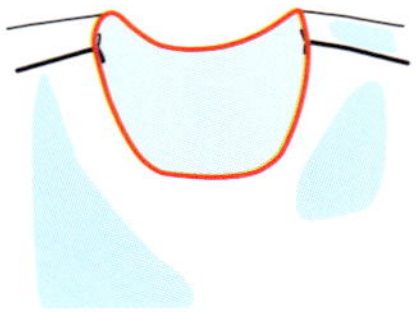

### きれいにつけるコツ

できあがり線にバイアステープを合わせていくと、必然的に外周の長さが足りなくなります。それこそがバイアスの特性をいかすポイント! 内側はできあがり線に合わせつつ、外周を少しひっぱり気味にしながらつけましょう。カーブをたるませず、ピシっと仕上げるのが、見栄えのいい作品を仕上げるコツです。

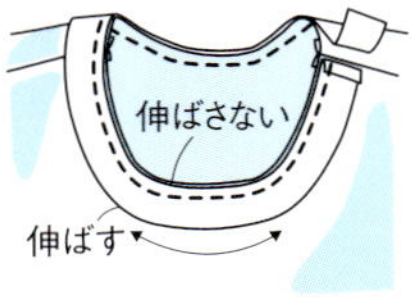


## 幅の決め方

### パイピング始末

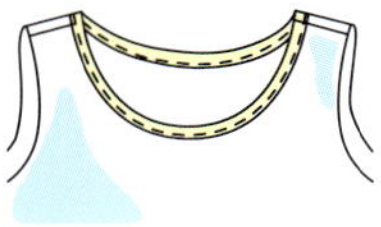

**見せたい幅×4**

パイピング始末の場合、表に出したいバイアステープの幅×2に、縫い代分を足した長さを用意します。表に出す幅は太すぎると始末しづらく見た目も良くないので、2cm程度内におさめるのがおすすめです。

### バイアス始末

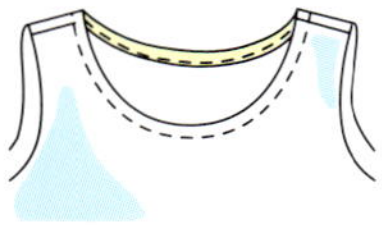

表からはテープ自体は見えず、縫い目だけが見えます。使いやすいのは1〜1.5cm幅程度の太さです。

**1.2cm幅の場合**

2.5cmのバイアステープを用意します。

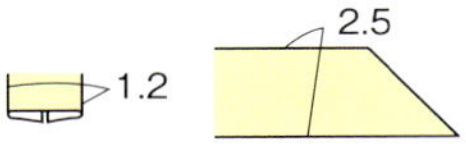


**1.5cm幅の場合**

3.1cmのバイアステープを用意します。

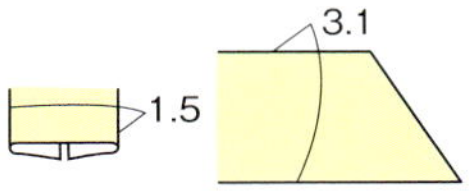

Item 07

# ピンタックワンピース

前身頃に寄せたピンタックが
適度にスタイルカバーをしてくれて、
ふんわりと女性らしい雰囲気に
仕上がります。凝って見えますが、
難しいテクニックではないので、
ぜひ作ってもらいたい一枚です。

この作品で学べるテクニック

☑ ピンタック

できあがりサイズ

| | S | M | L | LL |
|---|---|---|---|---|
| 胸囲 | 89.5cm | 93cm | 99cm | 105cm |
| 着丈 | 93.5cm | 96.5cm | 102.5cm | 102.5cm |

 布地提供／リネンドルチェ

## 材 料　左からS／M／L／LLサイズ

・**藍染めリネン**
110cm幅×220cm／230cm／300cm／300cm

## 実物大型紙 C 面【07】

1-前身頃、2-前身頃続き、3-後ろ身頃、
4-後ろ身頃続き、5-袖

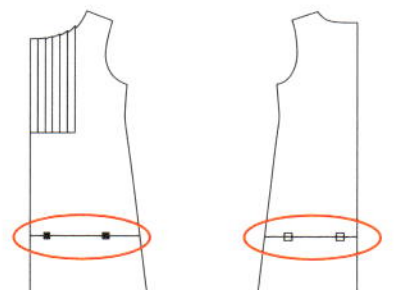

前身頃　後ろ身頃

この作品の型紙は長さが分割されています。
それぞれ同じ印同士をつなげてから、型紙を作りましょう。

## 縫い方の手順

## 裁ち方図

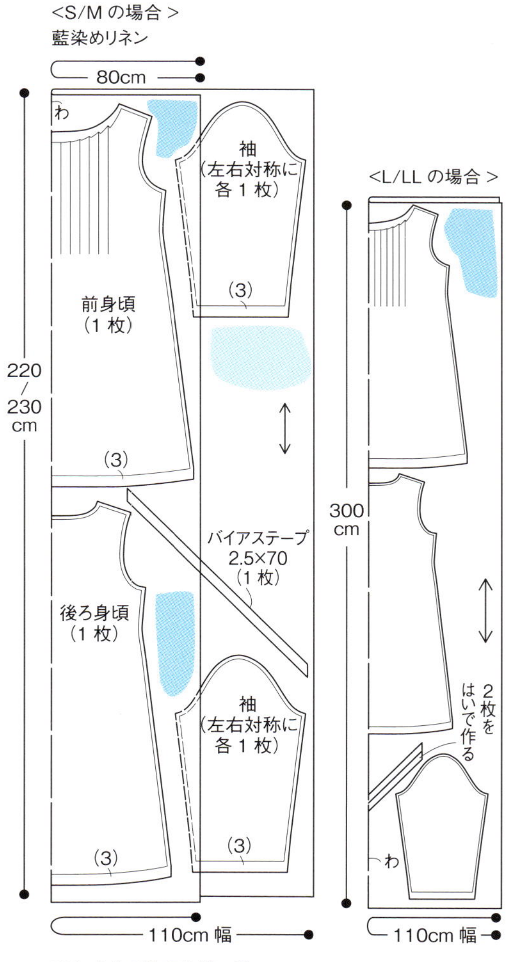


※(　)内の数字は縫い代
指定以外は 1cm
※数字は上から S/M サイズ

### ピンタック部分の裁ち方　note

ピンタック部分は型紙の通りにカットせず、余分をつけて粗裁ちします（ピンタックを縫った後に本裁ちする）。

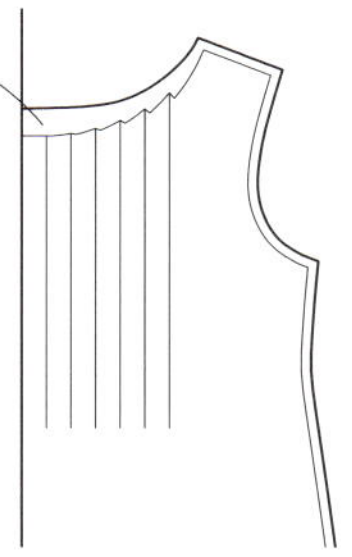

## 準 備

● 1.2cm 幅のバイアステープを作る (P.51参照)

●前身頃にピンタックの印を写す

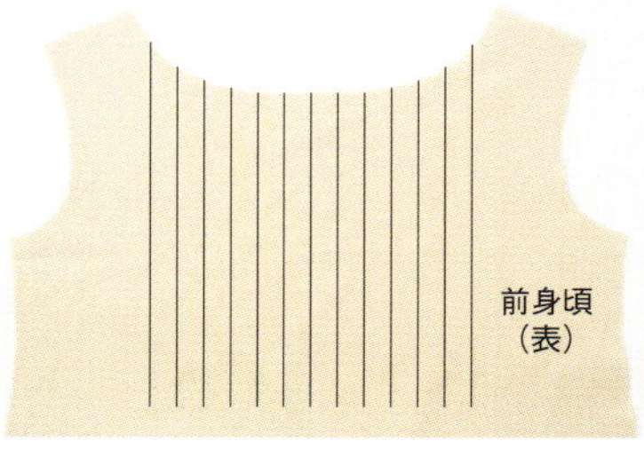

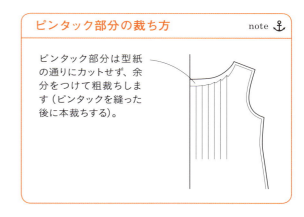

## 1 ピンタックを縫う

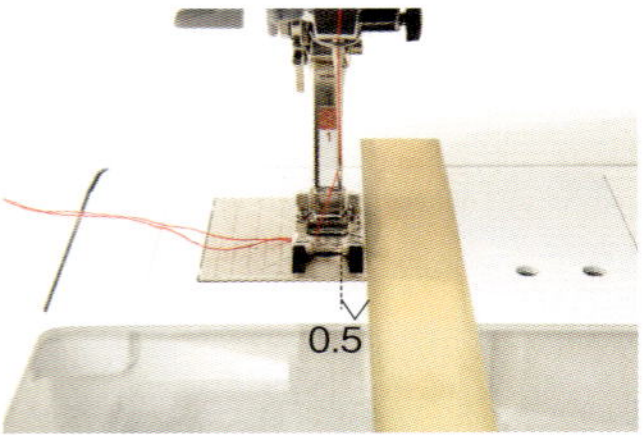

常に同じ幅で縫えるように、ミシンにあらかじめ縫い幅の印をつけておくと便利です。この作品は0.5cmの縫い幅でピンタックを縫うので、針が落ちるところから0.5cmのところにマスキングテープで印をしています。

**1** ピンタックの印で身頃を外表に二つ折りします。

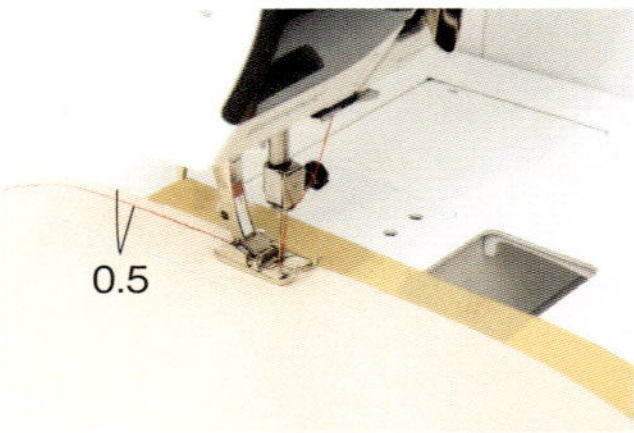


**2** 折り山から0.5cmのところを縫いどまりまで縫います。

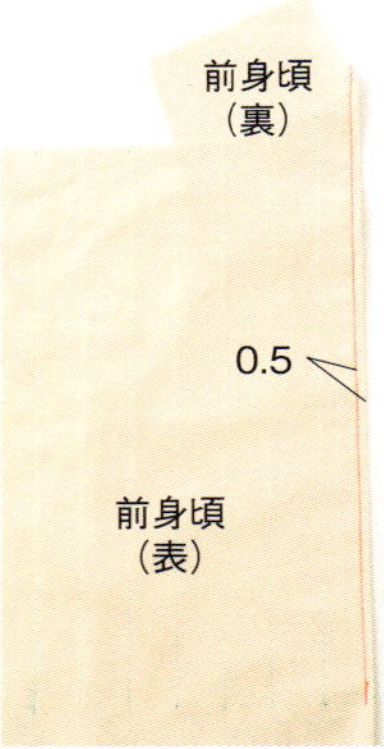


1本縫えたところ。残りのピンタックも同じように縫います。

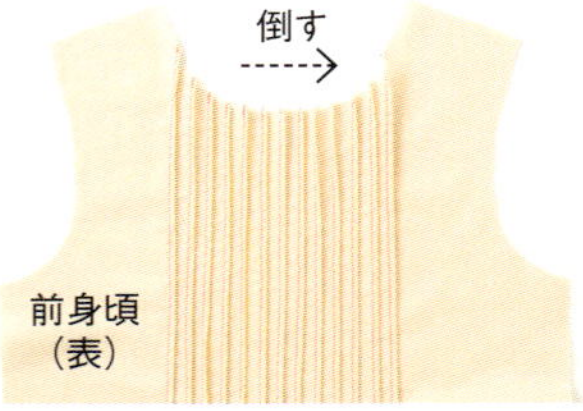

**3** 全部縫い終えたら、タックをすべて向かって右側に倒してアイロンで押さえます。

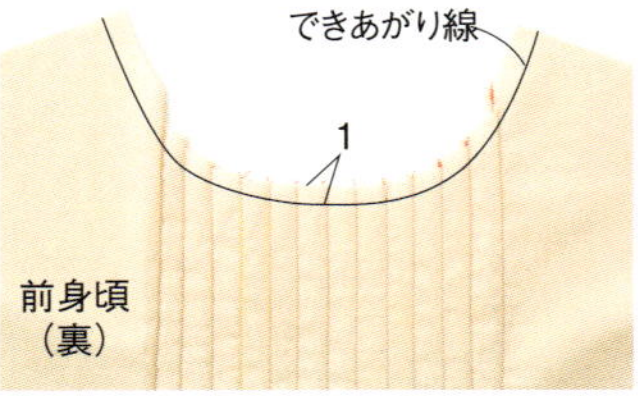


**4** 衿ぐりのできあがり線を書きます。

**5** 縫い代の線から飛び出た余分をカットします。右はカットし終ったあと（表から見たところ）。

## 2 肩を縫う

前身頃と後ろ身頃を中表に合わせて、肩を縫い代1cmで縫います。縫い代は2枚一緒にジグザグミシンをかけ、後ろ身頃側に倒します。

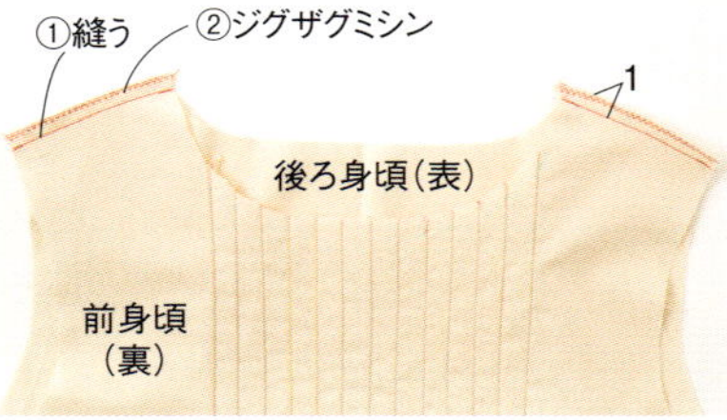


## 3 衿ぐりの始末

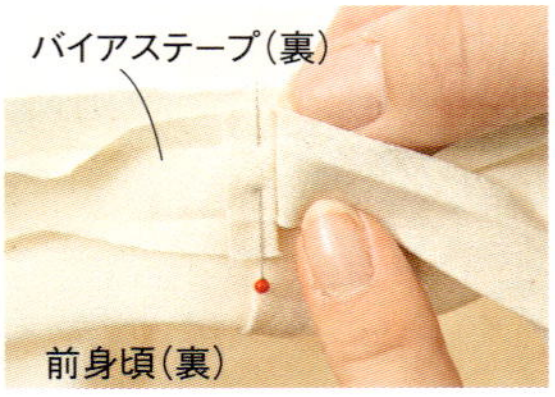


**1** バイアステープの片端を1cm折って左肩に合わせ、衿ぐりのできあがり線とバイアステープの折り線を中表に合わせて一周とめます。

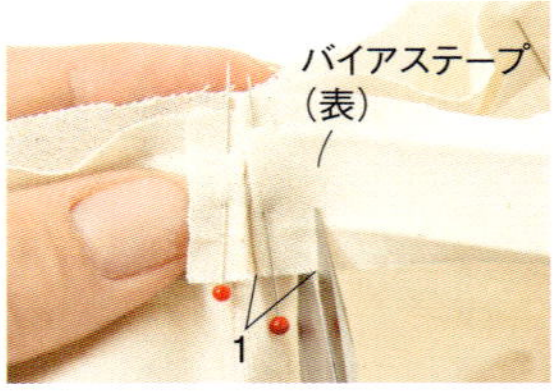


**2** 最後1cmの余分を残してカットします。

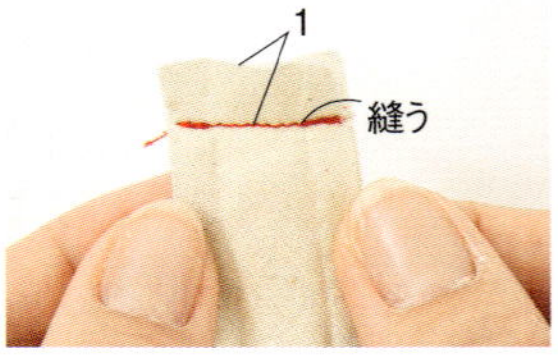


**3** バイアステープの端同士を中表に縫わせて縫い代1cmで縫います。

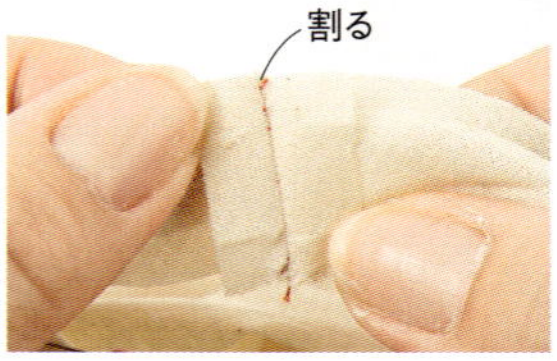


**4** 縫い代を割ります。

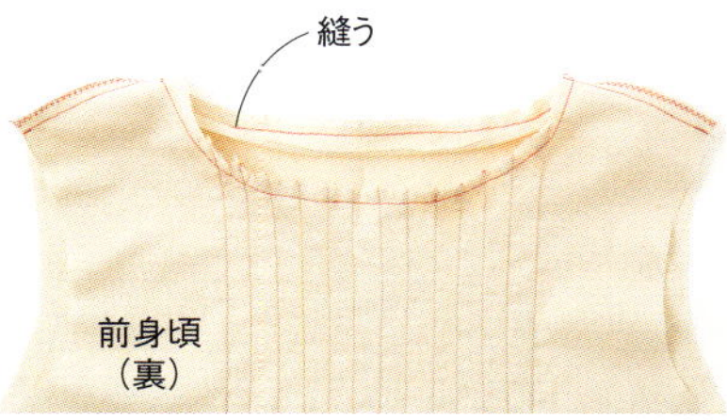


**5** 衿ぐりのできあがり線で一周縫います。

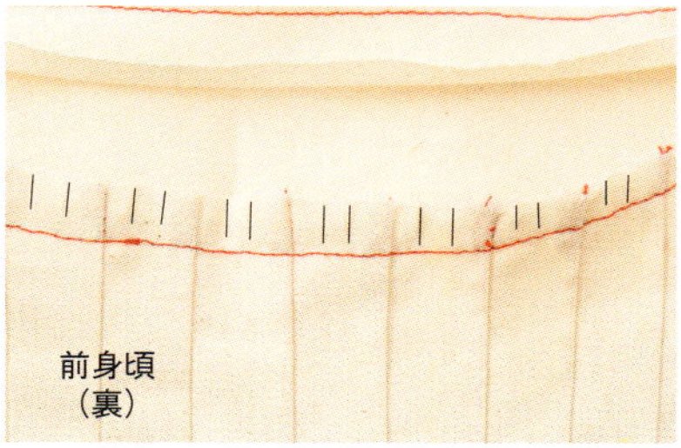


**6** 衿ぐりに切り込みを入れます。タックの部分は布が重なっているところを避けて切り込みを入れるようにします。

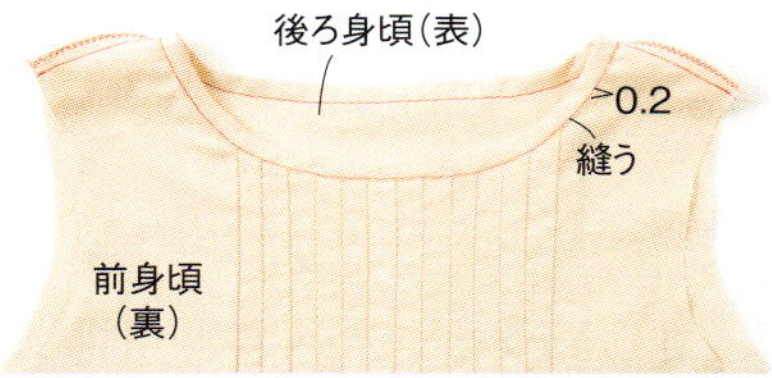


**7** バイアステープをできあがりに折って縫い代をくるみ、裏側に倒して縫います。

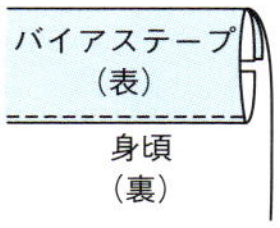


## 4 袖をつける

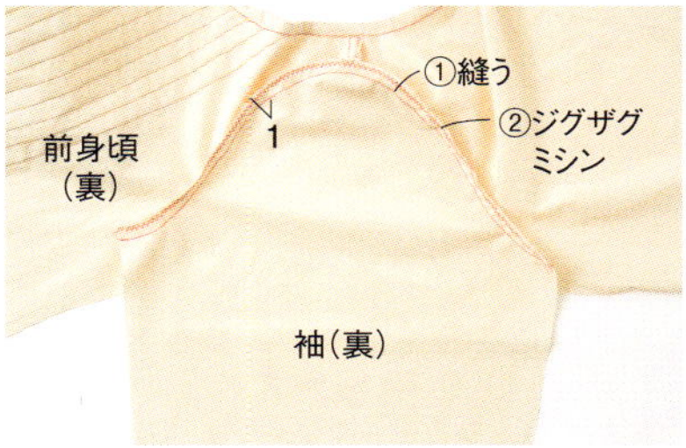


身頃と袖を中表に合わせ、縫い代 1cmで縫います。縫い代は 2枚一緒にジグザグミシンをかけ、身頃側に倒します。

## 5 袖下〜脇を続けて縫う

前身頃と後ろ身頃を中表に合わせ、袖下〜脇を続けて縫い代 1cmで縫います。袖口と裾の縫い代をのぞいて、縫い代は 2枚一緒にジグザグミシンをかけ、後ろ身頃に倒します。

## 6 袖口の始末

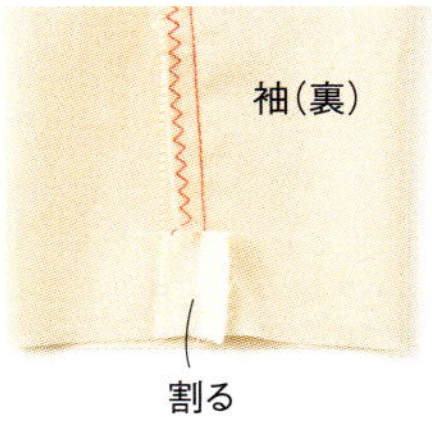


**1** 袖口の縫い代に切り込みを入れ、縫い代を割ります。

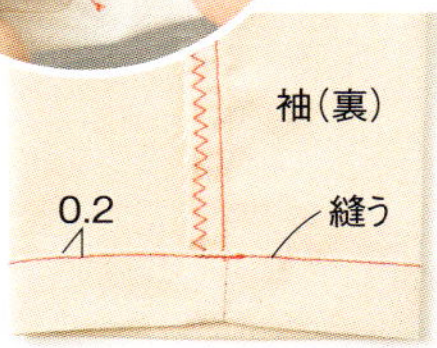


**2** 1→ 2cmの三つ折りにし、縫います。縫う時は表に返し、袖の中を見ながら縫います。

## 7 裾の始末

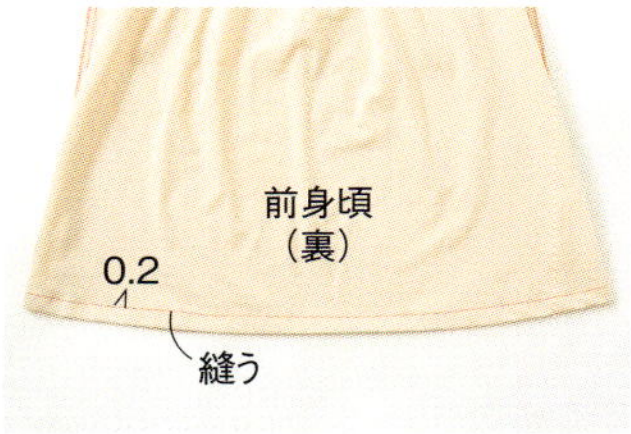


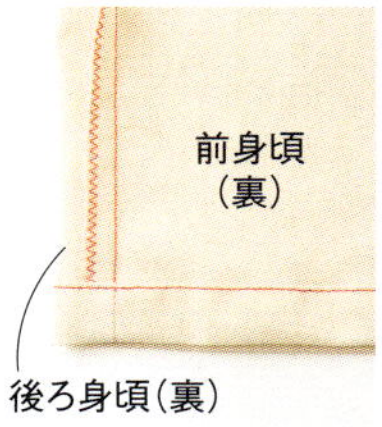


裾を 1→ 2cmに三つ折りにし、縫います。

Item 08

# プルオーバー

衿ぐりのあきを控えめにしたデザイン。
フォーマル感のある、上品な形に仕上がります。
その分後ろに開きをつけて、頭の通りをスムーズに。
袖口にもギャザーを寄せ、かわいらしさもプラス。

**この作品で学べるテクニック**

- ☑ 後ろあき
- ☑ パイピング始末

**できあがりサイズ**

| | S | M | L | LL |
|---|---|---|---|---|
| 胸囲 | 90cm | 93cm | 99cm | 105cm |
| 着丈 | 58cm | 59cm | 61cm | 62cm |

 布地提供／安田商店

## 材 料　左からS／M／L／LLサイズ

・オリジナルリネン
110cm幅×160cm／160cm／170cm／170cm
・接着芯　15×10cm
・直径1.1cmのくるみボタン　1個
＊くるみボタンに別布を使用する場合
別布 10×10cm を用意する

## 実物大型紙 B 面【08】

1−前身頃、2−後ろ身頃、3−袖、4−見返し

※袖口布の型紙はありません。
布に直接線を引いて裁ちます。

## 裁ち方図

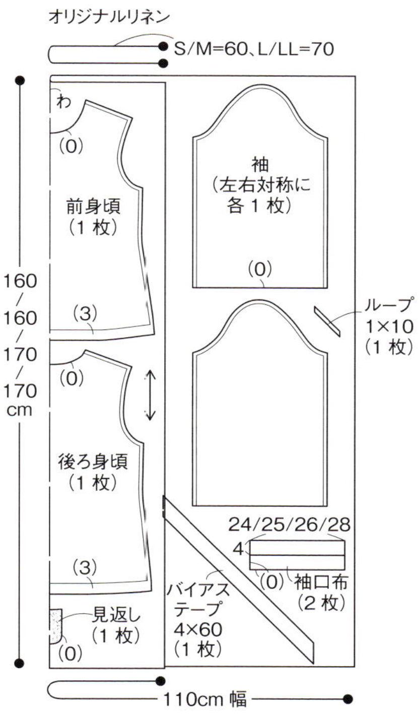


※(　)内の数字は縫い代
指定以外は 1cm
※数字は上から S/M/L/LL サイズ
※ □は接着芯を貼る

## 縫い方の手順

## 準 備

### ●接着芯を貼る

見返しの裏に接着芯を貼り、周囲にジグザグミシンをかけます。

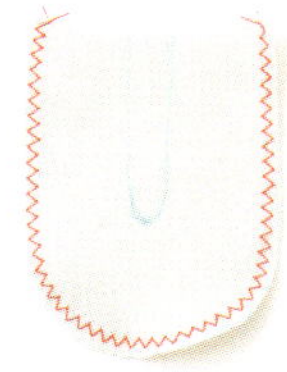

## 1 ループを作る

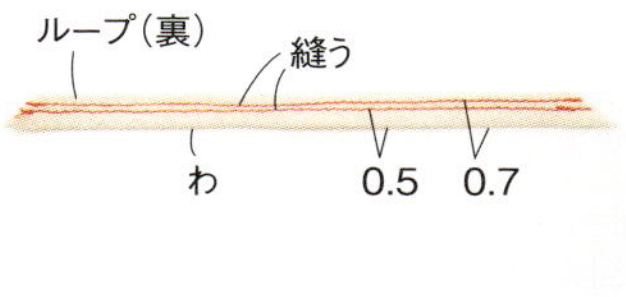


**1**　ループを中表に二つ折りにし、わから 0.5cm、0.7cm のところを縫います。

**2**　ループ返しをループの中に通します。

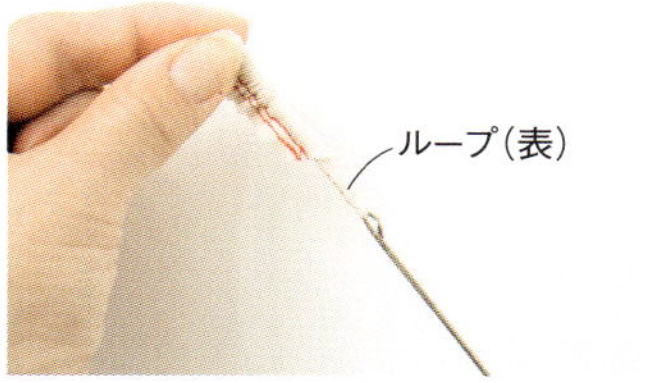


**3**　先端をループに引っかけて引き出し、表に返します。

**4**　返し終わったところ。

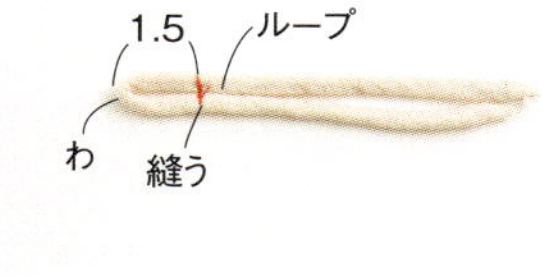


**5**

二つ折りにして、わから 1.5cm のところをミシンで仮どめしておきます。

## 2 見返しをつける

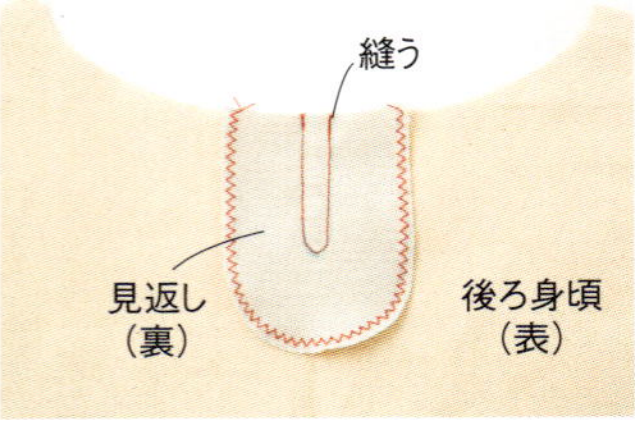


**1** 見返しと後ろ身頃の中心を揃えて中表に合わせ、縫います。

**2** 中心に切り込みを入れます。先端は表に返した時に布がつれないよう細かく切り込みを入れます。

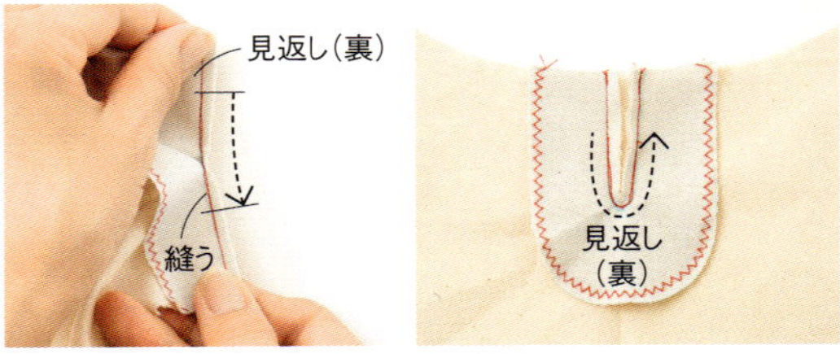


**3** スラッシュあきの部分を開いてまっすぐの状態にし、U字の部分を6〜7cm程度補強するため二度縫いをします。

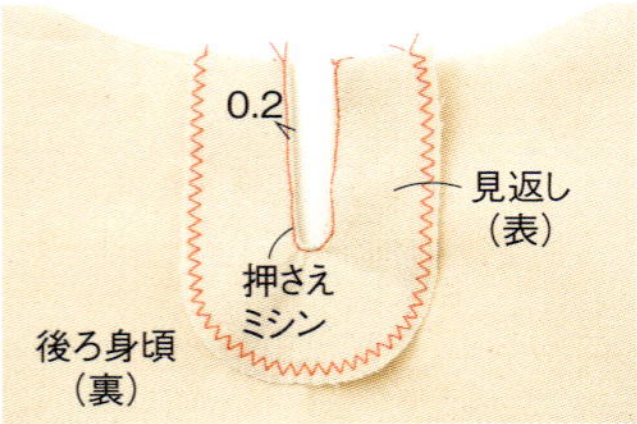


**4** 見返しを表に返し、押さえミシンをかけます。

## 3 肩を縫う

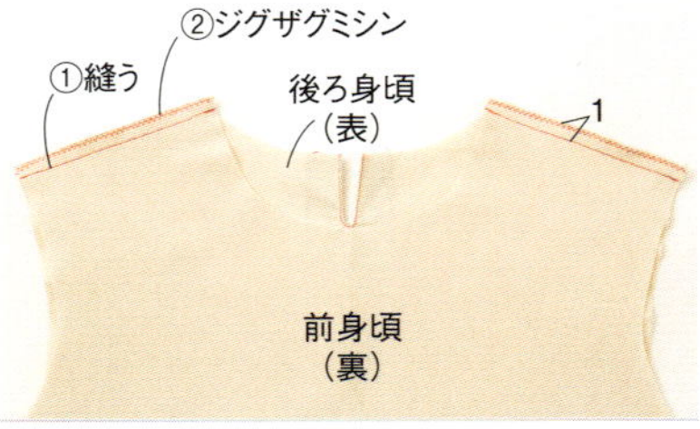


前身頃と後ろ身頃を中表に合わせて、肩を縫い代1cmで縫います。縫い代は2枚一緒にジグザグミシンをかけ、後ろ身頃側に倒します。

## 4 衿ぐりの始末

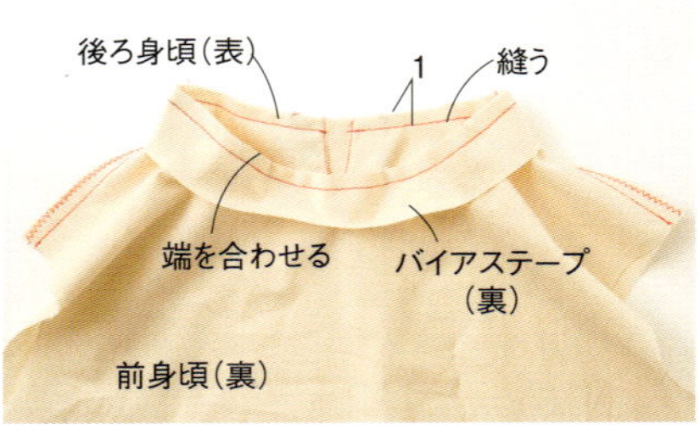


**1** 衿ぐりとバイアステープの布端を合わせて重ねて、衿ぐりを一周縫います。この時、バイアステープは縫い始めも縫い終わりも余分をつけたままにしておきます。

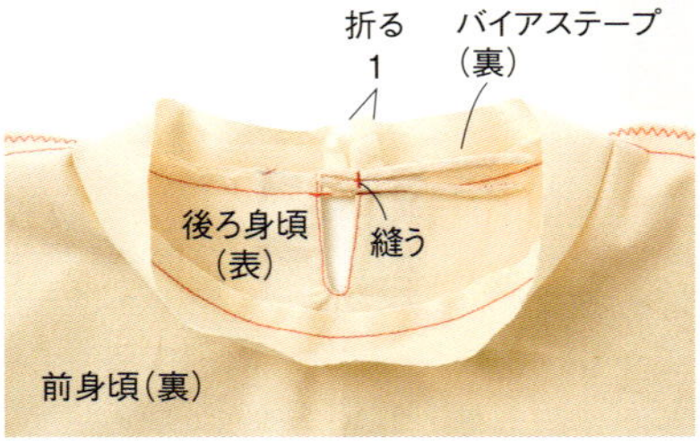


**2** 向かって右側のバイアステープを1cm折って余分をカットし、その上にループを縫いつけます。反対側も1cm残し、余分をカットします。

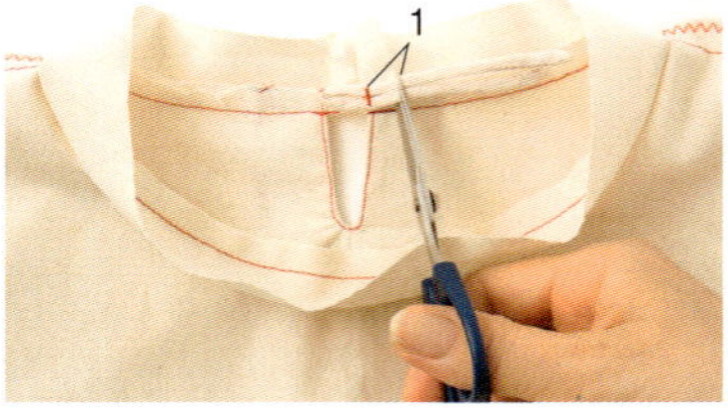


**3** ループを1cm残して余分をカットします。

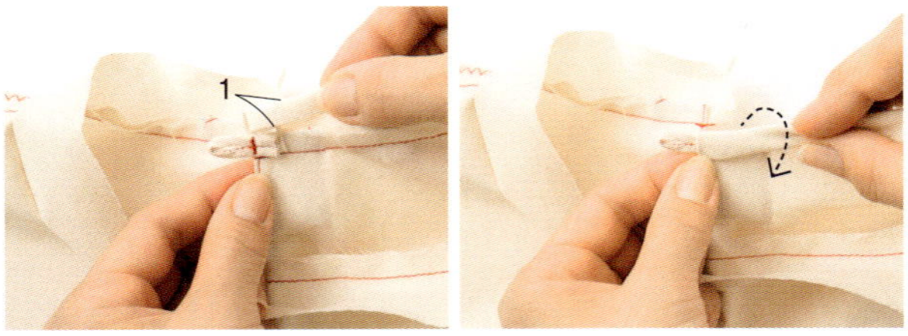


**4** バイアステープを1→1cmで折り、縫い代をくるみます。

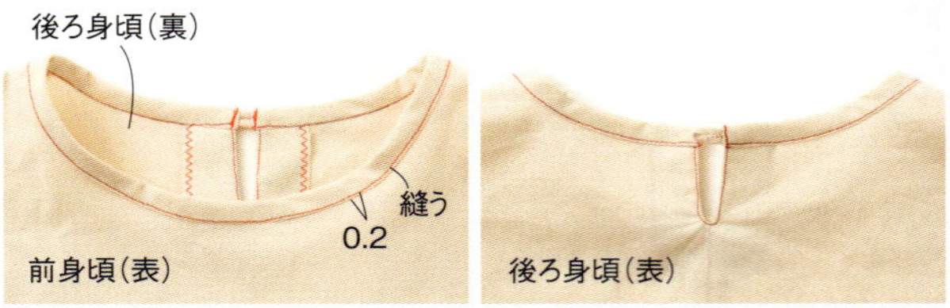


**5** 表からバイアステープの際を縫います。

## 5 袖をつける

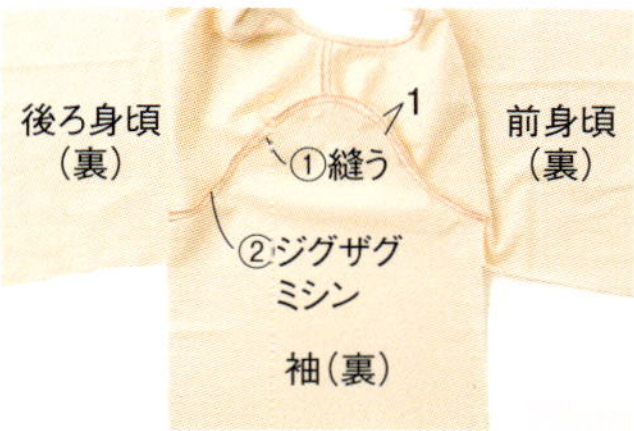


身頃と袖を中表に合わせて縫い代1cmで縫います。縫い代は2枚一緒にジグザグミシンをかけ、身頃側に倒します。

## 6 袖下～脇を続けて縫う

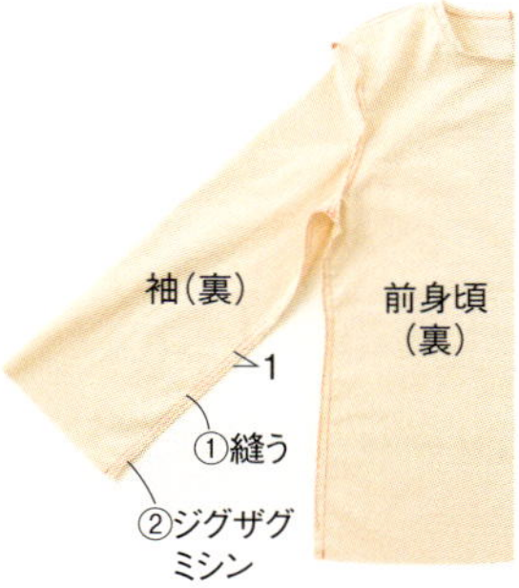


前身頃と後ろ身頃を中表に合わせて、袖下～脇を縫い代1cmで縫います。縫い代は2枚一緒にジグザグミシンをかけ、後ろ身頃側に倒します。

## 7 袖口の始末

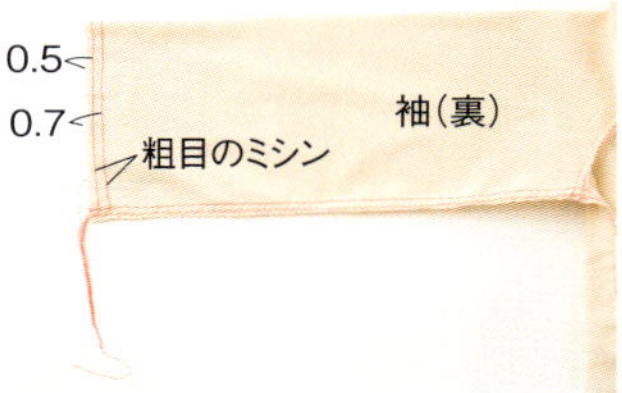


**1** 袖口に粗目のミシンを2本かけます。縫う時は袖の内側を見ながらかけるようにします。

**2** 袖口布を中表に二つ折りし、縫い代1cmで縫い、縫い代は割ります。

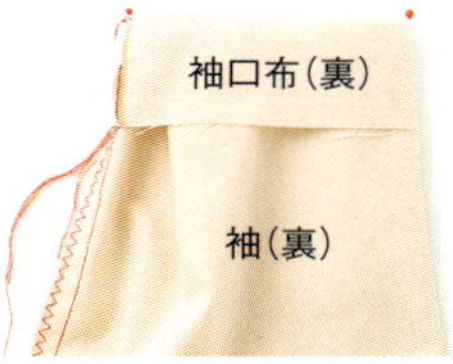


**3** 袖口布と袖を合わせます。この時、袖下の縫い目と袖口布の縫い目、袖の折り山と袖口布の折り山を合わせるようにします。

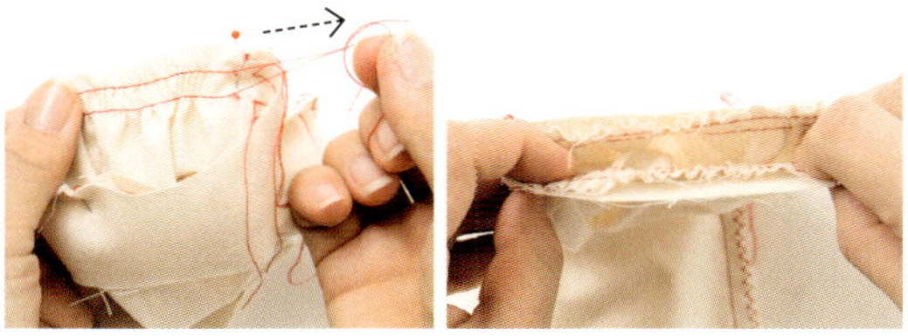

**4** 粗目のミシンの上糸を2本一緒に引き、ギャザーを寄せて、袖口の寸法を袖口布の寸法に合わせます。全体に均等になるよう、バランスを調節しながら寄せましょう。

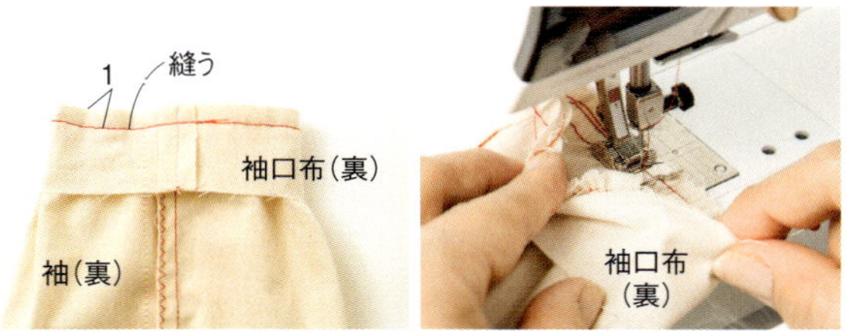


**5** 縫い代1cmで縫います。縫う時は袖の内側を見ながら縫います。縫い終わったら粗目のミシン糸を抜いておきます。

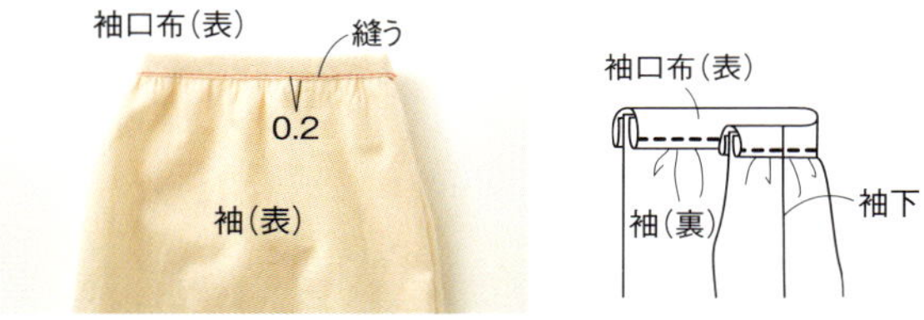


**6** 袖口布をできあがりに折って、袖口の縫い代をくるみ、表から一周縫います。縫う時は表に返し、袖の内側を見ながら縫います。

## 8 裾の始末

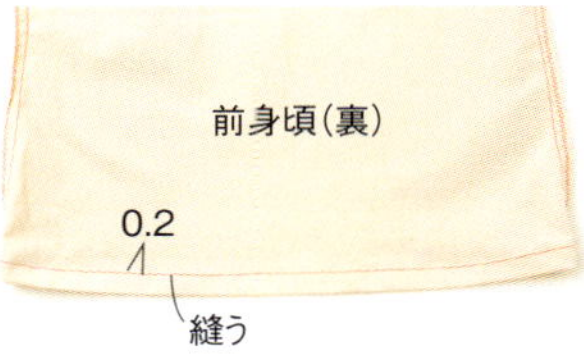


裾を1→2cmの三つ折りにして縫います。

## 9 ボタンをつける

**1** 後ろあきを合わせた状態でボタンを置き、つけ位置を決めて、印をつけます。

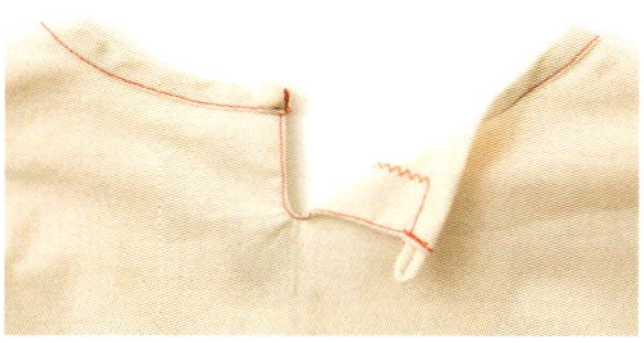

**2** ボタンを縫いつけます（足つきボタンのつけ方→P.47参照）。

Item 09

*Arrange*

# 後ろあきのプルオーバー

見返しをつけずに後ろあきのデザインに。
やり方を覚えてしまえば、
この作品に限らずあきのデザインに
変更することができます。
もちろん前あきにも応用できます。

**この作品で学べるテクニック**

- ☑ あきのアレンジ方法
- ☑ ボタンつけ

**できあがりサイズ**

| | S | M | L | LL |
|---|---|---|---|---|
| 胸囲 | 90cm | 93cm | 99cm | 105cm |
| 着丈 | 58cm | 59cm | 61cm | 62cm |


布地提供／安田商店

## 材 料　左からS／M／L／LLサイズ

・オリジナルリネン
110cm幅×160cm／160cm／210cm／210cm
・接着芯　10×70cm
・直径1.2cmのボタン　6個

## 実物大型紙 B 面【09】

1-前身頃、2-後ろ身頃、3-袖
※袖口布の型紙はありません。布に直接線を引いて裁ちます。

## 裁ち方図

オリジナルリネン
<S/M の場合>

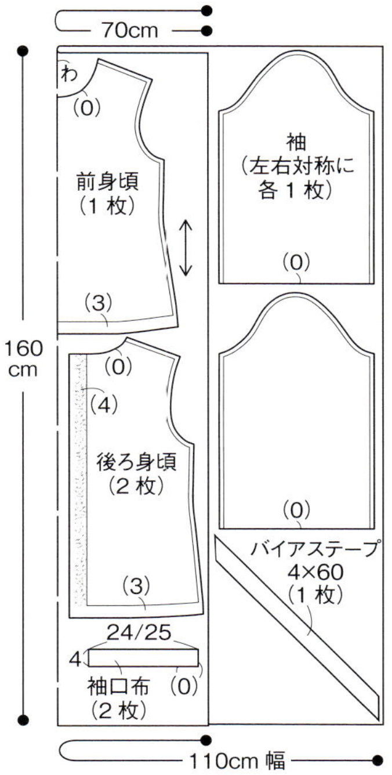


<L/LL の場合>

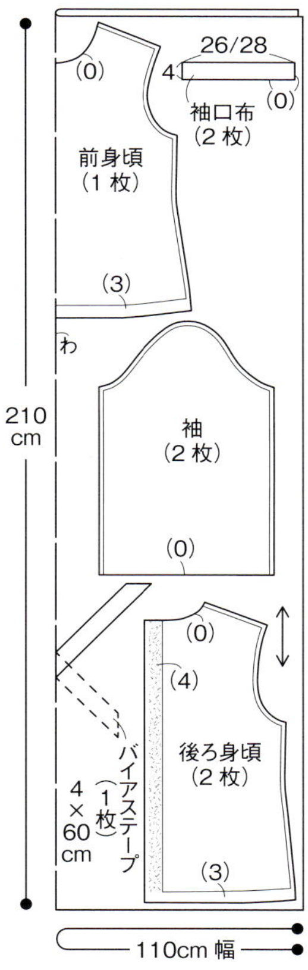


※(　)内の数字は縫い代
指定以外は 1cm
※数字は左から S/M、L/LL サイズ
※ ▒ は接着芯を貼る

## 縫い方の手順

手順はP.76〜のプルオーバーと同じ。
後ろあきの作り方はP.81、P.82参照

### あきのアレンジ方法　note

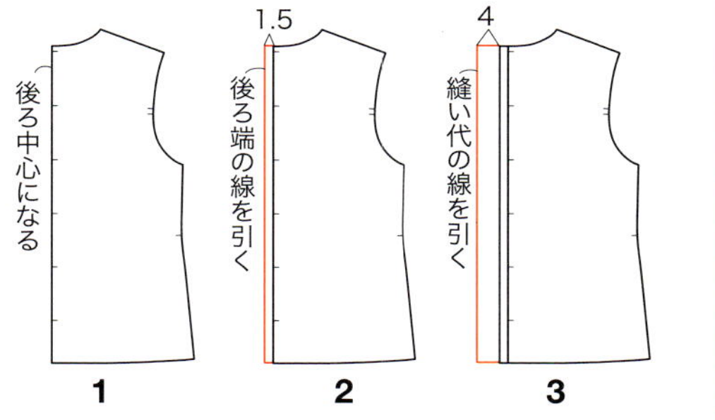

1　後ろあきにする場合、型紙の後ろ端が「後ろ中心」になります。
2　まず持ち出し分の 1.5cm の線を引きます。
3　次に縫い代分の 4cm の線を引きます。これで完成です。前あきにしたい時も、同じ方法でアレンジができます。

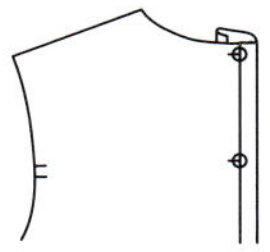

後ろ中心にボタンがつきます。持ち出しと縫い代の幅はお好みですが、あまり広いとデザインが変わってしまうので注意しましょう。

## 準 備

### ●接着芯を貼る

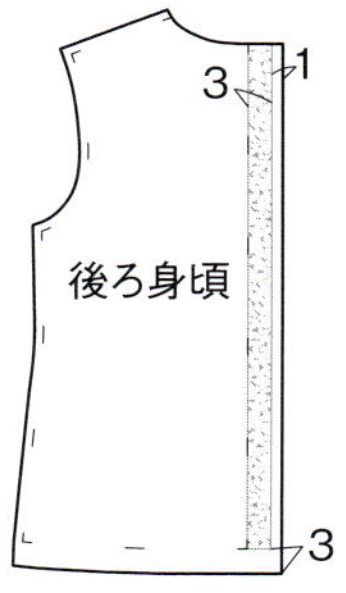

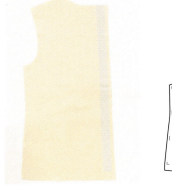


後ろ身頃の裏の縫い代に接着芯を貼ります。

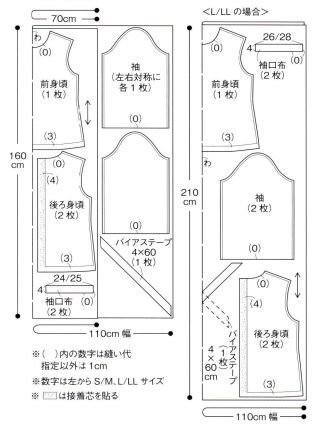

## 1 後ろあきを作る

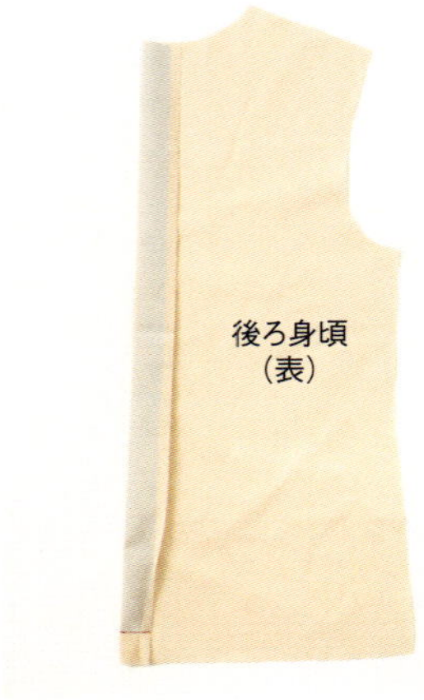


**1** 後ろ身頃の縫い代を 1cm 折った後、さらに 3cm を中表になるように折り、裾を縫いとめます。

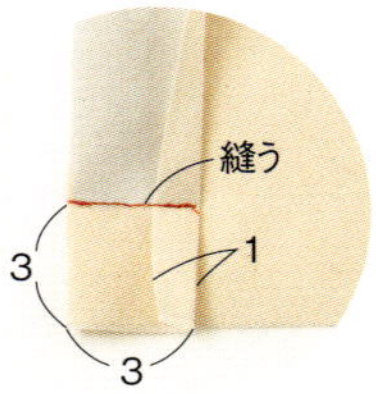


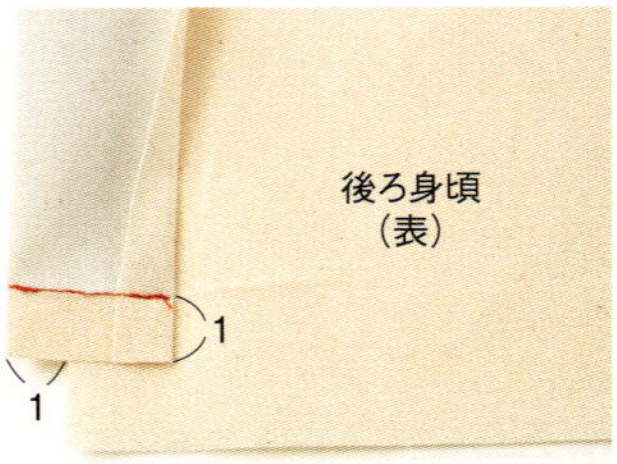


**2** 裾の縫い代を写真のようにカットします。

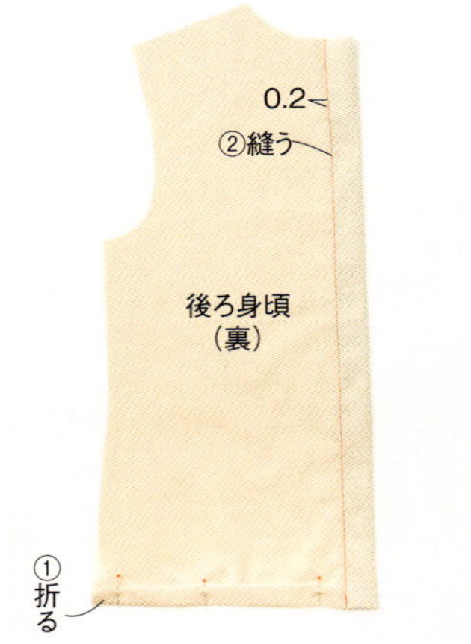


**3** 後ろ端の縫い代を表に返して縫います。この時、連動して裾の縫い代も 1→ 2cm の三つ折りをし、マチ針でとめておきます。

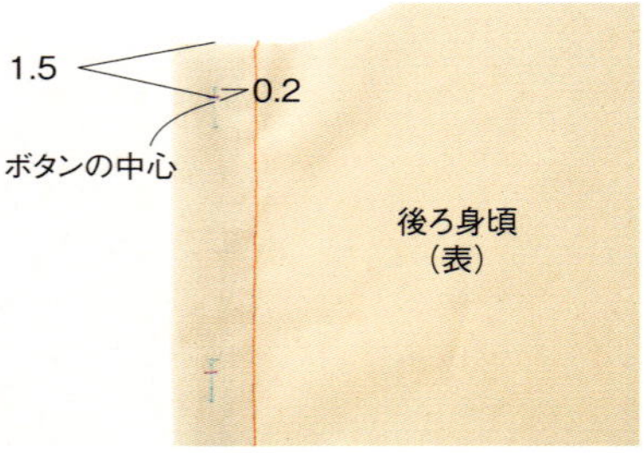


**4** ボタンホールの印をつけます（ボタンホールの位置→P.46、実物大型紙 B 面［09］参照）。

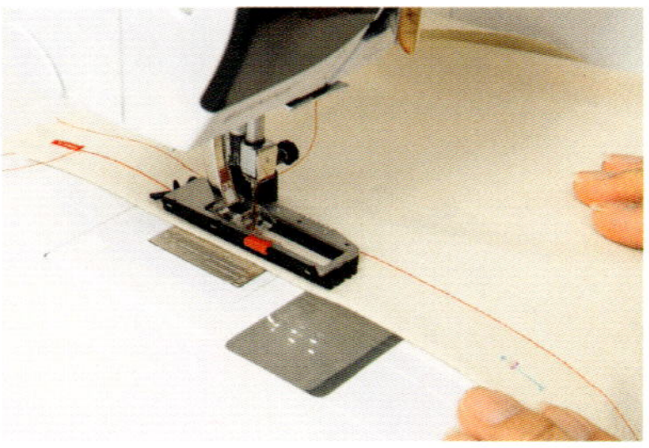

**5** ボタンホールを作ります。ボタンホールを作る時は、一箇所ずつ糸を切らず、つなげたまま作ると、糸が絡まずきれいに仕上がります。

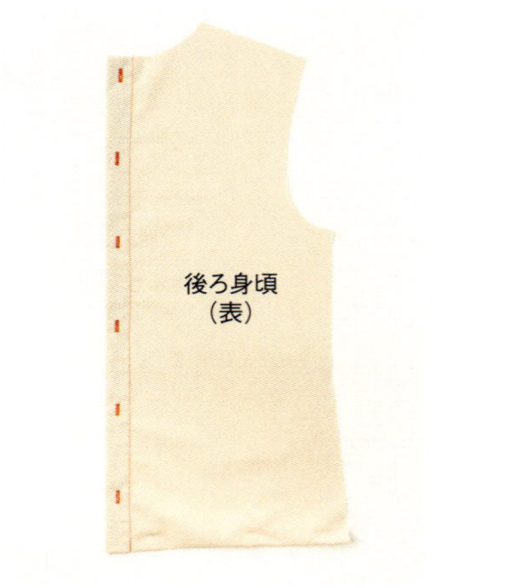


**6** ボタンホールが作れたところ。

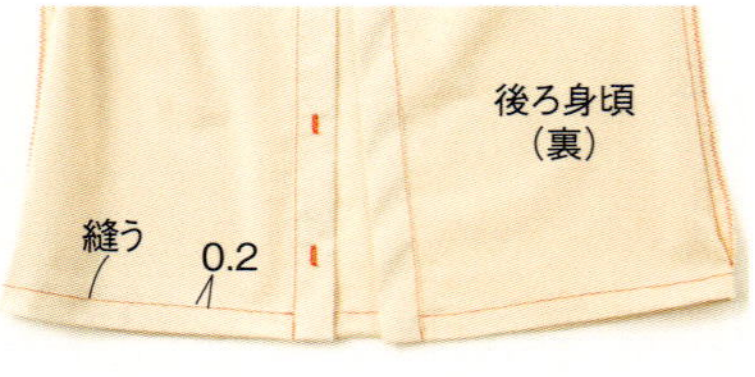


**7** 裾を縫います。

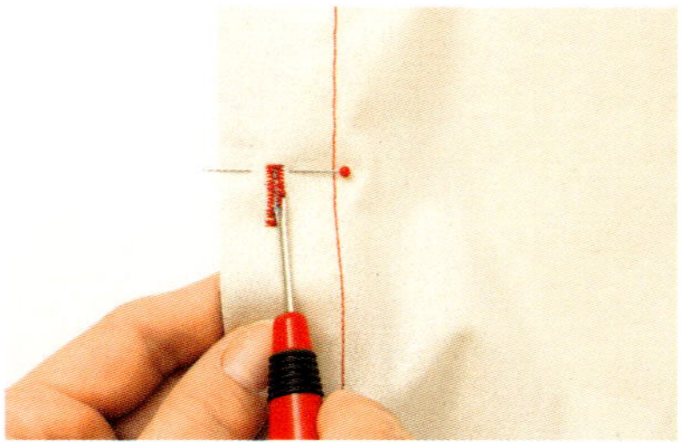

**8** ボタンホールを開けます。切りすぎてしまわないよう、奥側をマチ針でとめておきましょう。

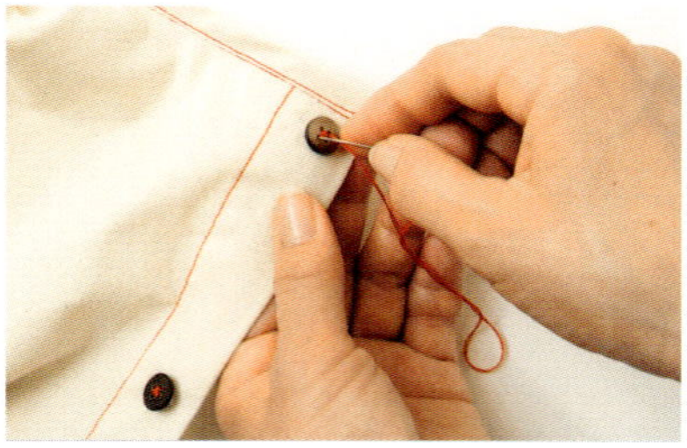

**9** ボタンを縫いつけます（ボタンのつけ方→P.46参照）。

Item 10

# ニットカットソー

シンプルな形のニットカットソー。
丈を少し長めにしてあるので、着心地も抜群。
定番のボーダー柄は、柄合わせの練習にも。

**この作品で学べるテクニック**

☑ ニット地の縫い方
☑ 柄合わせ

**できあがりサイズ**

| | S | M | L | LL |
|---|---|---|---|---|
| 胸囲 | 90cm | 93cm | 99cm | 105cm |
| 着丈 | 60.5cm | 61.5cm | 63.5cm | 64.5cm |

布地提供／猫の隠れ家

## 材 料　左からS／M／L／LLサイズ

・天竺ニット マルチボーダー 20/2 トリコロール
110cm幅×140cm／140cm／150cm／150cm

・1cm幅の伸び止めテープ　230／240／250／260cm

＊この作品はニット用の針と糸を使用しましょう。(P.12参照)

## 実物大型紙 C 面【10】

1-前身頃、2-後ろ身頃、3-袖

## 裁ち方図

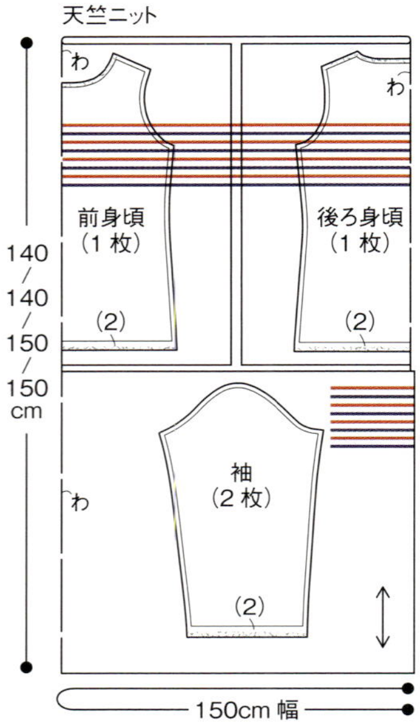


※(　)内の数字は縫い代
指定以外は 1cm

※数字は上から S/M/L/LL サイズ

※ 　は伸び止めテープを貼る

## 柄合わせ

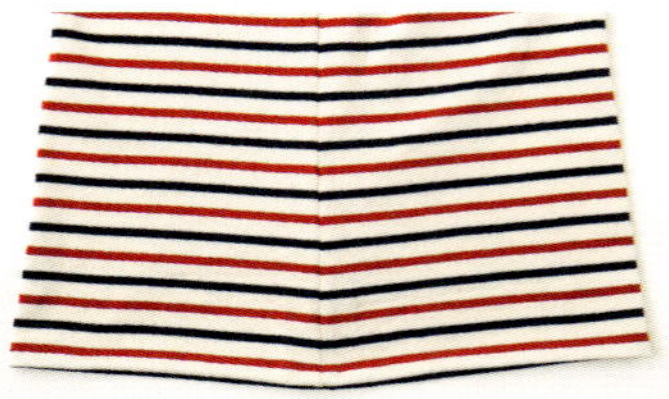

柄合わせをすると脇できちんと柄がつながり、仕上がりがきれいになります。柄ゆきによっては、通常の用尺より 10～20%多く必要になることがあるので、確認しましょう。

## 縫い方の手順

## 準 備

●伸び止めテープを貼る

前身頃

衿ぐりに伸び止めテープを貼ります。

後ろ身頃

衿ぐりと両肩に伸び止めテープを貼ります。

裾

前身頃と後ろ身頃の裾に伸び止めテープを貼ります。

①袖口に伸び止めテープを貼ります。

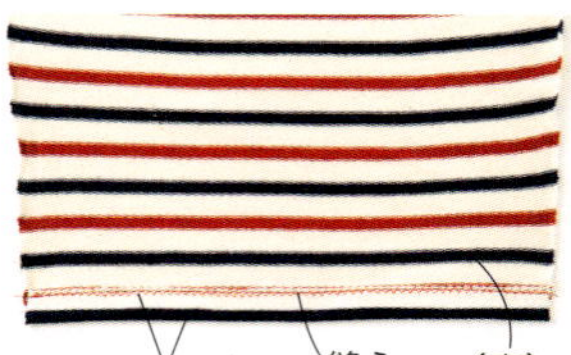


②ジグザグミシンをかけ、縫い代2cmで二つ折りにして縫います。

## 1 肩を縫う

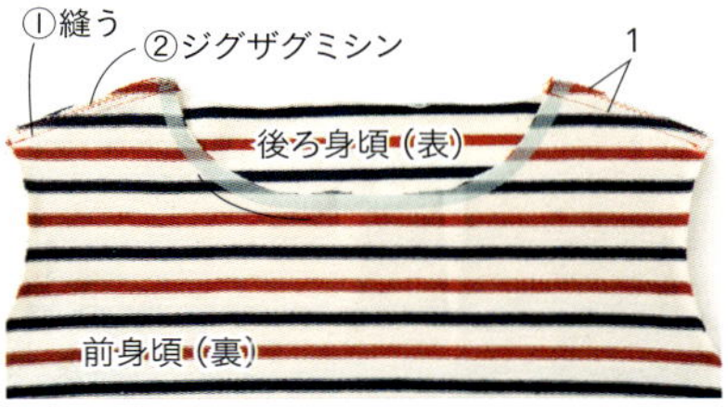


前身頃と後ろ身頃を中表に合わせて、肩を縫い代 1cmで縫います。縫い代は 2枚一緒にジグザグミシンをかけ、後ろ身頃側に倒します。

## 2 衿ぐりの始末

**1** 衿ぐりに一周ジグザグミシンをかけます。

**2** 縫い代 1cmで二つ折りし、一周縫います。

## 3 袖をつける

身頃と袖を中表に合わせて、縫い代 1cmで縫います。縫い代は 2枚一緒にジグザグミシンをかけます。

## 4 袖下〜脇を続けて縫う

前身頃と後ろ身頃を中表に合わせて、縫い代 1cmで袖下〜脇を続けて縫います。縫い代は 2枚一緒にジグザグミシンをかけ、後ろ身頃側に倒します。

袖ぐりの縫い代は前後で互い違いになるように倒します。

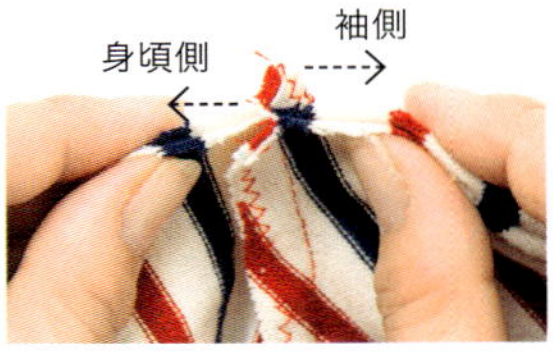


## 5 裾の始末

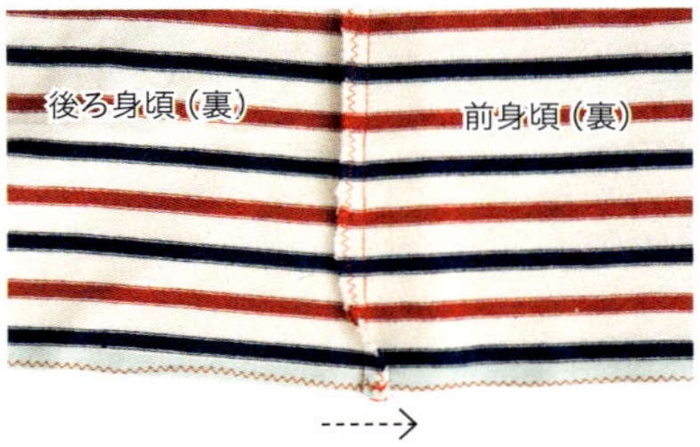


**1** 両脇の縫い代の裾部分だけ、前身頃側に倒し直します。こうすると、裾の縫い代がもたつかずきれいに仕上がります。

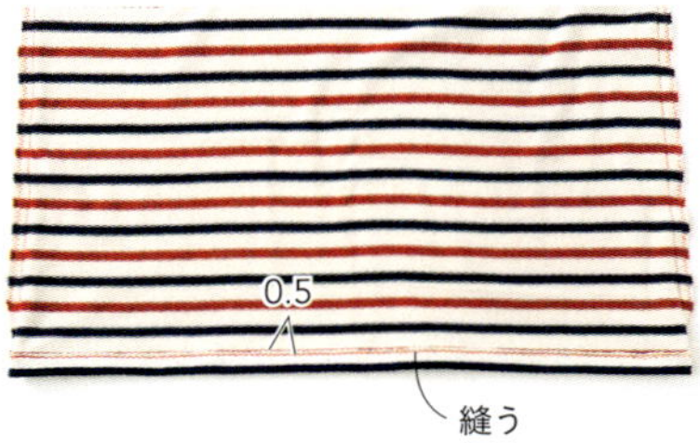


**2** 縫い代を 2cmの二つ折りにし、縫います。

## 6 袖口のステッチ

袖口の縫い代を後ろ側に倒して、縫い代の端を縫いとめます。

Item 11

# 台衿つきブラウス

台衿とカフスのついた、本格的なブラウス。
工程は多いですが、手順を追って縫えば
きちんと完成させることができます。
できた時の達成感もひとしお。

**この作品で学べるテクニック**

- ☑ 衿つけ
- ☑ 剣ボロあき
- ☑ ボタンつけ

**できあがりサイズ**

| | S | M | L | LL |
|---|---|---|---|---|
| 胸 囲 | 96cm | 99cm | 105cm | 111cm |
| 着 丈 | 60.5cm | 61.5cm | 63.5cm | 64.5cm |

 布地提供／fabric-store

## 材 料　左からS／M／L／LLサイズ

- ・キャンブリック Block Check
  112cm幅×200cm／200cm／210cm／210cm
- ・接着芯　50×65cm
- ・直径1cmのボタン　8個

## 実物大型紙 D 面【11】

1-前身頃、2-後ろ身頃、3-袖、4-カフス、5-衿、6-台衿、7-剣ボロ、8-下ボロ

## 裁ち方図

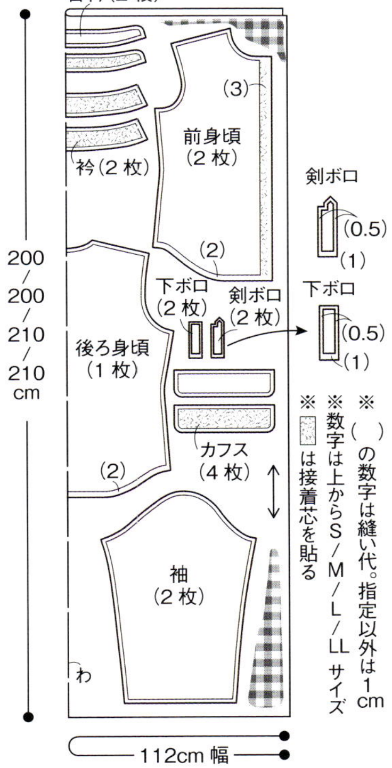


## 柄合わせ

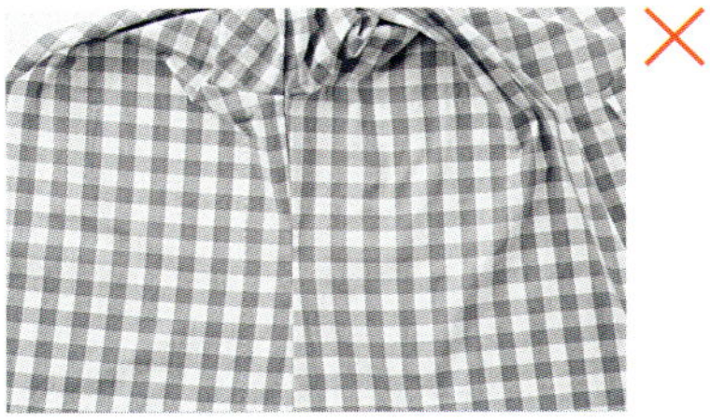

柄合わせをしないと、脇できれいに模様がつながらず、ずれてしまいます。

## 縫い方の手順

## 準 備

**●接着芯を貼る**

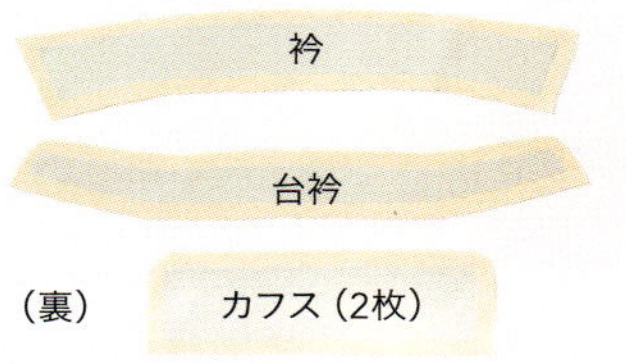


衿（1枚）、台衿（1枚）、カフス（2枚）に接着芯を貼ります。

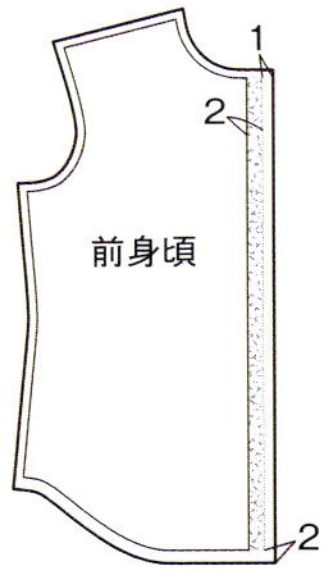


前身頃の裏の前端に接着芯を貼ります。

## 1 前端の始末

前身頃の前端を1→2cmの三つ折りにして縫います。右前身頃は、折り山の方にも押さえミシンをかけます。

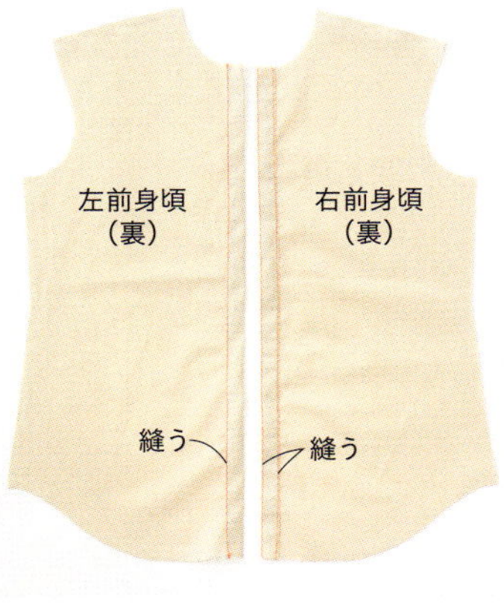

## 2 肩を縫う

1 前身頃の肩にジグザグミシンをかけます。

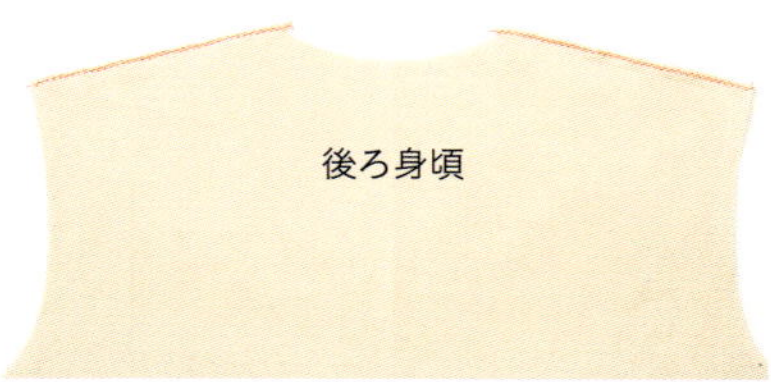


2 後ろ身頃の肩にジグザグミシンをかけます。

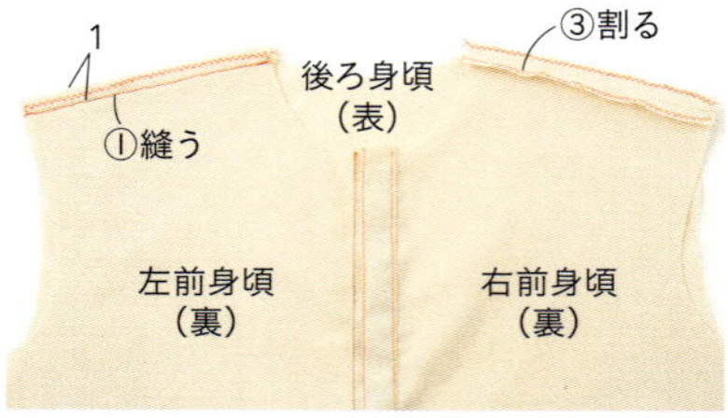


3 前身頃と後ろ身頃の肩を中表に合わせて縫い代 1cmで縫います。縫い代は割ります。

## 3 衿を作ってつける

1 衿を中表に合わせて縫い代 1cmで衿ぐり以外を縫います。

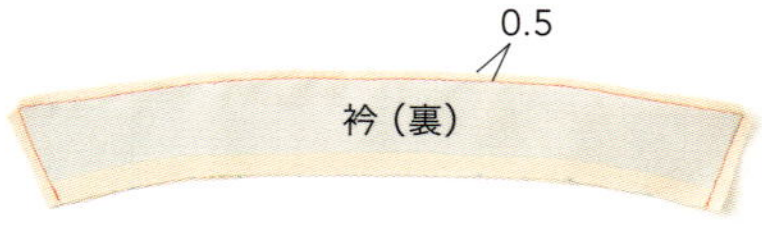


2 縫った部分の縫い代を0.5cmにカットします。角もカットします。

3 縫い代を折って、アイロンで押さえます。

4 表に返して形を整えます。

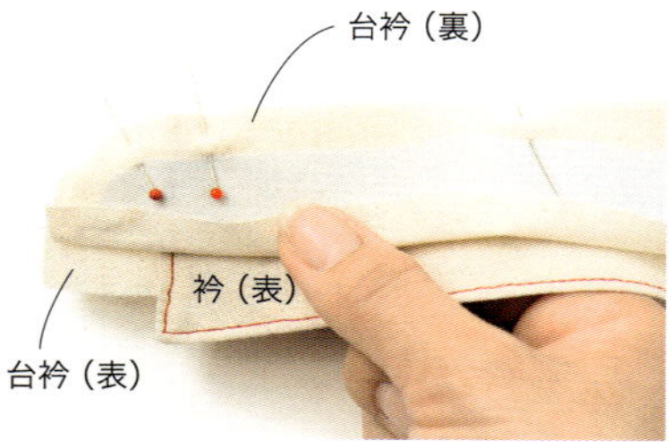


5
接着芯を貼った方の台衿の衿ぐりの縫い代を 1cm折ります。もう一枚の台衿と中表に合わせ、間に衿の接着芯を貼った側が下になるようにして衿をはさみます。衿のつけどまりの印を目安にします。

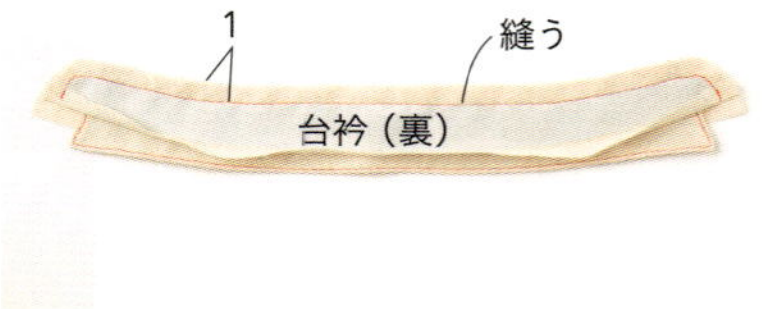


6 縫い代 1cmで、4枚一緒に縫います。縫い始め、終わりは二針程残します。

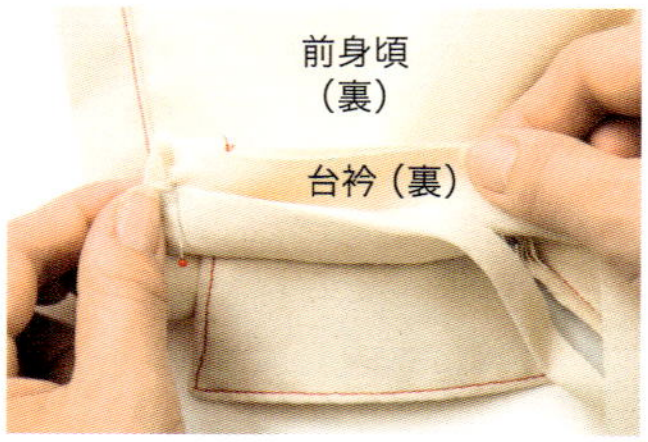


7 縫い代を折っていない方の台衿と、身頃の衿ぐりを中表に合わせます。

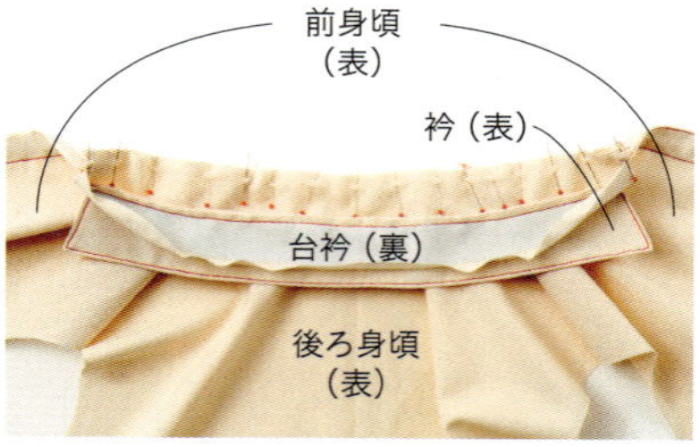


8 端まで合わせて、マチ針でとめます。

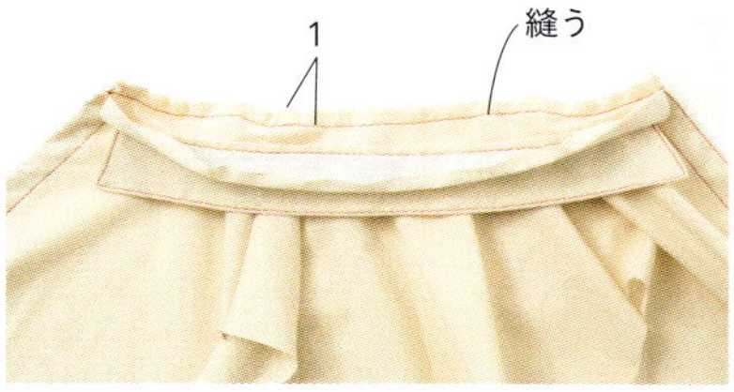


**9** 縫い代 1cmで縫います。

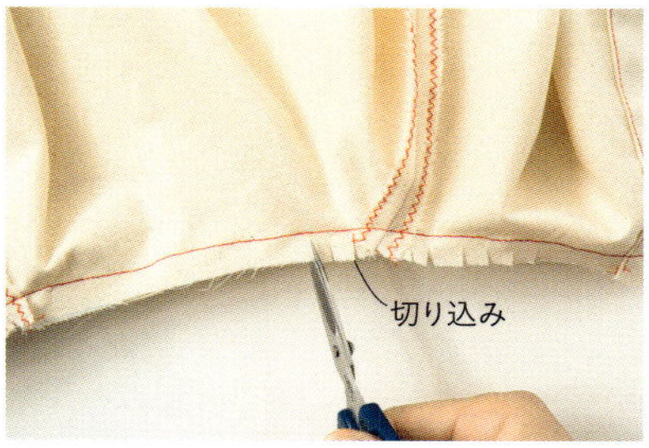


**10** 衿ぐりに切り込みを入れます。

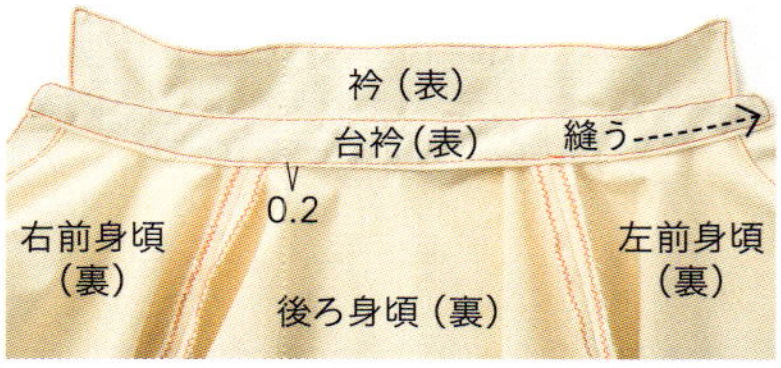


**11** 台衿をできあがりに折って形を整え、左肩からスタートしてぐるりと一周台衿を縫います。縫う時は表から縫います。

## 4 剣ボロあきを作る

**1** 袖口の剣ボロあきと、タックの印を確認しましょう。

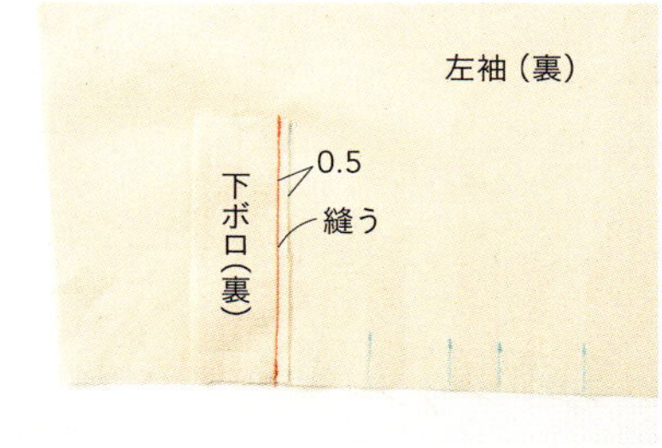


**2** 袖の裏側に下ボロの裏が見えるように重ねます。あきの印に下ボロの端を合わせて、縫い代 0.5cmで縫います。

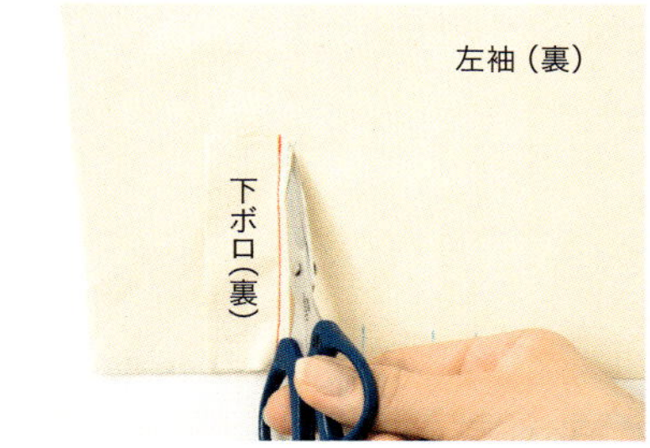


**3** あきの印に切り込みを入れます。

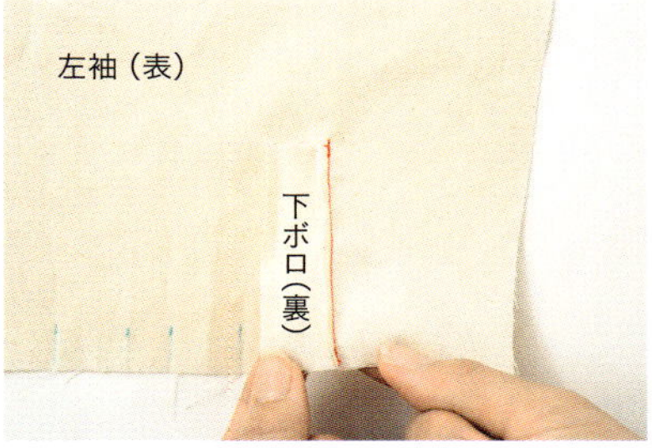


**4** 切り込みから下ボロを表側に出します。

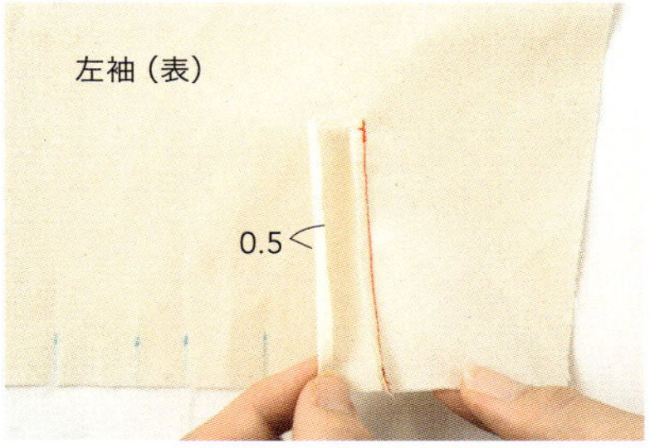


**5** 下ボロの端を 0.5cm 折ります。

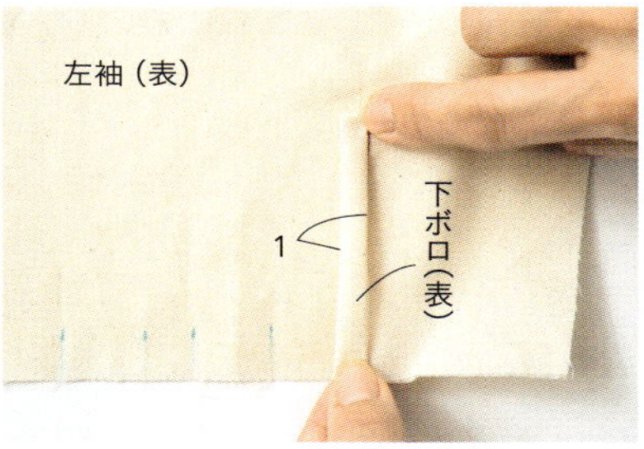


**6** 下ボロのできあがりが 1cmになるよう、もう一度折ります（**5**の折り山と**2**の縫い目を合わせます）。

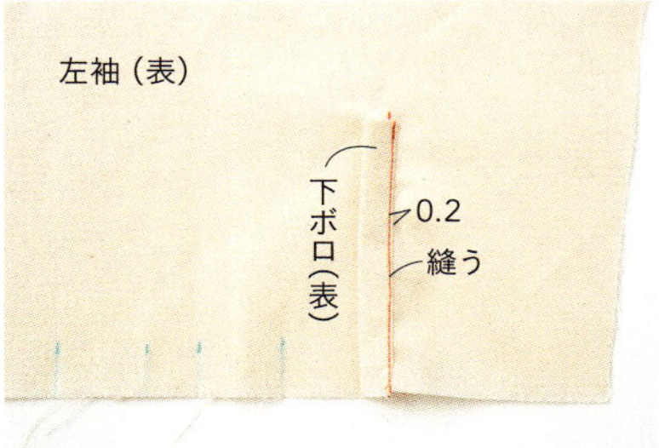


**7** 切り込みを入れたもう一方の布端をよけて下ボロの端を縫います。

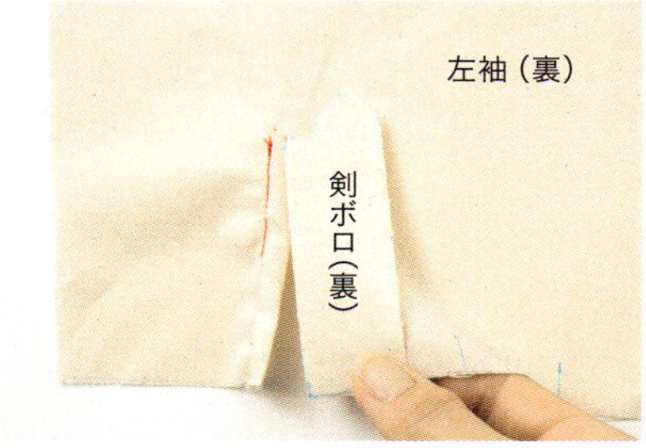


**8** 袖の裏側に、剣ボロの裏が見えるようにして重ねます。切り込みに剣ボロの左端を合わせます。

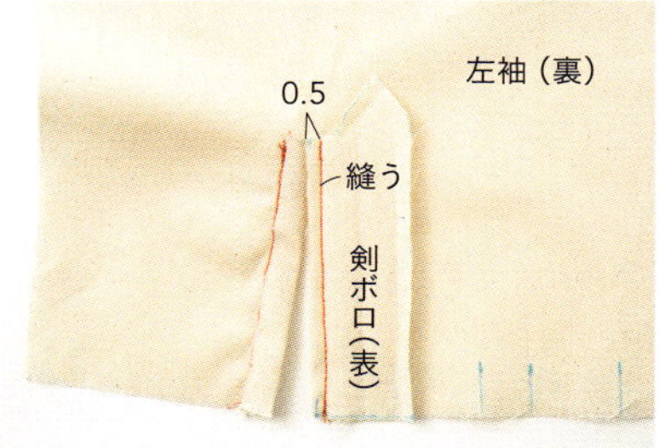


**9** 縫い代 0.5cmで縫います。

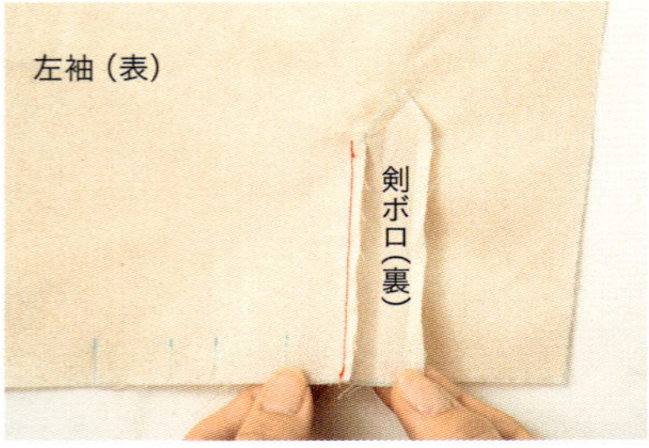


**10** 切り込みから剣ボロを表側に出します。

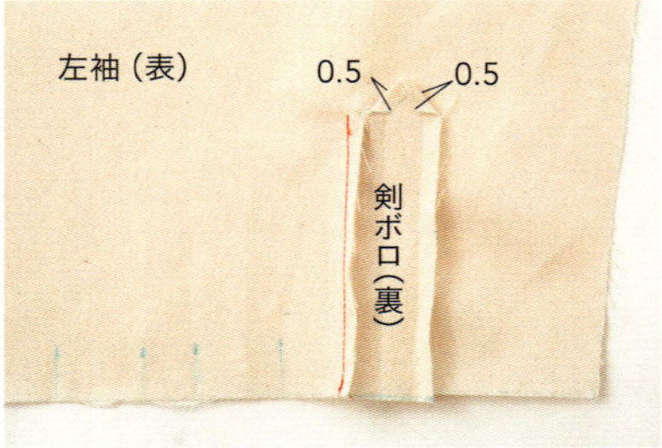


**11** 剣ボロの上側の縫い代を 0.5cm 折って仮どめします。ここではメルターを使って仮どめしています。

あると便利

**●熱接着糸メルター**

アイロンで熱を加えると、糸が溶けて接着することができます。細かい部分や、長い距離の仮どめにおすすめです。

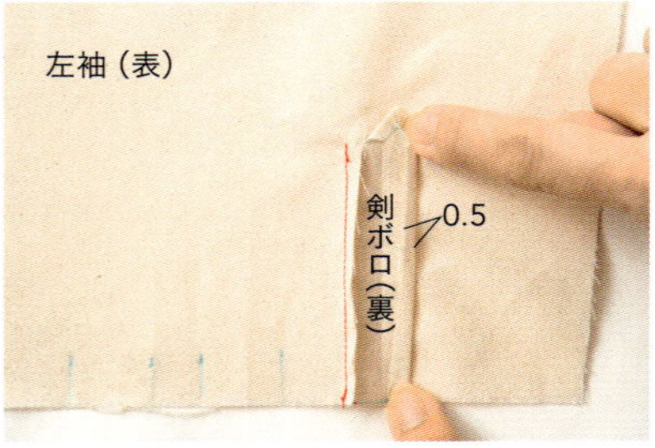


**12** 長辺の縫い代を 0.5cm 折ります。

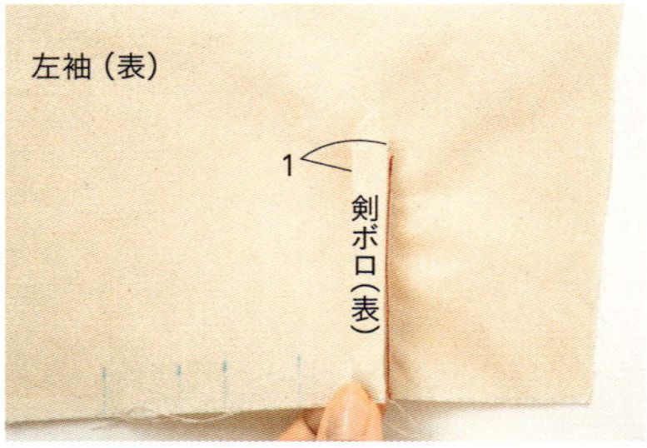


**13** 剣ボロのできあがりが 1cm になるように折ります。

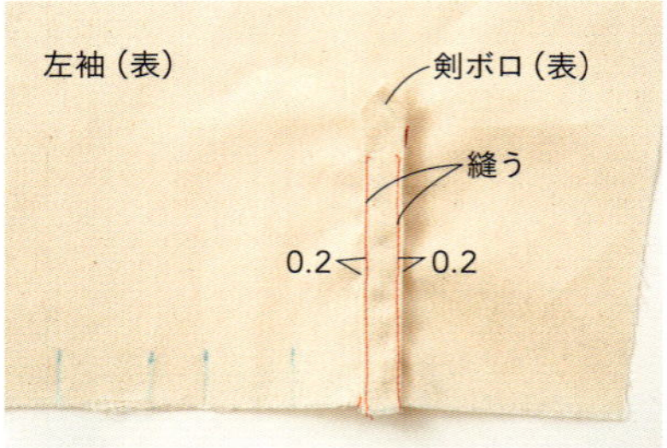


**14** 下ボロをよけて、剣ボロの両端を縫います。

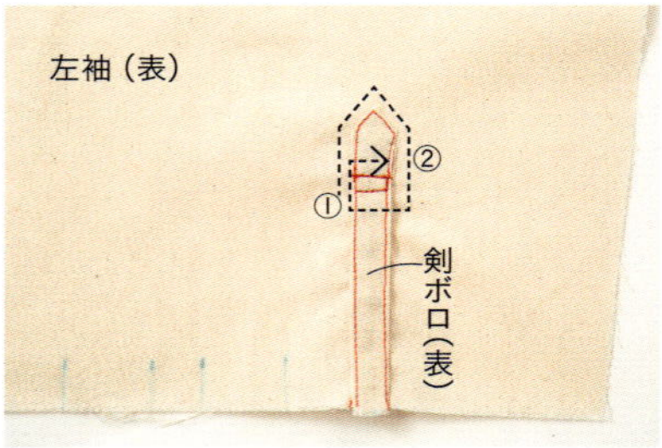


**15** 写真のように縫いとめます。最後は返し縫いをします。

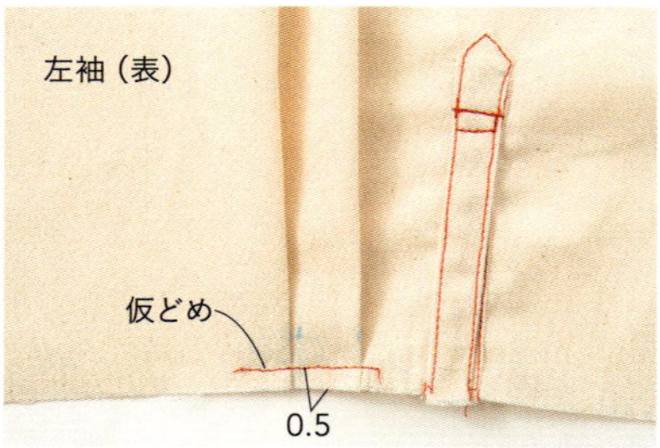


**16** 袖口のタックをたたんで仮どめします。右袖は左右対称になるよう同様に作ります。

## 5 袖をつける

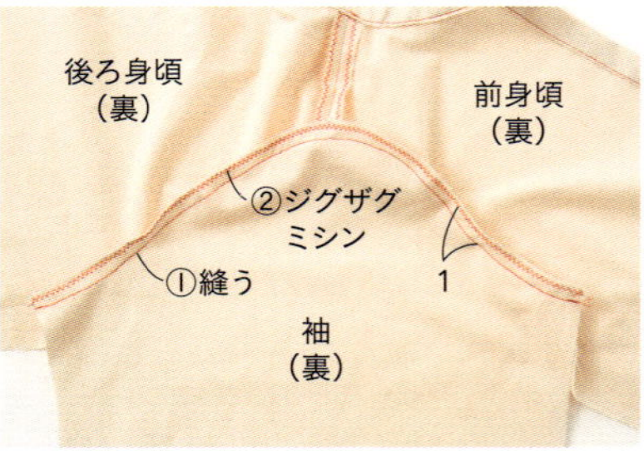


身頃と袖を中表に合わせて縫い代 1cmで縫います。縫い代は 2枚一緒にジグザグミシンをかけ、身頃側に倒します。

## 6 袖下〜脇を続けて縫う

前身頃と後ろ身頃を中表に合わせて、縫い代 1cmで袖下〜脇を縫います。縫い代は 2枚一緒にジグザグミシンをかけ、後ろ身頃側に倒します。

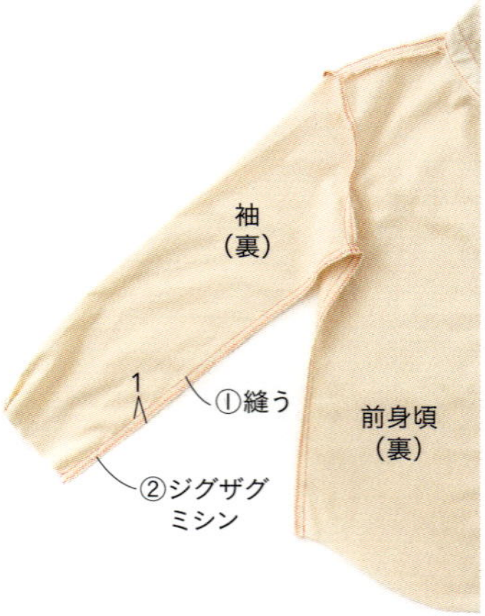

## 7 カフスを作ってつける

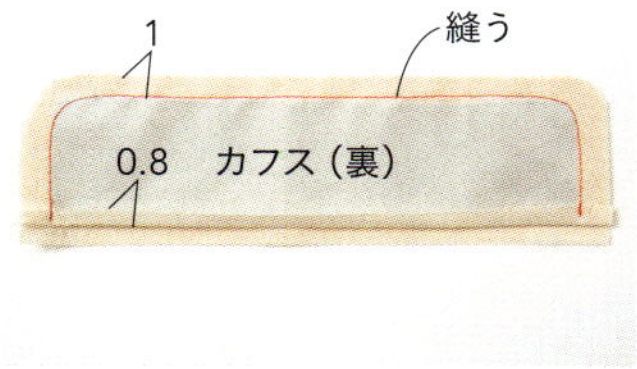


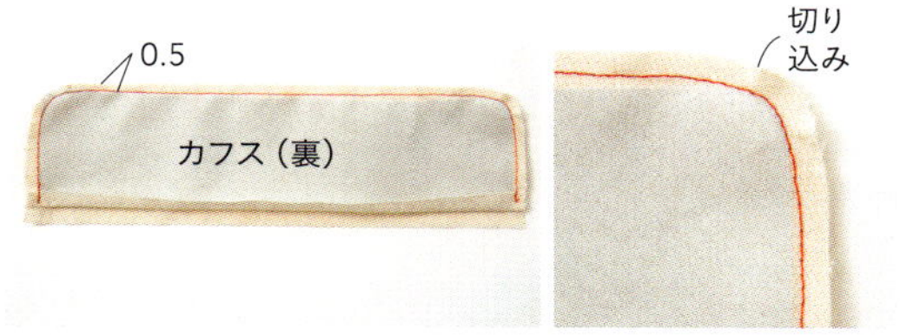

**1** 接着芯を貼ったカフスと貼っていないカフスを中表に合わせ、接着芯を貼った方のカフスのつけ側を 0.8cm折り、つけ側以外を縫い代 1cmで縫います。

**2** 縫った部分の縫い代を0.5cmにカットします。カーブに切り込みを入れます。

**3** カフスを表に返して形を整えます。

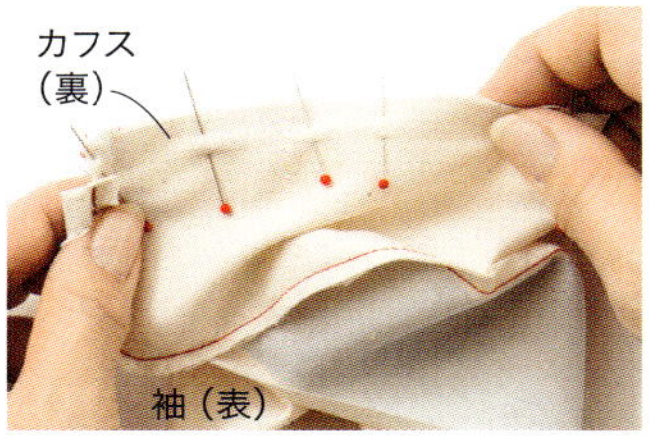


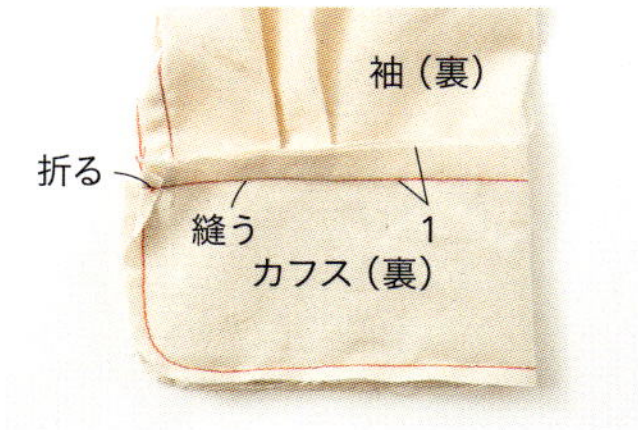


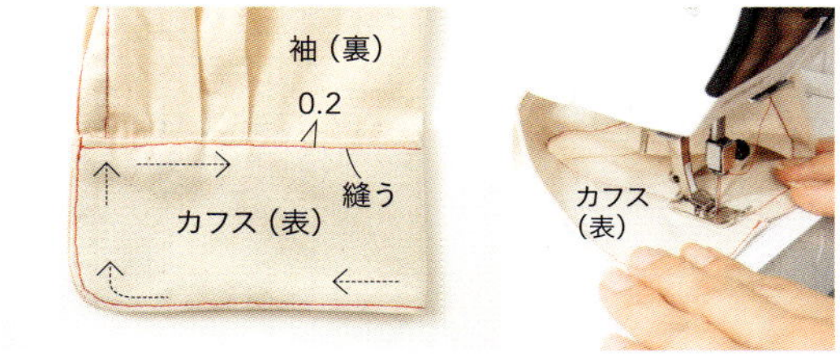


**4** 下端を折っていない方のカフスと袖を中表に合わせます。（写真は左袖）

**5** 縫い代 1cmで縫います。

**6** カフスを表に返して縫い代をくるみ、一周ぐるりと縫います。縫う時は表に返し、袖の内側を見るようにしながら縫います。

## 8 裾の始末

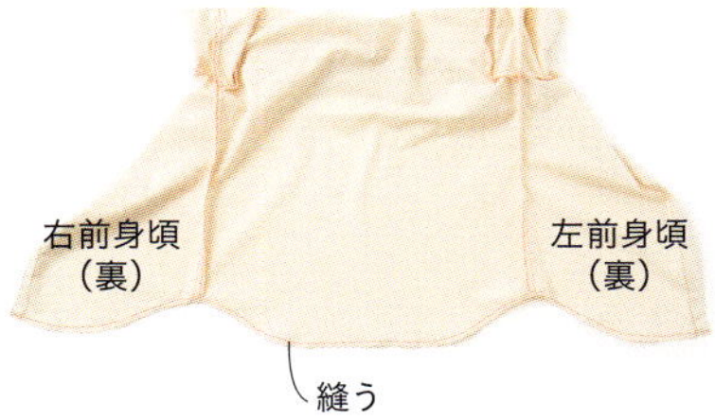


裾の縫い代を 1→ 1cmで三つ折りにして縫います。

この本では、アレンジとして丸衿の型紙も掲載しています。作り方は同じです。

## 9 ボタンホールを作ってボタンをつける

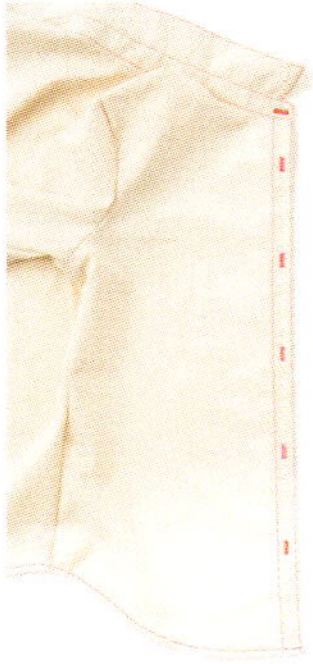

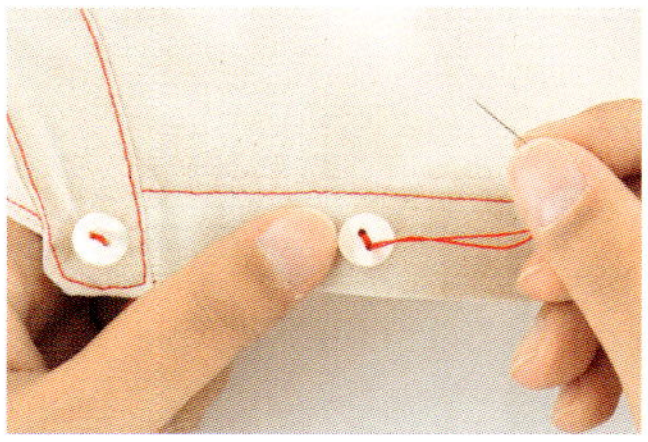

**1** 右前身頃と台衿、カフスにボタンホールを作ります（ボタンホールの作り方→P.46参照）。

**2** ボタンホールをあけます。

**3** 左前身頃、台衿、カフスにボタンをつけます（ボタンのつけ方→P.46参照）。

Item 12

# ギャザースカート

「スカートくらいは作ってみたい」
誰もが一度は思ったことがあるのではないでしょうか。
直線裁ちで作れるシンプルなスカートは、
ぜひ好きな布で作っていただきたい一枚です。
ポケットは袋縫いで仕上げるので、
丈夫で見た目もきれい。

**この作品で学べるテクニック**

☑ ポケットのつけ方

**できあがりサイズ**

| | S | M | L | LL |
|---|---|---|---|---|
| スカート丈 | 75cm | 76cm | 77.5cm | 79cm |

 布地提供／CHECK＆STRIPE

## 材 料　左からS／M／L／LLサイズ

・天使のリネン
100cm幅×210cm／210cm／220cm／220cm

・2.5cm幅のゴムテープ　75cm
（ウエストサイズに合わせて調整する）

## 実物大型紙 D 面【12】

1-ポケット

※前・後ろスカートの型紙はありません。
布に直接線を引いて裁ちます。

## 裁ち方図

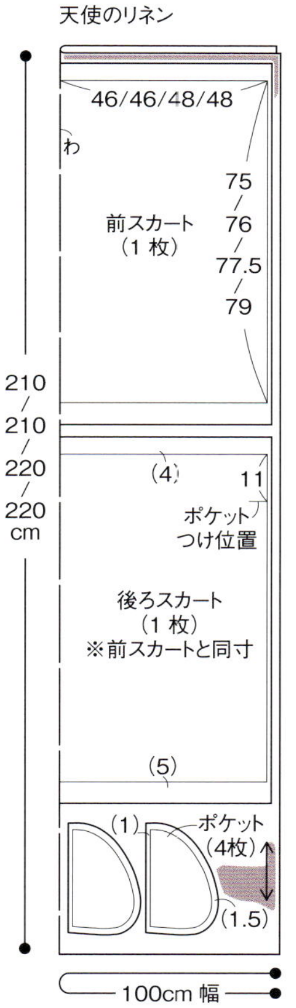


※（　）内の数字は縫い代
指定以外は 1cm

## 縫い方の手順

## 1 ポケットを作る

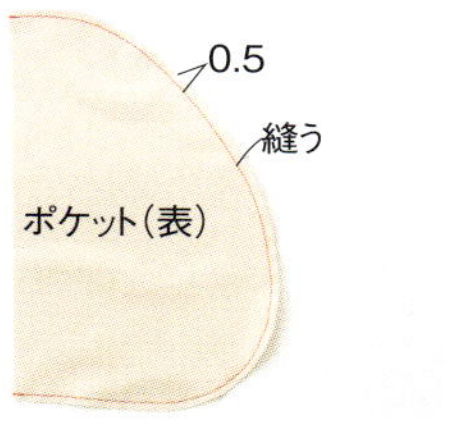


**1**　ポケットを外表に合わせて、外周を縫い代 0.5cmで縫います。

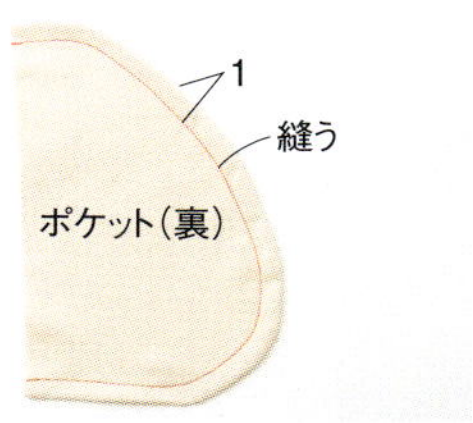


**2**　ひっくり返し、外周を縫い代 1cmで縫います（袋縫い）。

## 2 脇を縫い、ポケットをつける

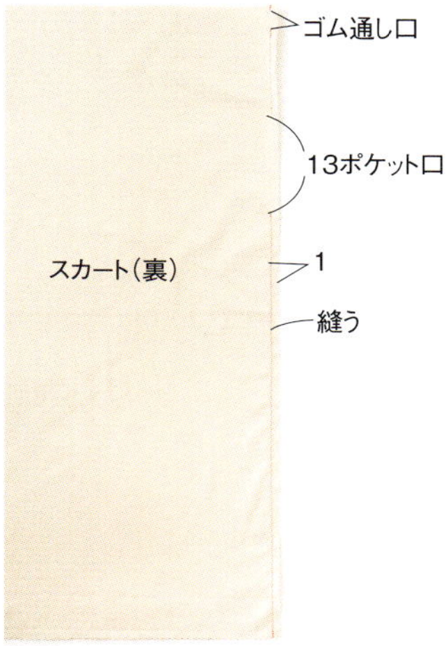


**1**　スカートを中表に合わせ、ポケット口を残して左右の脇をそれぞれ縫い代 1cmで縫います。右脇はゴム通し口も縫い残します。

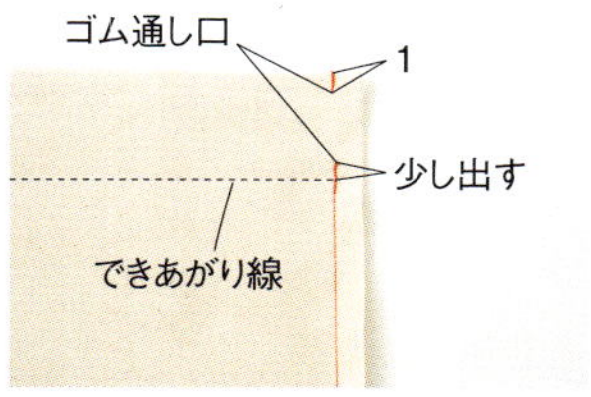


できあがり線から 0.2〜0.3cm 程度上まで縫います。

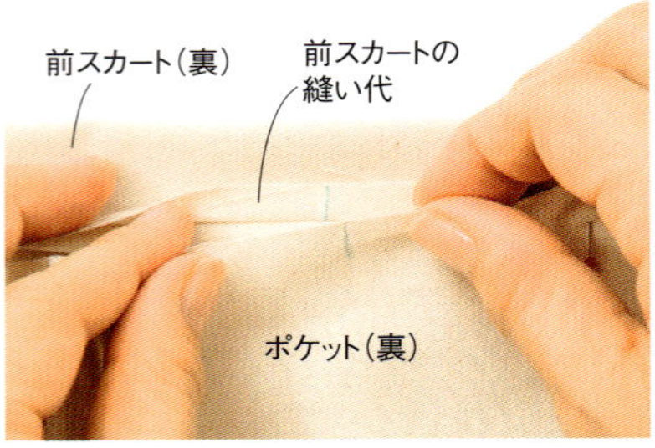


**2** 前スカートの縫い代につけたポケット口の印と、ポケットのポケット口の印を 1枚だけ合わせます。

**3** ポケットをとめたところ。

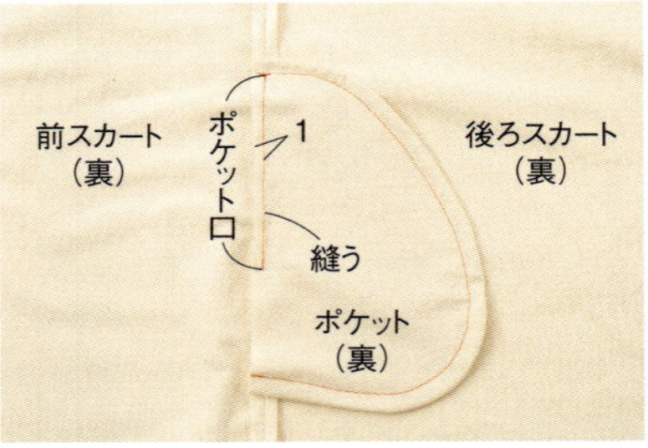


**4** ポケット口を縫います。下側のポケットを縫い込まないように注意。

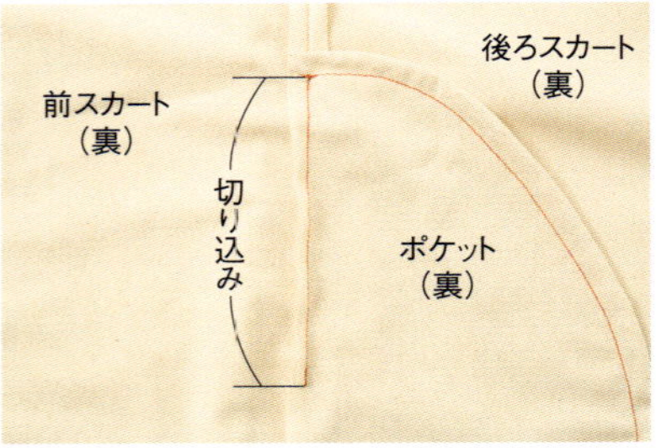


**5** ポケット口の上下に切り込みを入れます。

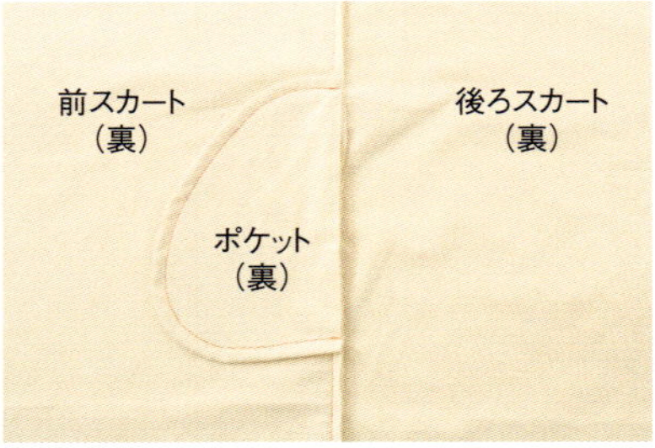


**6** ポケットを前スカート側に倒します。この時、切り込みを入れたスカートの縫い代と、下側のポケットの上下の縫い代は後ろスカート側に出します。

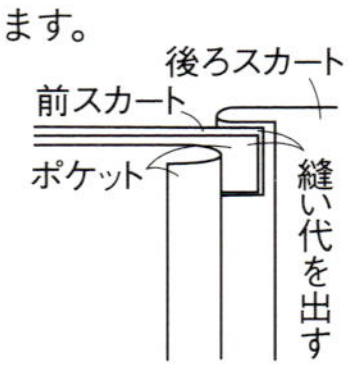


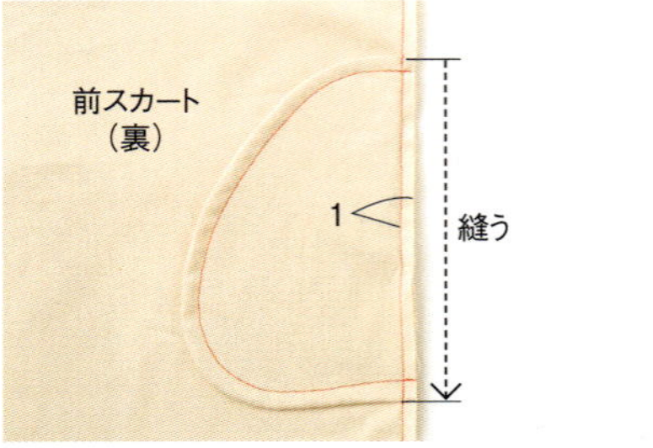


**7** 前スカートと後ろスカートを中表に合わせて、ポケットの上端〜下端までを縫います（ポケット口を縫い込まないよう注意します）。同じ手順で反対側にもポケットをつけます。

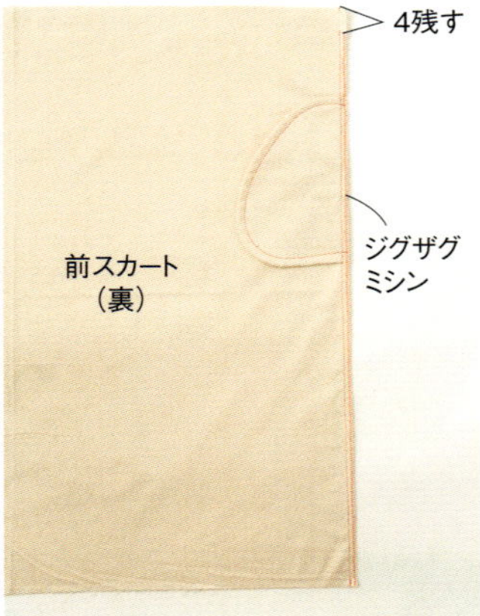


**8** スカートの両脇に、できあがり線までジグザグミシンをかけます。

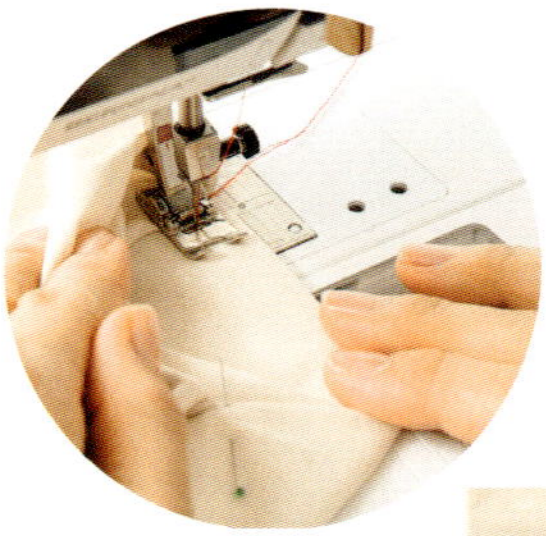

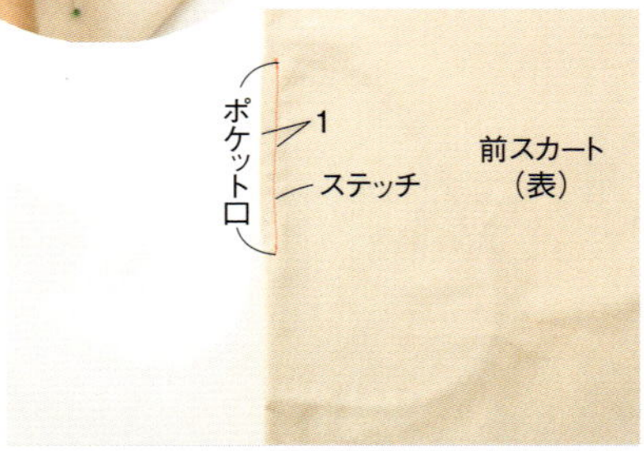


**9** 表から前スカートのポケット口にステッチをします。スカートは中表のまま、内側を見ながらミシンをかけます。

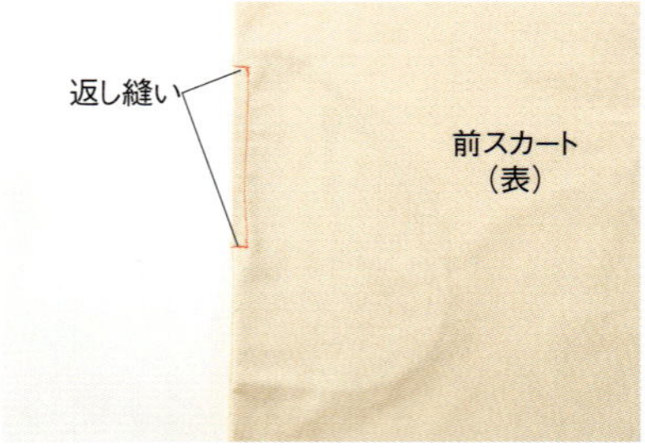


**10** 後ろスカートをよけてポケット口の上下に返し縫いをします。

## 3 裾の始末

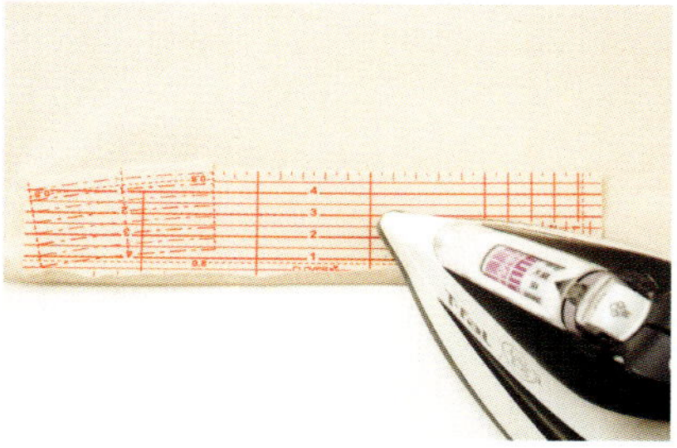
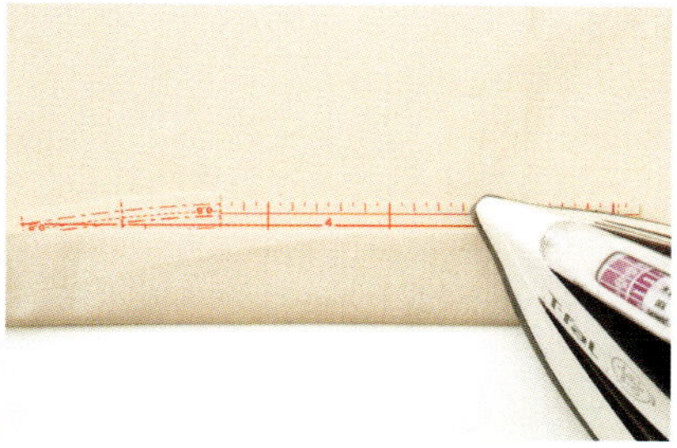

1 脇の縫い代を後ろスカート側に倒し、裾を 1→ 4cm の三つ折りにします。

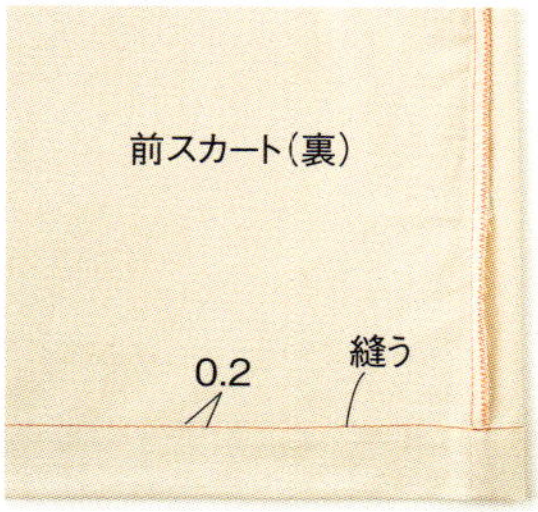


2 裾を一周縫います。

## 4 ウエストの始末

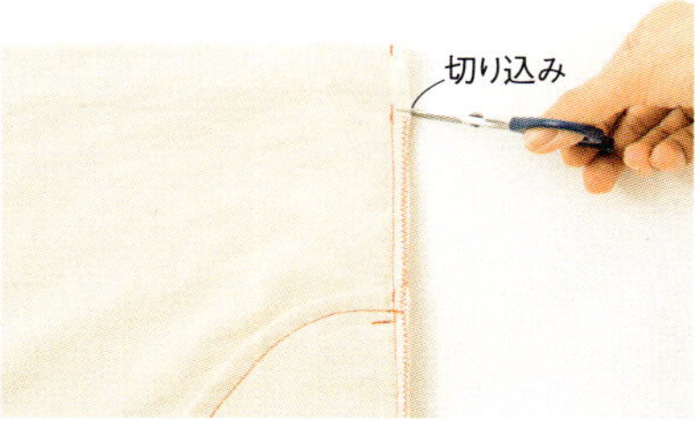


1 右脇のウエストの縫い代に切り込みを入れます。この時、できあがり線より 0.2〜0.3cm 上に入れます。

2 縫い代を割ります。

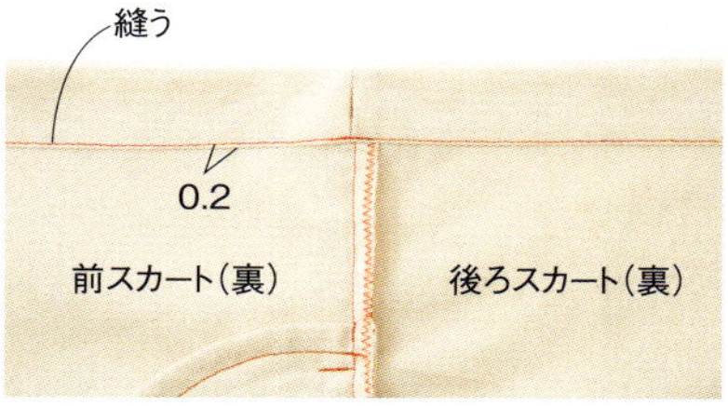


3 1→ 3cm の三つ折りにして、ウエストを一周縫います。

## 5 ゴムを通す

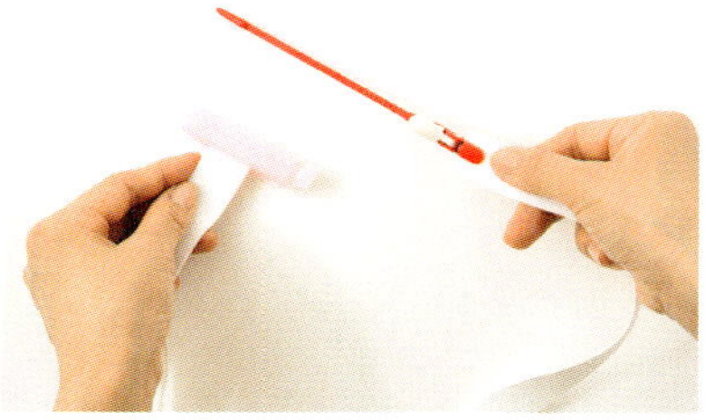

1 ゴムの準備をします。ゴムの片端は、ゴム通し口に入ってしまわないように、大きめのクリップなどでとめておきましょう。

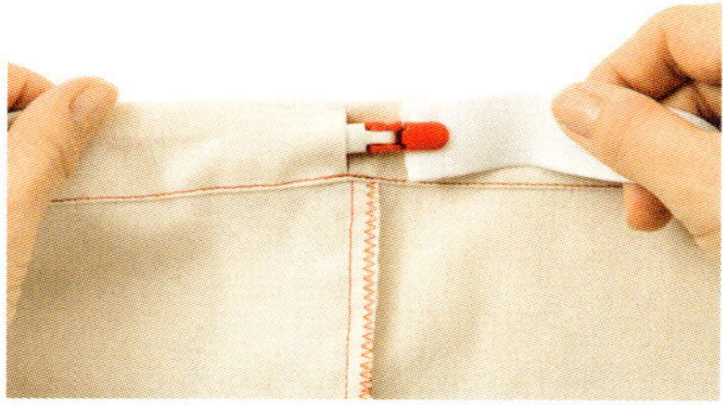

2 ゴム通し口からゴムを通します。ウエストサイズに合わせて調節し、余分はカットします。

3 通し終えたら、ゴムの両端を 2cm 程度重ねて N 字になるように縫いとめます。

column

# 素材によるシルエットの違い

同じデザインでも、使う布によってシルエットも大分変ってきます。
ここでは、三種類のタイプの布で、同じスカートを作ってみました。
それぞれの布にそれぞれの良さがあるので、布選びの参考にしてくださいね。

### 厚手の布

ふんわりと広がったシルエット。素材の雰囲気的に、秋〜冬に着たい一枚です。

- 起毛素材
- ウール
- フランネル　etc…

### ハリのある布

シャープで大人っぽいイメージ。少しフォーマルな着こなしにもおすすめです。

- 麻
- ギャバジン
- チノクロス　etc…

### 柔らかい布

体のラインに沿う感じで、優しげな印象。重ね着を楽しむのも良さそう。

- ダブルガーゼ
- ボイル
- ローン　etc…


布地提供／中商事（左）、ノムラテーラー（右）

column

# スカート丈の決め方

本に載っている作品だけでなく、自分好みの丈でスカートを作ってみたい！
そんな時には、このページを参考にしてみてください。
布地の用尺の簡単な出し方はP.13でご紹介しています。

| | 60cm丈 | 75cm丈 | 90cm丈 |
| --- | --- | --- | --- |
| 身長 150cm |  ひざ下丈 |  長めのミモレ丈 |  マキシ丈 |
| 身長 160cm |  ひざ丈 |  ミモレ丈 |  マキシ丈 |
| 身長 170cm |  ひざ上丈 |  ひざ下丈 |  くるぶし丈 |

Item 13

# フレアスカート

脇にコンシールファスナーをつけた、
すっきりシルエットのスカート。
ウエストゴムのスカートの比べてきれいめな印象なので、
フォーマルシーンでも活躍してくれます。

**この作品で学べるテクニック**

- ☑ コンシールファスナーつけ
- ☑ フレア状の裾の始末

**できあがりサイズ**

| | S | M | L | LL |
|---|---|---|---|---|
| ウエスト | 64cm | 67cm | 73cm | 79cm |
| スカート丈 | 63.5cm | 65cm | 66.5cm | 68cm |

 布地提供／ルジャンタン

## 材料　左からS／M／L／LLサイズ

・綿ローンレース地
110cm幅×150cm／150cm／165cm／165cm
・接着芯　2×80cm
・1cm幅の伸び止めテープ　280cm
・20cmのコンシールファスナー　1本
・前カン　1組
・1cm幅の熱接着両面テープ　50cm

## 実物大型紙 C 面【13】

1-前・後ろスカート
※ベルトの型紙はありません。布に直接線を引いて裁ちます。

## 裁ち方図

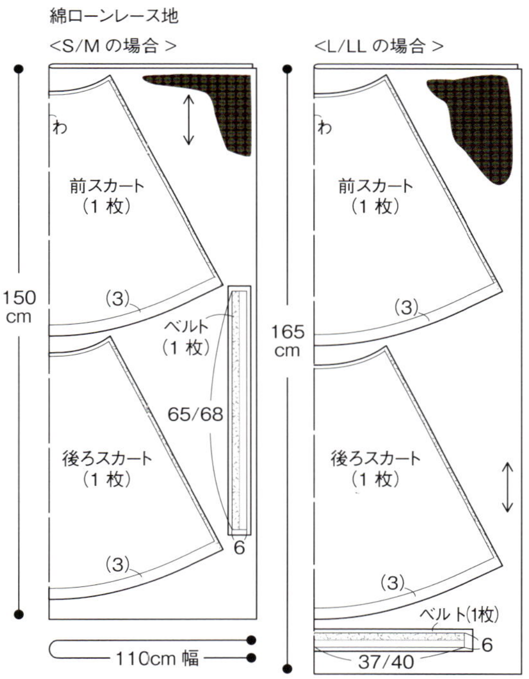


※(　)内の数字は縫い代
指定以外は 1cm
※数字は上(左)から S/M、L/LL サイズ
※ □ は伸び止めテープ、または接着芯を貼る

## 縫い方の手順

## 準備

### ●伸び止めテープを貼る

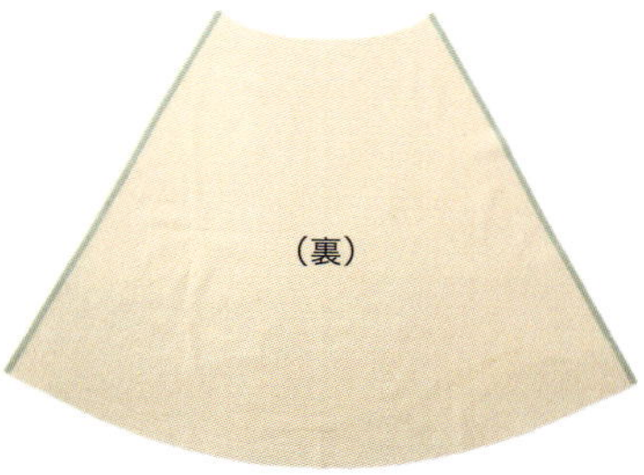


①スカートの両脇に伸び止めテープを貼ります。

②スカートの両脇に伸び止めテープの上からジグザグミシンをかけます。

### ●接着芯を貼る

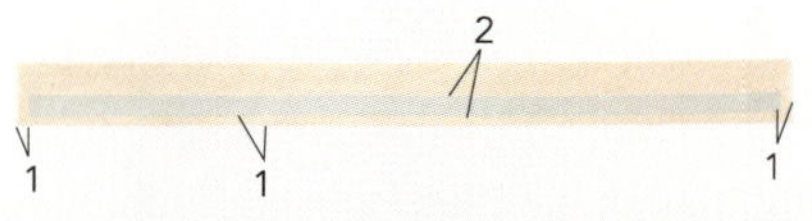


ベルトの片側に接着芯を貼ります。

## 1 ファスナーをつける

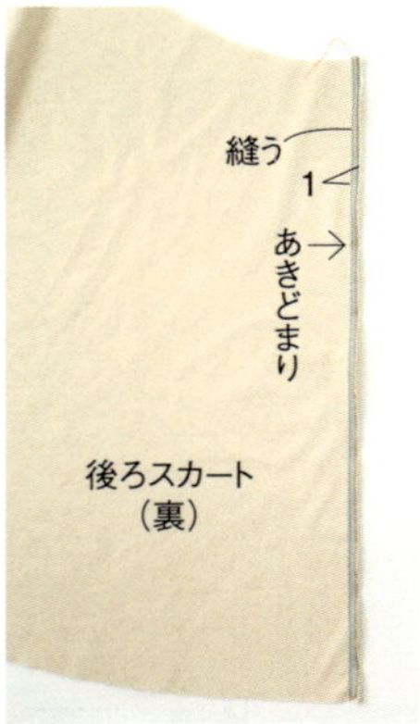


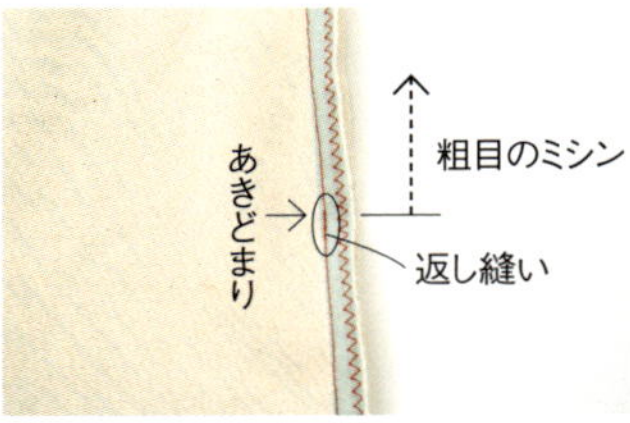


**1** 前スカートと後ろスカートを中表に合わせて、左脇になる方を縫い代1cmで縫います。裾からあきどまりまでは普通の針目で縫い、それ以降は針目を粗くして縫います（後でほどくため）。

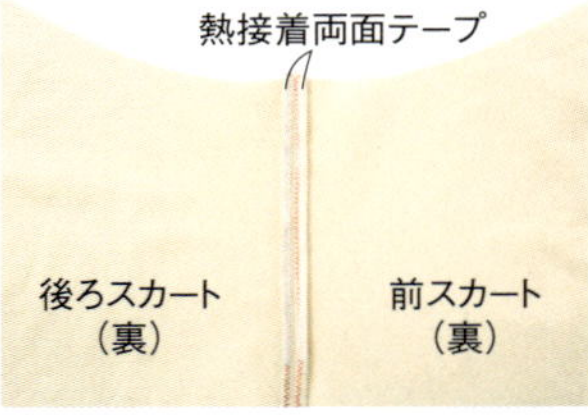


**2** 縫い代を割って、両方の縫い代に熱接着両面テープを貼ります。

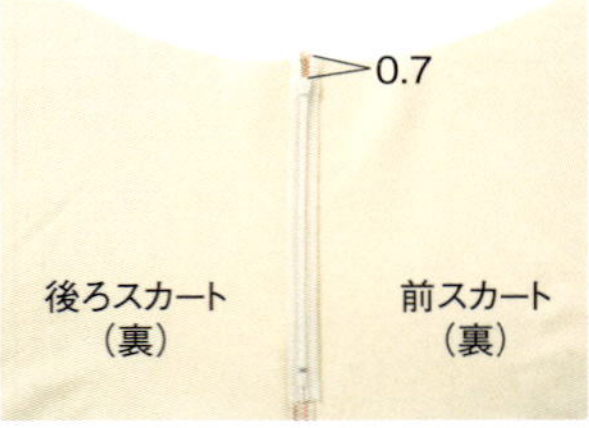


**3** 剥離紙をはがしてファスナーを重ね、接着します。この時、ファスナーの引き手が、スカートの上端から0.7cmのところにくるように配置します。ファスナーの下止めは一番下まで下げておきます。

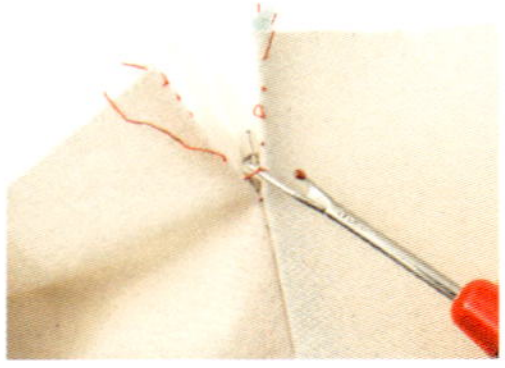

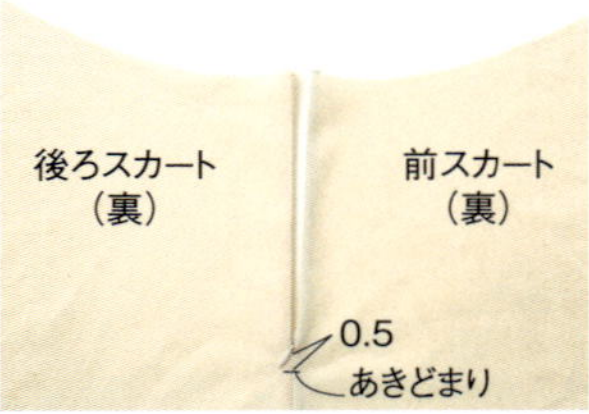


**4** 引き手を下ろしながら、あきどまりの 0.5cm 手前まで粗目のミシンをほどきます。

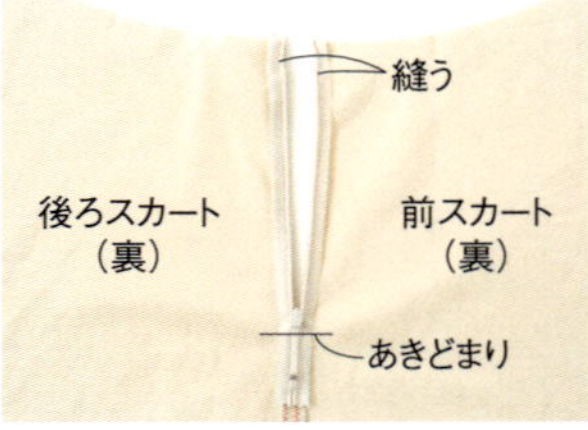


**5** コンシールファスナー押さえを使用して、ファスナーを縫いつけます。

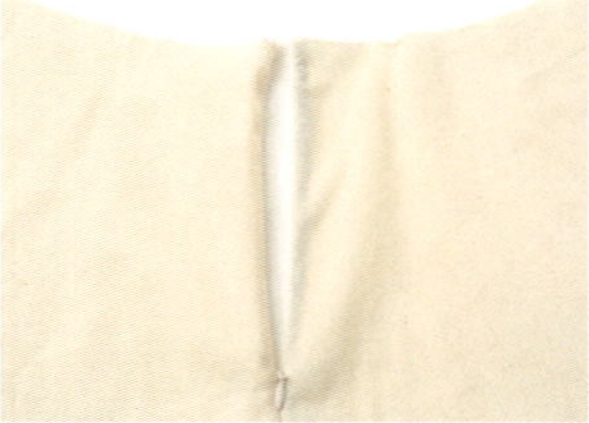

**6** コンシールファスナーを縫い終えたところ。表からは、ムシと縫い目は見えません。

あると便利

### ●コンシールファスナー押さえ

ムシを起こしながら縫うことのできる押さえ金。純正の他に、どのミシンでも使用することのできる汎用の物などさまざまな種類があるので、ミシンに合ったものを選んで使いましょう。

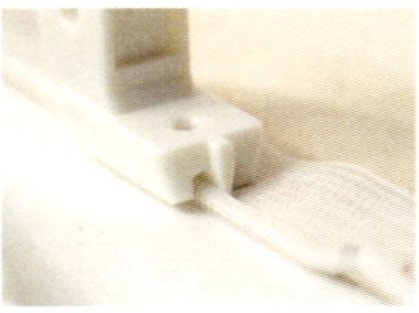

押さえ金の溝にムシを合わせて縫います。押さえ金の穴の部分にミシン針が落ちます。

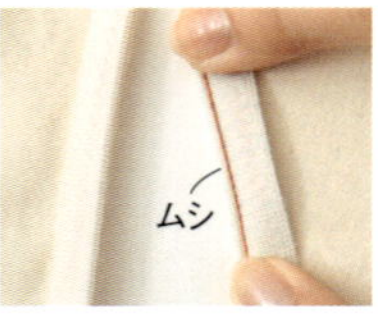


ムシの内側を縫うことができます。

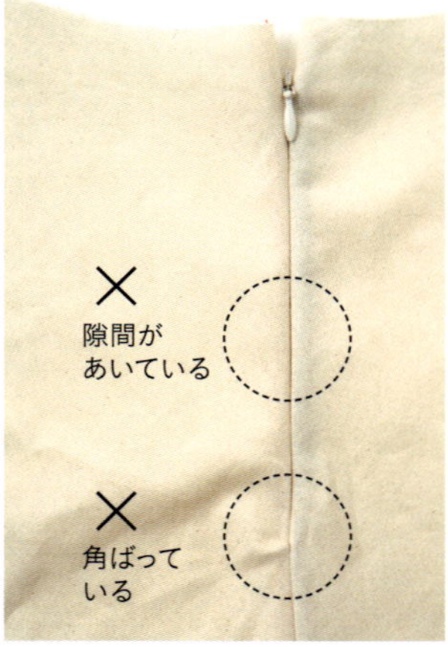


角が出っ張ってしまったり、ファスナーを閉じた時に隙間ができてしまっている時は、ムシの起こしが足りずファスナーがきれいにつけられていません。

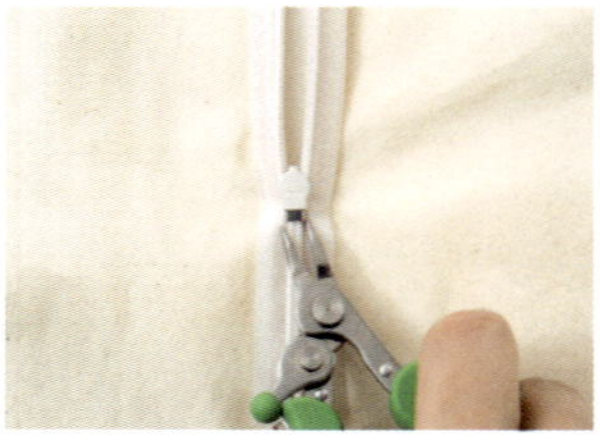

**7** ペンチで下止めの金具をあきどまりの位置まで移動して、締めます。

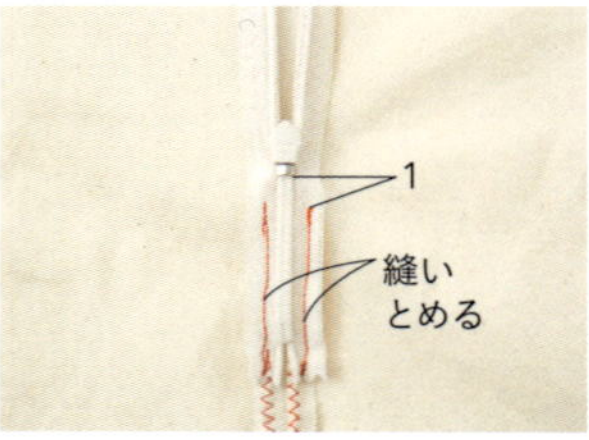


**8** 下どめの 1cm下程度までのファスナーの余分を縫い代にだけ縫いとめます（スカートも縫い込まないよう注意する）。

## 2 右脇を縫う

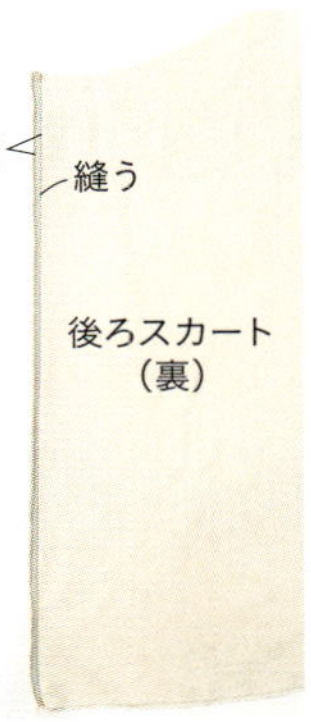


**1** 前スカートと後ろスカートを中表に合わせて、右脇を縫い代1cmで縫います。

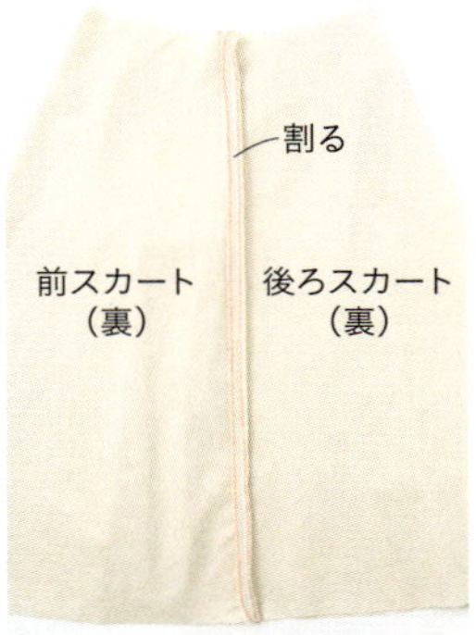


**2** 縫い代を割ります。

## 3 ベルトをつける

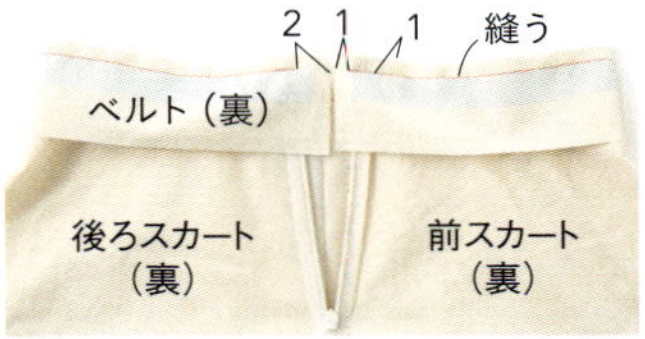


**1** スカートの裏側に、ベルトの裏が見えるようにして重ねます。この時、接着芯を貼った方が上になるようにします。後ろスカート側を2cm、前スカート側を1cm出し、縫い代1cmで一周縫います。

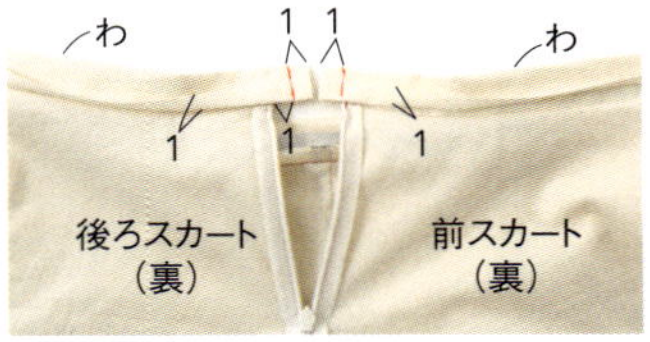


**2** ベルトの下端の縫い代を1cm折り、さらにできあがりに折って1cmのところで縫いとめます。

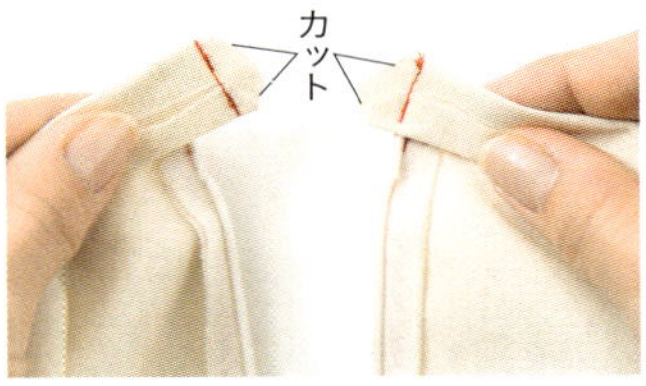


**3** 両角をカットします。

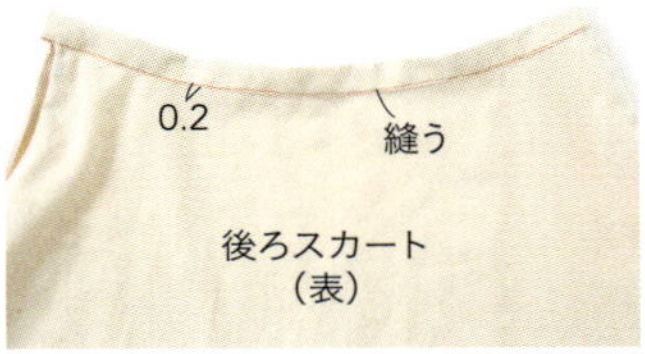


**4** ベルトを表に返して縫い代をくるみ、表から縫います。

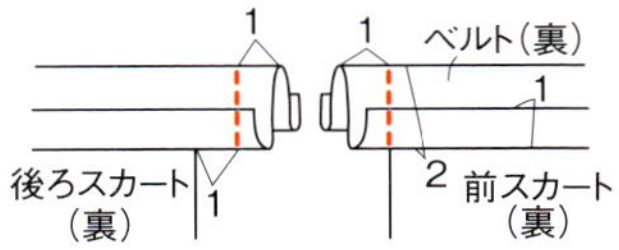


## 4 前カンをつける

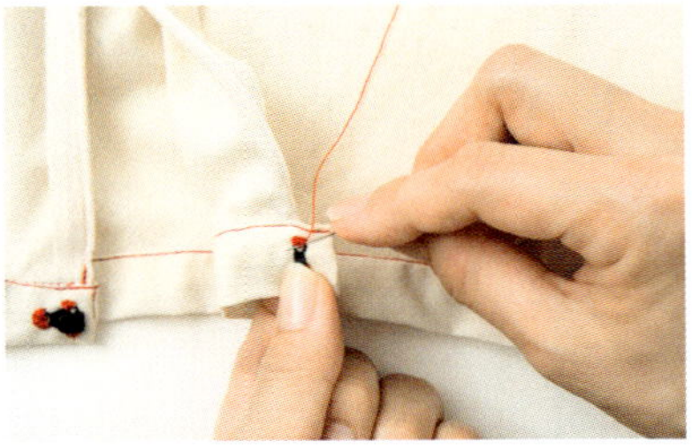

前カンをつけます（つけ方の詳細→P.47参照）。

## 5 裾の始末

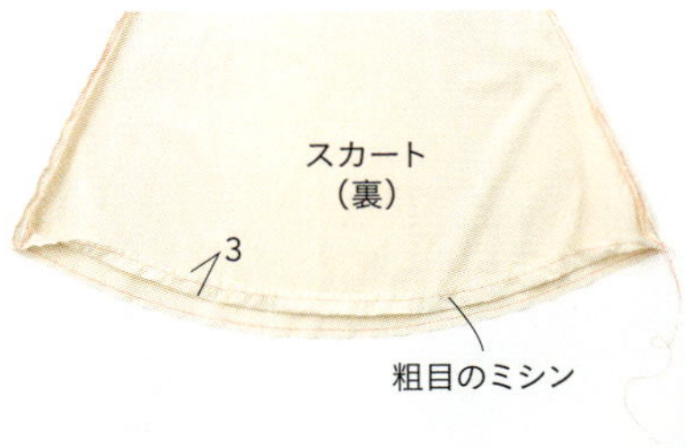


**1** 裾に一周粗目のミシンをかけ、3cmで折ります。

※いせ込む
平面の布に丸みをつけて、立体的にする方法。

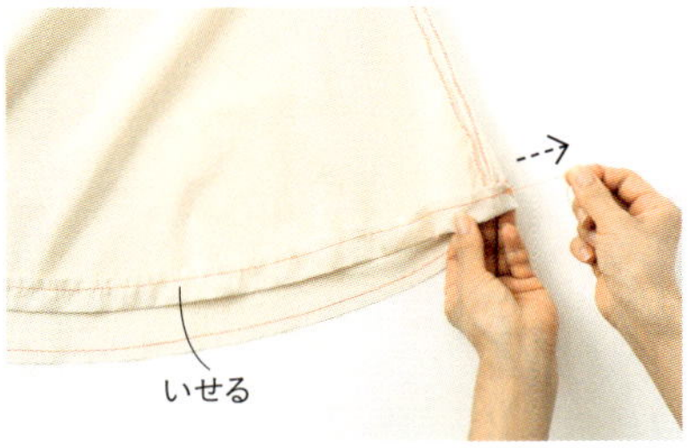


**2** 粗目のミシン糸を引いて、カーブの部分をいせ込み※、形を整えます。この作業をしないと、三つ折りをした時に裾のカーブ部分が余り、しわが寄ってしまいます。

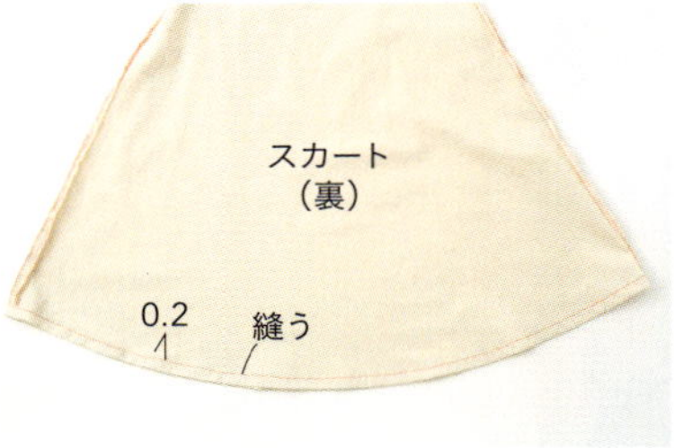


**3** 縫い代を1.5→1.5cmの完全三つ折りにし、縫います。

Item 14

# ワイドパンツ

ポケットつきのワイドパンツ。
ベルトは後ろ側にのみゴムを入れるデザインなので、
きちんと感のある見た目に仕上がります。

**この作品で学べるテクニック**

☑ ポケットつけ

**できあがりサイズ**

| | S | M | L | LL |
|---|---|---|---|---|
| ヒップ | 97cm | 100cm | 106cm | 112cm |
| パンツ丈 | 98.5cm | 100cm | 104cm | 105cm |

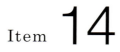

## 材料　全サイズ共通

- ダンガリーダブルストライプ
  110cm幅×230／230／240／250cm
- 接着芯　10×50cm
- 2cm幅のゴムテープ　50cm
  （ウエストサイズに合わせて調節する）

## 実物大型紙 B 面【14】

1-前パンツ、2-後ろパンツ、3-後ろパンツ続き、
4-ポケット、5-ポケット向こう布
※前ベルト、後ろベルトの型紙はありません。布に直接線を引いて裁ちます。

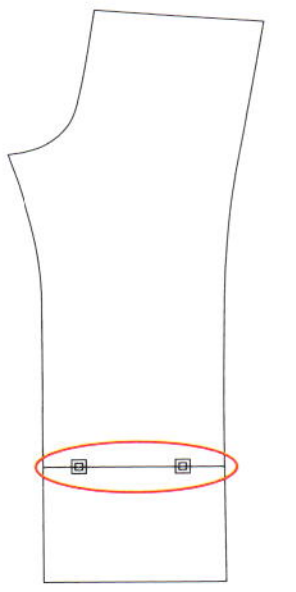

後ろパンツ

この作品の型紙は長さが分割されています。
同じ印同士をつなげてから、型紙を作りましょう。

## 縫い方の手順

## 裁ち方図

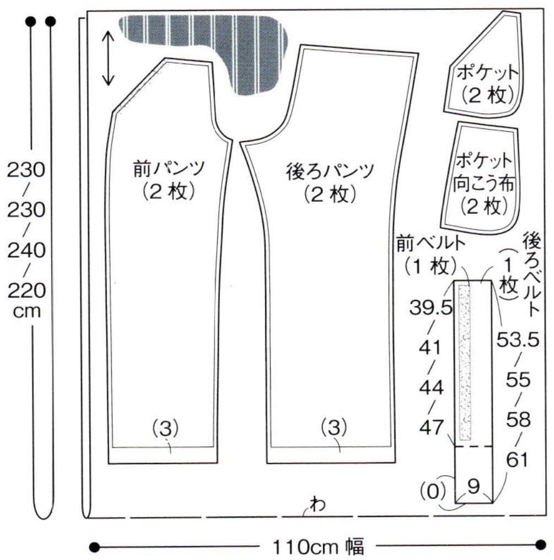


※（　）内の数字は縫い代
指定以外は1cm
※数字は上から S/M/L/LL サイズ
※ ▒ は接着芯を貼る

## 準備

### ●接着芯を貼る

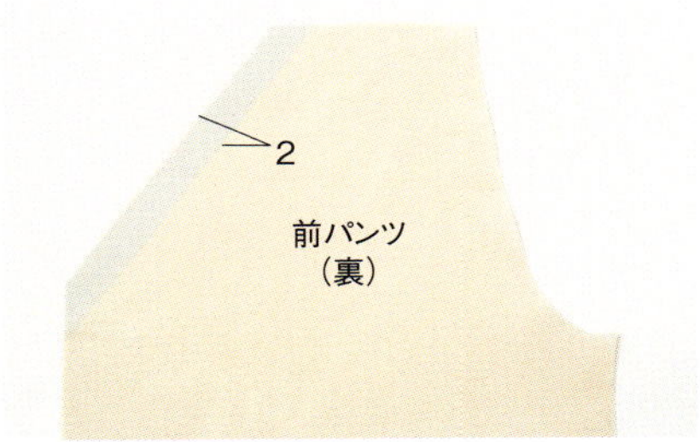


前パンツのポケット口に接着芯を貼ります。

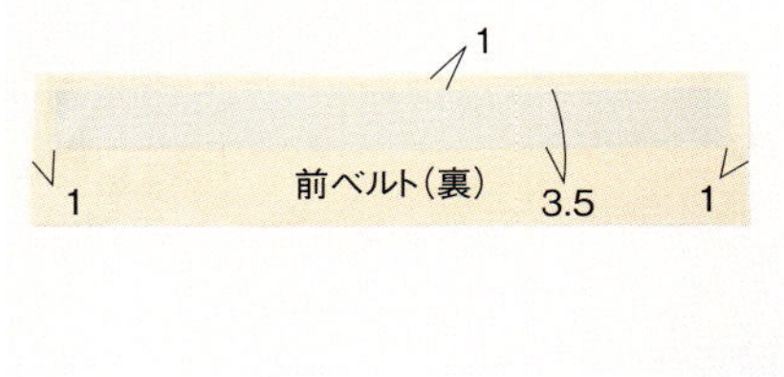


ベルトの半分に接着芯を貼ります。

# 1 ポケットをつける

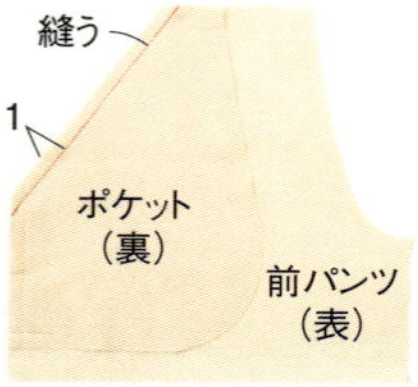


**1** ポケットと前パンツを中表に合わせて縫い代 1cmで縫います。

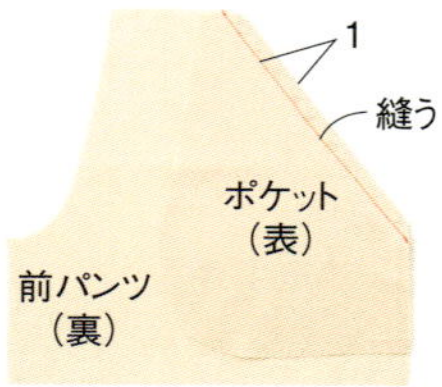


**2** ポケットを表に返して、ポケット口から1cmのところにステッチをします。

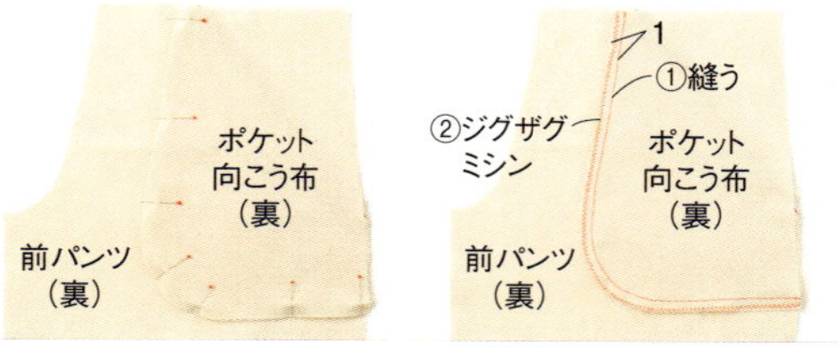


**3** ポケットの上にポケット向こう布を中表に重ねて縫い代 1cmで縫います。縫い代は 2枚一緒にジグザグミシンをかけます。

# 2 脇を縫う

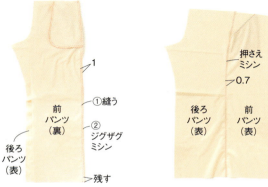

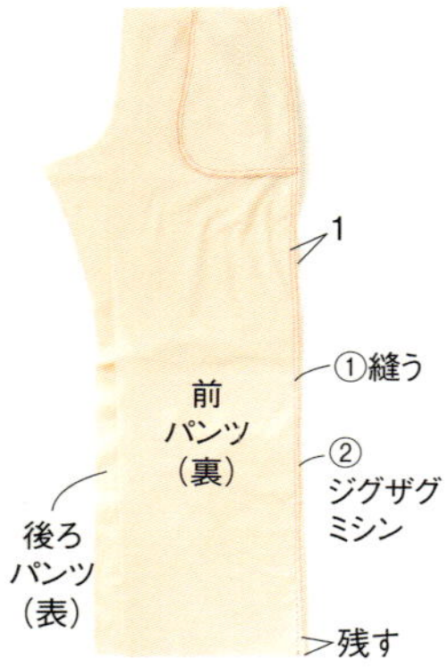


**1** 前パンツと後ろパンツを中表に合わせて脇を縫い代 1cmで縫います。縫い代は裾の縫い代をのぞいて2枚一緒にジグザグミシンをかけます。

**2** 縫い代を後ろパンツ側に倒して、脇に押さえミシンをかけます。

**3**

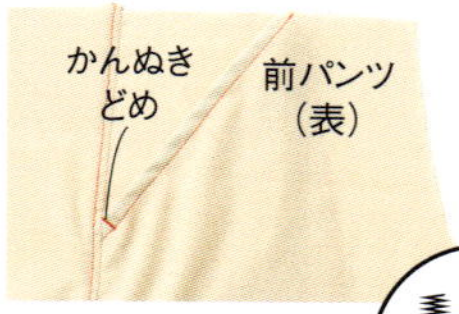


ポケット口の下端にかんぬきどめをします。

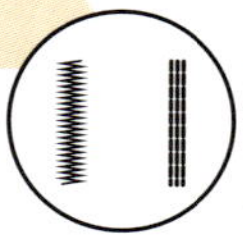

**かんぬきどめ**
細かい針目のジグザグミシンか、返し縫いを 2〜3回する

# 3 股下を縫う

**1** 前パンツと後ろパンツの股下にそれぞれ裾の縫い代をのぞいてジグザグミシンをかけます。

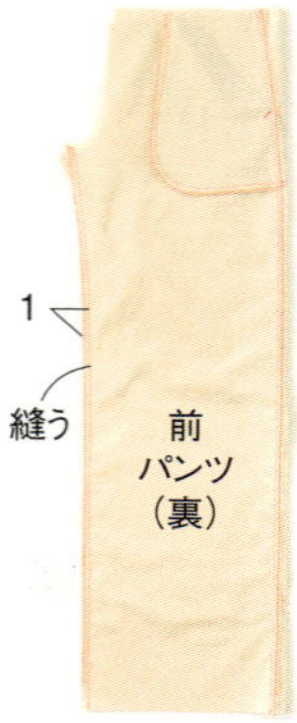


**2** 前パンツと後ろパンツを中表に合わせて縫い代 1cmで縫います。

**3**

縫い代は割ります。

# 4 股上を縫う

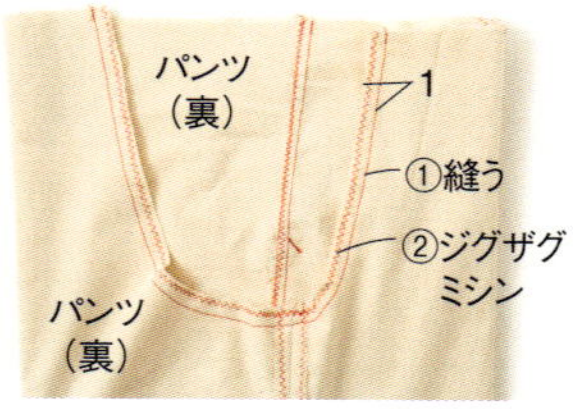


**1** 片方のパンツを表に返して、もう一方のパンツの中に入れ（右パンツと左パンツを中表に合わせる）、股上を縫い代 1cmで縫います。縫い代は 2枚一緒にジグザグミシンをかけます。

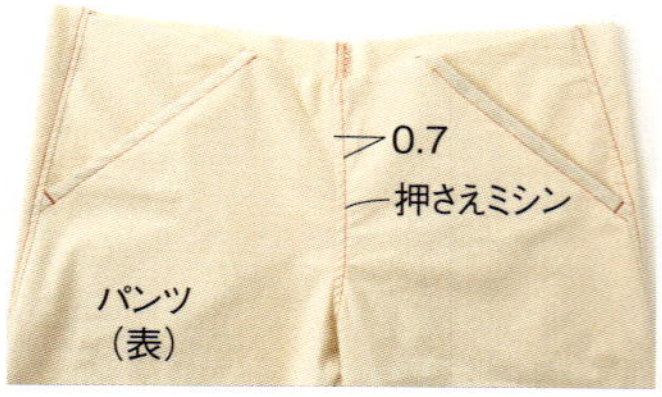


**2** 縫い代を左側に倒し、股上に表から押さえミシンをかけます。

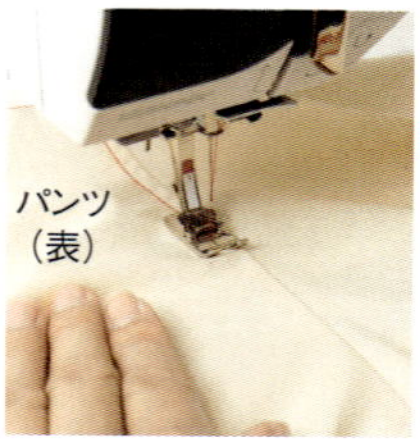


パンツは裏返しの状態で、内側を見ながら縫います。

## 5 ベルトを作ってつける

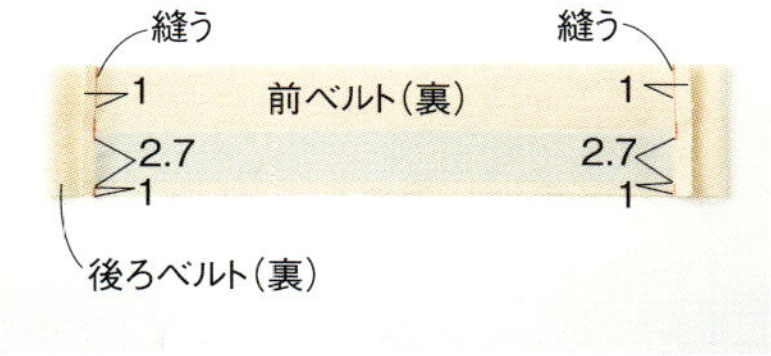


**1** 前ベルトと後ろベルトを中表に合わせて、ゴム通し口を残して縫います。

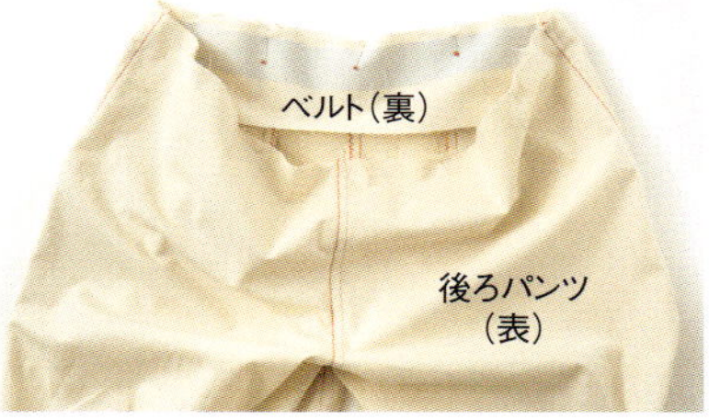


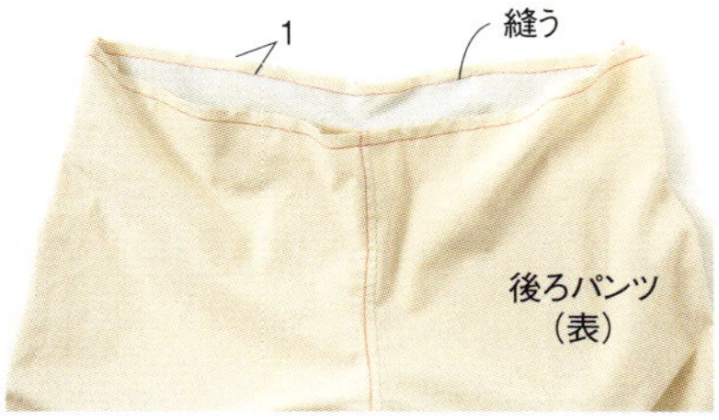


**2** ベルトとパンツを合わせて、縫い代 1cmで縫い合わせます。この時、前ベルトの接着芯を貼った側が上になるように合わせます。

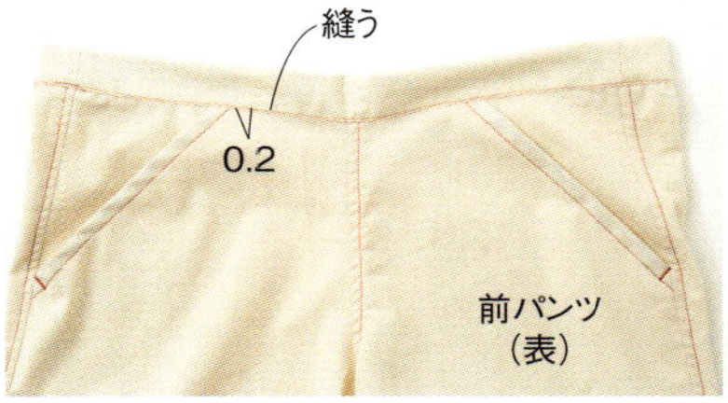


**3** ベルトをできあがりに折って、下端を縫います。

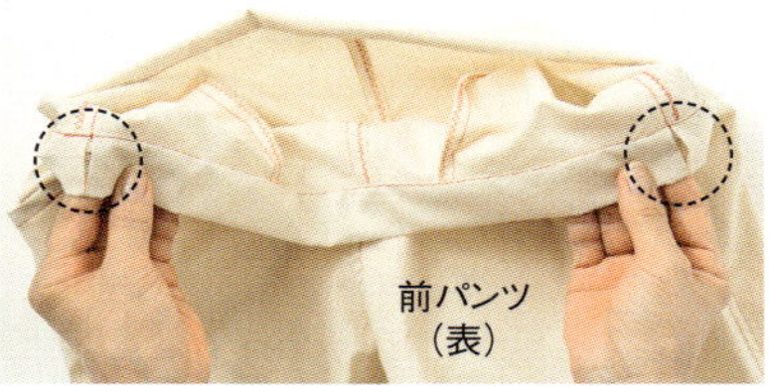


両脇にゴム通し口ができます。

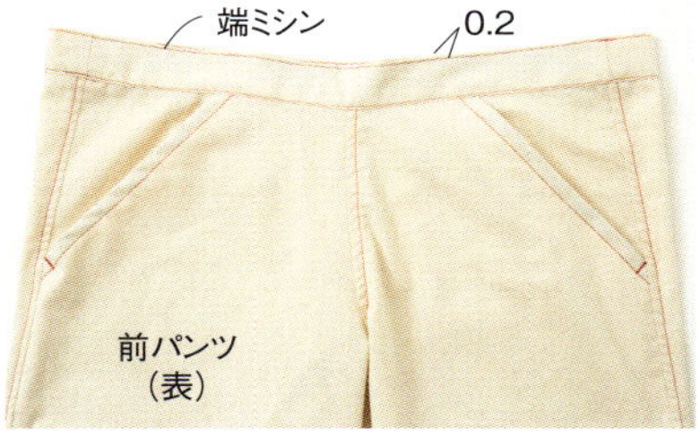


**4** 上端に端ミシンをかけます。

## 6 ゴムを通す

**1** 片側からゴムを通します。

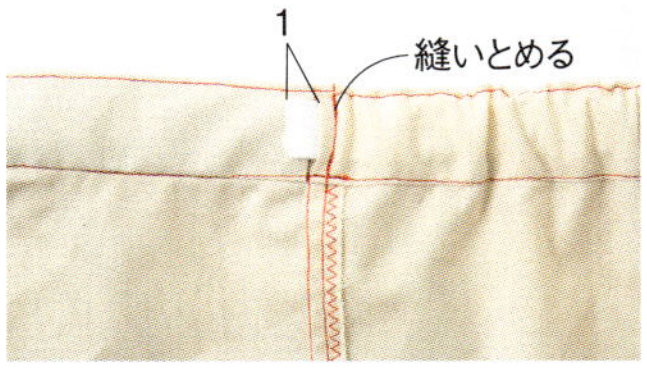


**2** ゴムの片方を 1cm 程度ゴム通し口から出して縫いとめます。

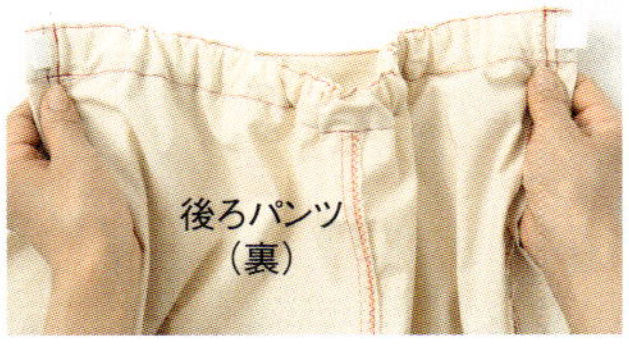


**3** ウエストサイズに合わせて調節して余分をカットし、もう片側も 1cm 程度ゴム通し口からゴムを出して縫いとめます。

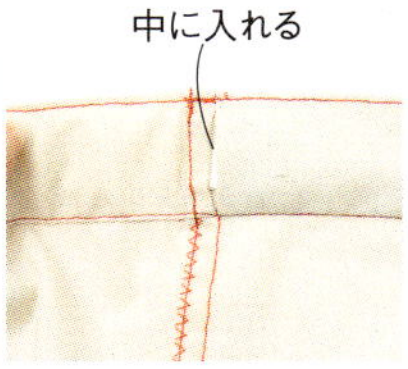


ゴムの端は中に入れます。

## 7 裾の始末

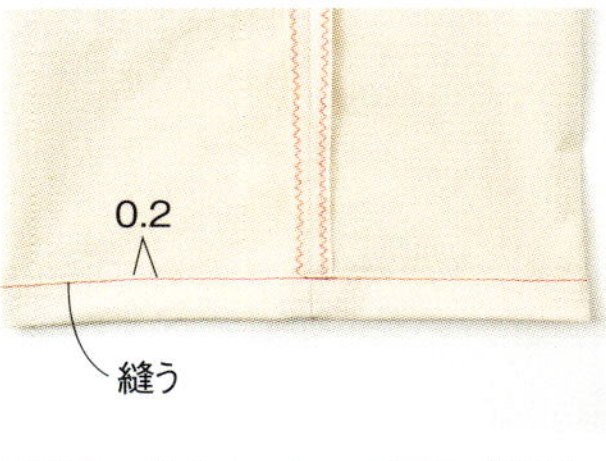


裾の縫い代を1→2cm の三つ折りにして縫います。

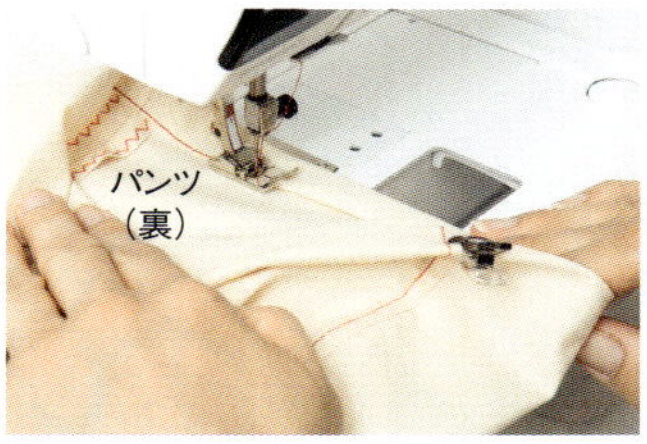


パンツを表に返し、内側を見ながら縫います。

できあがり

Item 15

# スリムパンツ

ストレッチのきいた布地で作る、シンプルなパンツ。
一枚で履いても、チュニックと合わせても、
すっきり着こなせます。
ここでは脇ポケットをつけてカーゴタイプにしましたが、
もちろんつけずに作っても。

**この作品で学べるテクニック**

☑ 脇ポケットのつけ方

**できあがりサイズ**

| | S | M | L | LL |
|---|---|---|---|---|
| ヒップ | 88cm | 91cm | 97cm | 103cm |
| パンツ丈 | 94cm | 95.5cm | 100cm | 101cm |

 布地提供／アウトレットファブリックス

## 材 料　左からS／M／L／LLサイズ

・**ツイルタイプのストレッチ地**
100cm幅×150cm／150cm／150cm／230cm

・**2.5cm幅のゴムテープ**　75cm
（ウエストサイズに合わせて調節する）

## 実物大型紙 D 面【15】

1-前・後ろパンツ、2-前・後ろパンツ続き

※フラップ、脇、ポケットの型紙はありません。布に直接線を引いて裁ちます。

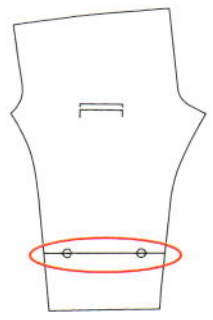

この作品の型紙は長さが分割されています。同じ印同士をつなげてから、型紙を作りましょう。

## 裁ち方図

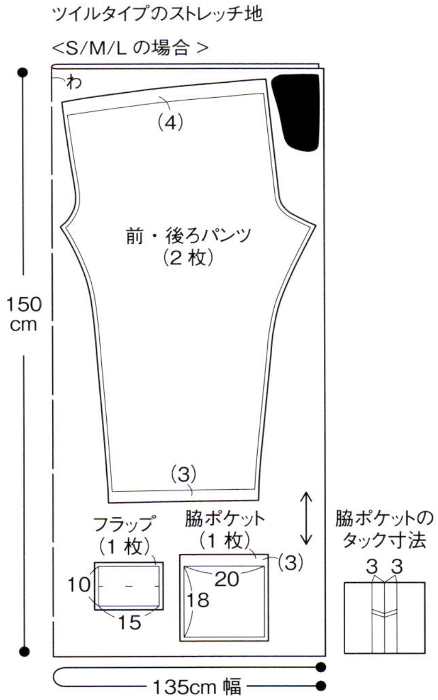


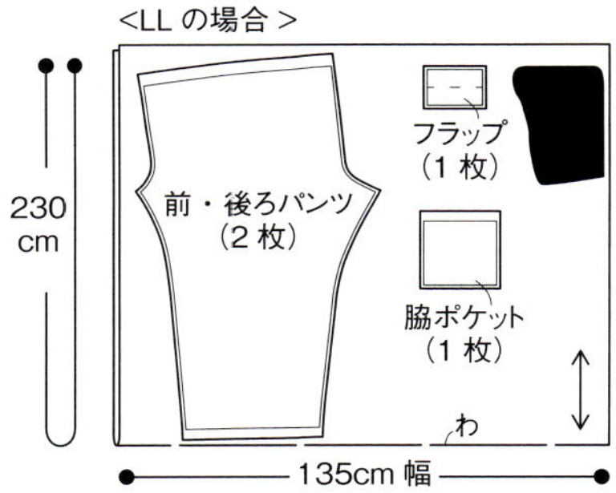


※(　)内の数字は縫い代指定以外は 1cm

## 縫い方の手順

あると便利

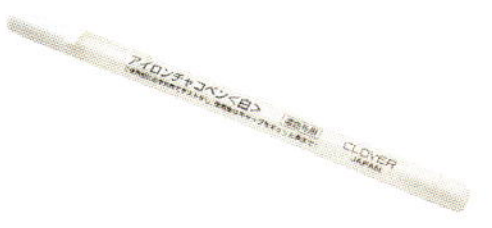

**●濃色布用チャコ**

濃い色の布地には、白のチャコペンがおすすめです。写真はアイロンの熱や水洗いで印が消えるアイロンチャコペン。

# 1 フラップと脇ポケットを作る

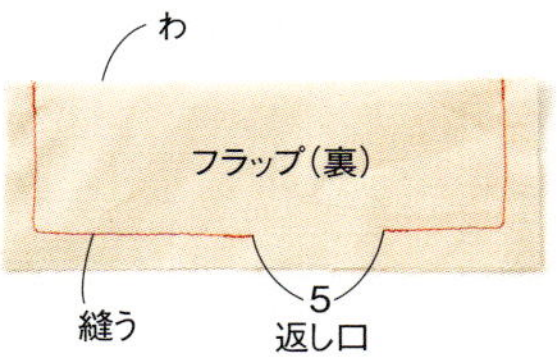


**1**　フラップを中表に二つ折りし、返し口を残して縫い代 1cmで縫います。

**2**　両角をカットします。

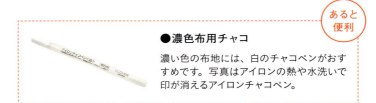

**3**　縫い代を折ってアイロンでおさえます。

**4**　表に返して、周囲に端ミシンをかけます。

**5** ポケットのタックの印を中表に合わせます。

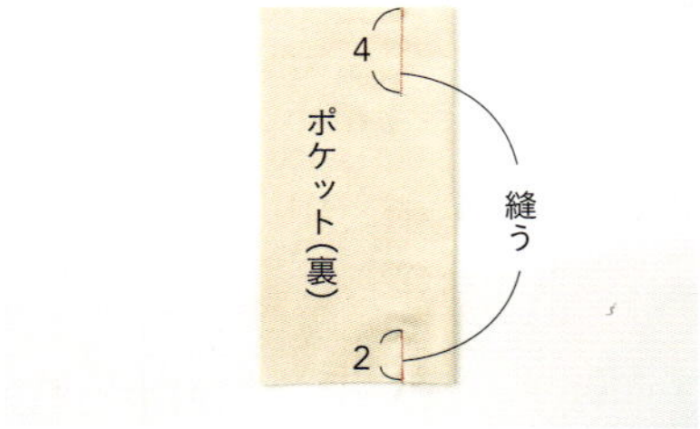


**6** 縫います。

**7** 縫い目を中心にしてタックを開きます。

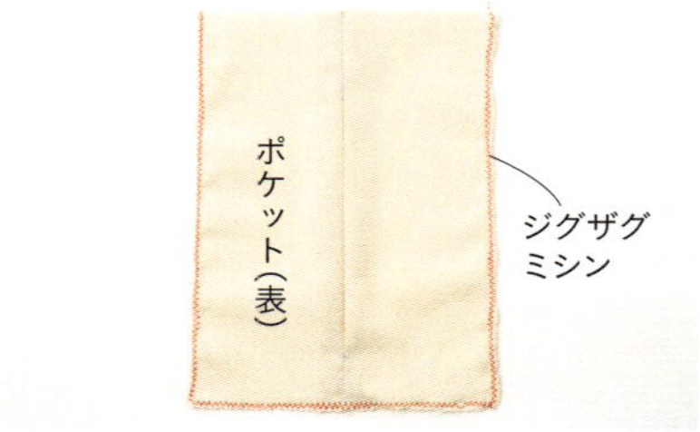


**8** 上端以外にジグザグミシンをかけます。

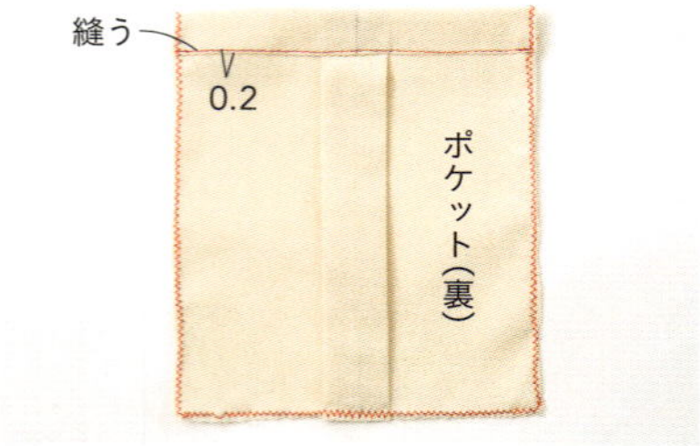


**9** ポケット口を1→2cmの三つ折りにし、縫います。

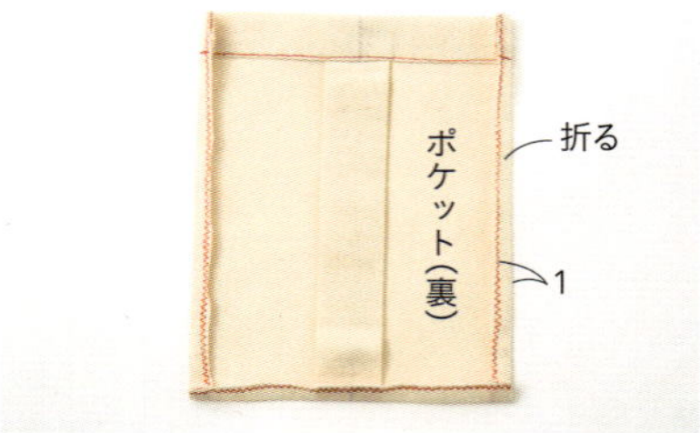


**10** 縫い代1cmを折ってアイロンで押さえます。

## 2 フラップと脇ポケットをつける

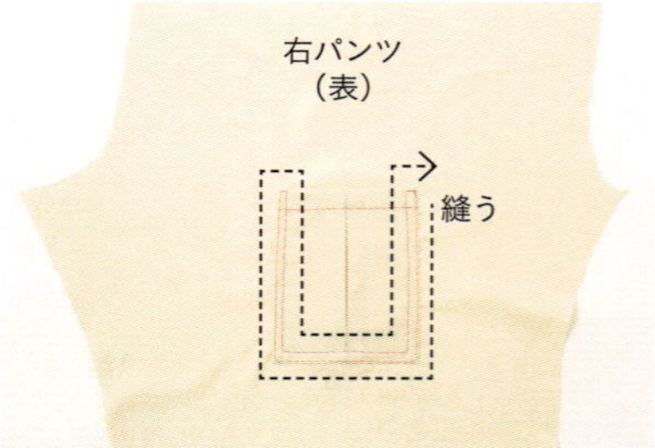


**1** ポケットを右パンツのポケットつけ位置に1cm幅のダブルステッチでつけます。

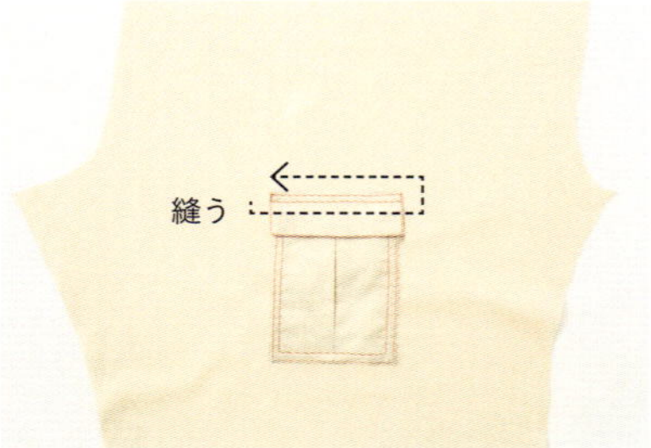


**2** フラップも同様に1cm幅のダブルステッチでつけます。

## 3 股下を縫う

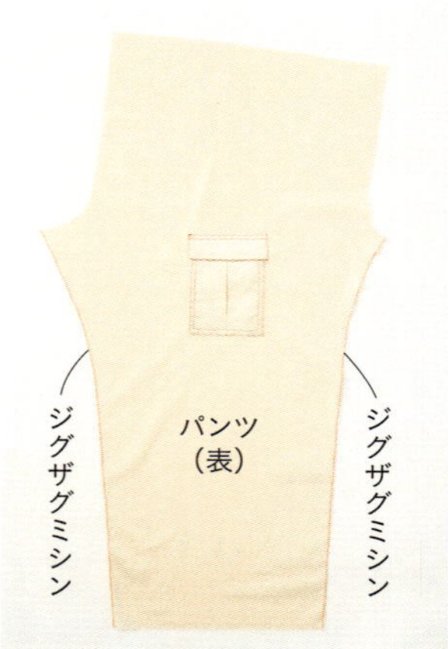


**1** 股下の両端にジグザグミシンをかけます。

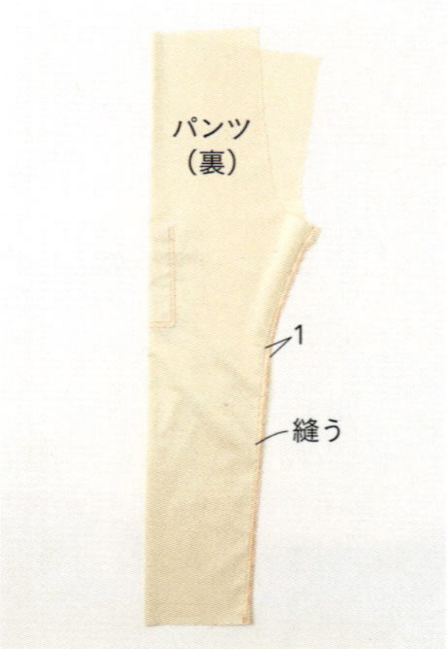


**2** パンツを中表に二つ折りし、股下を縫い代1cmで縫います。縫い代は割ります。

## 4 股上を縫う

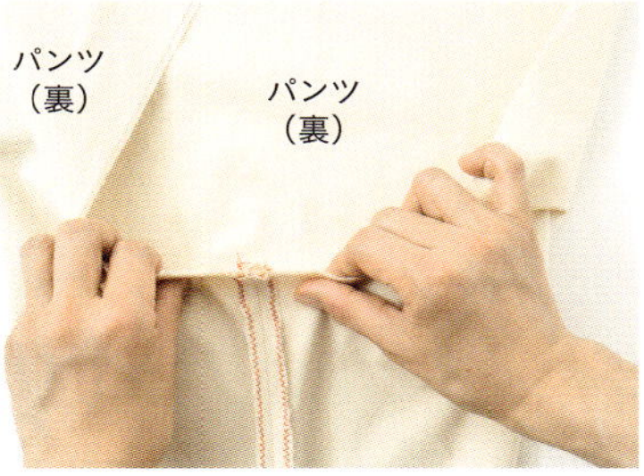


**1** 片方のパンツを表に返してもう片方のパンツの中に入れ、股上同士を中表に合わせます。

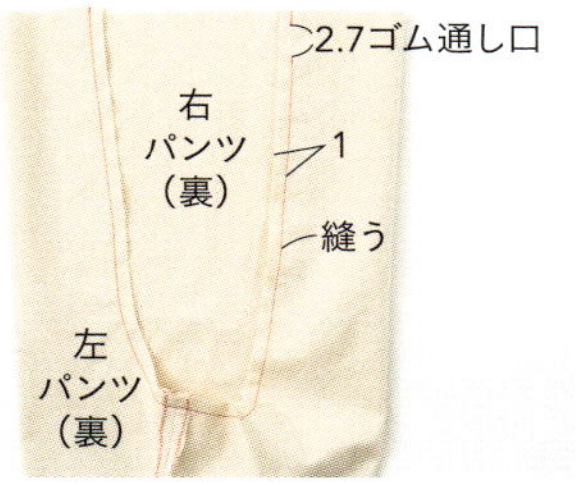


**2** ゴム通し口を残して、股上を縫い代 1cmで縫います。この時、ゴム通し口に少しだけ出るように縫います。

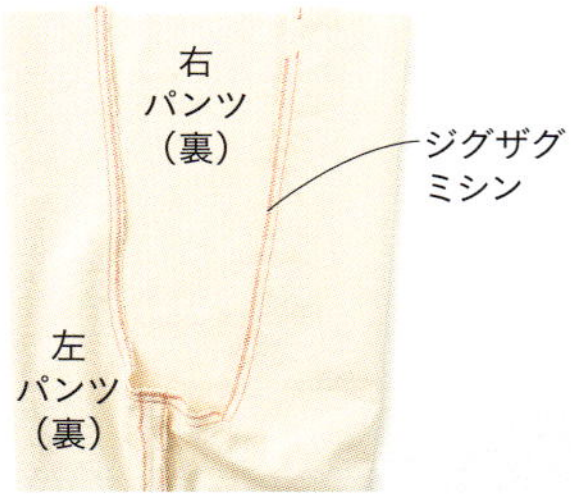


**3** 縫い代はゴム通し口側の縫い代をのぞいて、2枚一緒にジグザグミシンをかけ、左パンツ側に倒します。

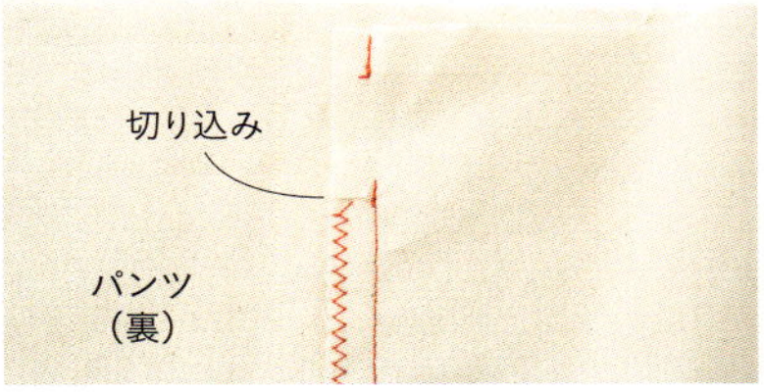

**4** ウエストのできあがりの縫い代に切り込みを入れます。縫い代は割ります。

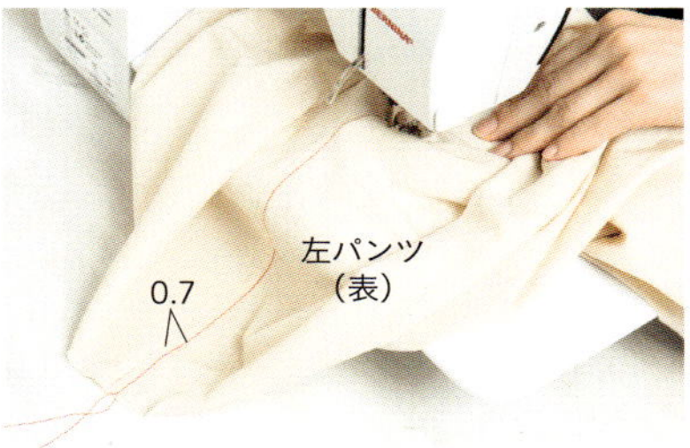


**5** 中に入れたパンツを出して、パンツを裏返しの状態にし、左パンツの股上に表からステッチをかけます。

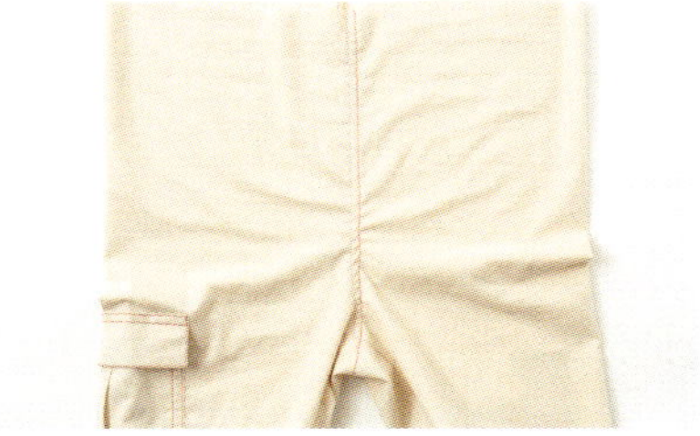

ステッチがかけ終わったところ。

## 5 ウエストの始末

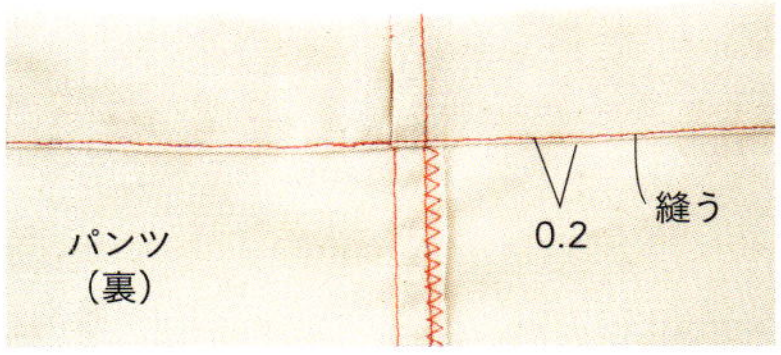


ウエストを 1→ 3cm の三つ折りにし、縫います。

## 6 ゴムを通す

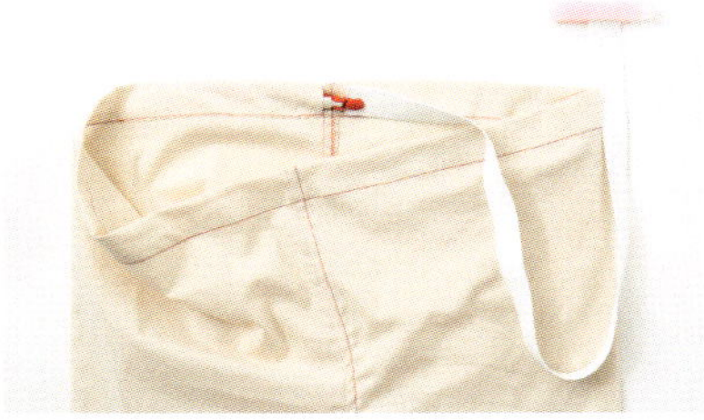

**1** ゴムを通します。

**2** 通し終えたら、ウエストサイズに合わせて調節し、余分をカットします。ゴムの端を 2cm 程度重ねて、N 字に縫いとめます。

## 7 裾の始末

裾を 1→ 2cm の三つ折りにし、縫います。

表に返して内側を見ながら縫う

Item 16

*Arrange*

# レギンス

スリムパンツの幅をせまくして、レギンスに仕立てます。
作り方はシンプルなので、ニットソーイングの練習にも。

**この作品で学べるテクニック**

- ☑ 簡単な型紙の調節
- ☑ ニットソーイング

**できあがりサイズ**

| | S | M | L | LL |
|---|---|---|---|---|
| ヒップ | 82cm | 85cm | 91cm | 97cm |
| パンツ丈 | 94cm | 95.5cm | 100cm | 101cm |

 布地提供／jack&bean

## 材 料

・**定番綿スムースニット杢グレー**
170cm幅×120cm

・**2cm幅のゴムテープ**　75cm
（ウエストサイズに合わせて調整する）

＊この作品はニット用の針と糸を使用しましょう。（P.12参照）

## 実物大型紙 D 面【15】をアレンジする

1-前・後ろパンツ、2-前・後ろパンツ続き

## 裁ち方図

綿スムースニット

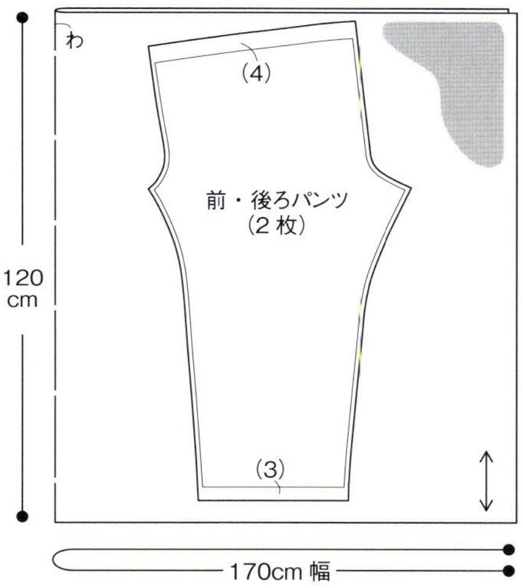


※（　）内の数字は縫い代
指定以外は 1cm

## 縫い方の手順

手順はP.106～のスリムパンツと同じ。
（ただしフラップと脇ポケットはつけない）
下記を参照してパンツ幅を縮めて作る。

### パンツ幅のアレンジ方法

note

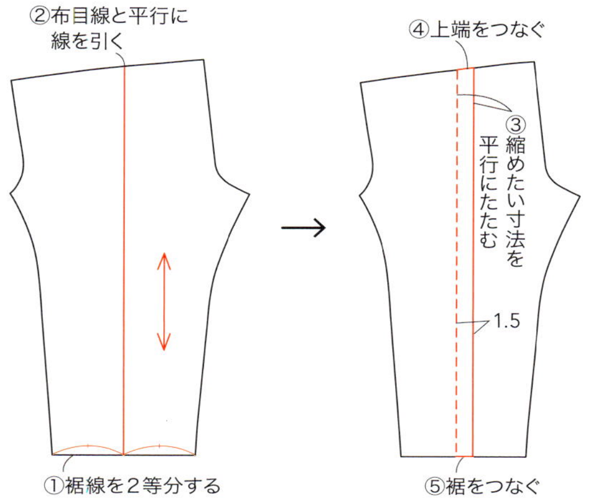


この作品では3cm縮めています

## 縫い方のポイント

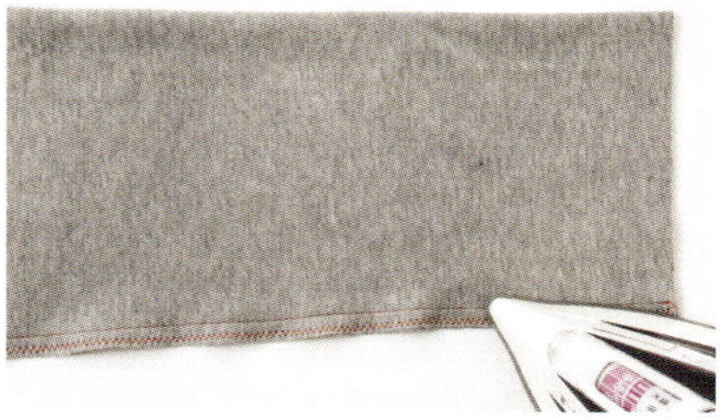

縫い代が波打ってしまったらアイロンで押さえ、落ち着かせます。

股下の縫い代は、裾側の縫い代部分だけを前パンツ側に倒し、三つ折りにします。こうすると縫い代の重なりがゴワつくのを防ぐことができます。

MayMe

**伊藤みちよ**

「シンプルで着やすく、愛着を持って長く着られるお洋服」をテーマに、大人服を制作。シンプルで着映えのする作品は、幅広い年代層から支持を得ている。著書に「May Me スタイルのソーイング」「May Me スタイルの大人服」「May Me スタイル大人のふだん着」がある。ヴォーグ学園講師。

HP　http://www.mayme-style.com
FB　https://www.facebook.com/MayMe58

## Staff


ブックデザイン　平木千草
撮　影　山本哲也
イラスト　野呂直代
型紙グレーディング　有限会社セリオ
編　集　浦崎朋子

**布地協力**

・アウトレットファブリックス
http://www.asahi-net.or.jp/~ta2t-dukk/
・jack＆bean　http://www.jack-b.jp/
・CHECK＆STRIPE　http://checkandstripe.com/
・中商事
香川県高松市福岡町2-24-1　TEL：087-821-1213
・ねこの隠れ家　https://www.tara-cat.co.jp/
・ノムラテーラー　http://www.nomura-tailor.co.jp/shop/
・fabric-store　http://www.fabric-store.jp/
・メルシー　http://www.merci-fabric.co.jp/
・安田商店
東京都荒川区東日暮里3丁目28-5　TEL：03-3803-1656
・リネンドルチェ　http://www.linendolce.com/
・レース工房 ルジャンタン　http://www.rakuten.ne.jp/gold/rgentan/

**用具協力**

クロバー株式会社
大阪府大阪市東成区中道 3-15-5　TEL：06-6978-2277（お客様係）


---


May Me スタイル
**縫いながら覚えられる**
**ホームソーイングの基礎 BOOK**

発行日：2015 年 11 月 25 日

著　者：伊藤みちよ
発行人：瀬戸信昭
編集人：森岡圭介
発行所：株式会社 日本ヴォーグ社
〒 162-8705　東京都新宿区市谷本村町 3-23
TEL ／編集 03-5261-5197　販売 03-5261-5081
振替／ 00170-4-9877
出版受注センター／ TEL 03-6324-1155　FAX 03-6324-1313
印刷所：大日本印刷株式会社

Printed in Japan © Michiyo Ito 2015
NV70316　ISBN978-4-529-05500-0




**あなたに感謝しております**

We are grateful.

手づくりの大好きなあなたが、この本をお選びくださいましてありがとうございます。
内容はいかがでしたか？
本書が少しでもお役に立てば、こんなにうれしいことはありません。

日本ヴォーグ社では、手づくりを愛する方とのおつき合いを大切にし、
ご要望にお応えする商品、サービスの実現を常に目標としています。
小社および出版物について、何かお気づきの点や意見がございましたら、
何なりとお申し出ください。そういうあなたに、私共は感謝しています。

株式会社日本ヴォーグ社 社長　瀬戸信昭　（FAX 03-3269-7874）